COMPLETE RUSSIAN COURSE FOR BEGINNERS

COMPLETE RUSSIAN COURSE FOR BEGINNERS

BY

M. BERESFORD, B.A.

Senior Lecturer in Russian
University of Manchester

CLARENDON PRESS · OXFORD

Oxford University Press, Walton Street, Oxford OX2 6DP

OXFORD LONDON GLASGOW NEW YORK
TORONTO MELBOURNE WELLINGTON CAPE TOWN
IBADAN NAIROBI DAR ES SALAAM LUSAKA
KUALA LUMPUR SINGAPORE JAKARTA HONG KONG TOKYO
DELHI BOMBAY CALCUTTA MADRAS KARACHI

ISBN 0 19 815642 1

First published 1965
Reprinted 1971, 1973
1978

Reproduced Photolitho in Great Britain
by J. W. Arrowsmith Ltd. Bristol

ACKNOWLEDGEMENTS

I SHOULD like to express my gratitude to Professor D. P. Costello and Mr. J. C. Dumbreck for reading the manuscript of this book and offering valuable comments; also to Mr. L. Ross and Mrs. D. White for help on certain points of Russian usage.

Finally, I am indebted to the London representative of the USSR State Publishing House for kind permission to use material from Soviet sources.

M. B.

CONTENTS

INTRODUCTION

Russian is spoken today by well over 100 million people. Besides being the native language of the Russians it is also a *lingua franca*, officially taught in all the republics of the Soviet Union and most East European countries as well. Thus it is widely spoken and understood over a vast land-mass stretching from the Oder to the Bering Strait, embracing half Europe and a third of Asia. This fact alone is sufficient to justify its study by an increasing number of English-speaking people. In addition, the recent advances made by Soviet science and technology have placed Russian second in importance only to English as a medium of disseminating scientific information. Yet only a small fraction of the large output of technical literature published each year in the USSR is translated into English. Hence there is an obvious need for many more British and American scientists to learn Russian in order to study the findings of Soviet research at first hand.

The present book offers a rapid, intensive course designed to enable beginners to master the essentials of Russian for reading purposes. Though written primarily for classes of students and sixth-formers it is equally suitable for individual study or reference and will also serve as a foundation course for students not concerned specifically with scientific Russian. The material has been kept as general as possible by concentrating on basic forms, but all the main features of Russian grammar are treated in full. Careful grounding is provided in the first three lessons, since most English-speaking students find the early stages in Russian more difficult than in French or German.

The alphabet is practised by means of substitution exercises based on the conventional English method of transliteration (letter-for-letter rendering of words). This is followed by a brief but detailed guide to pronunciation, some ability to verbalize in a foreign language being essential even for those who wish to acquire only a reading knowledge of it. At this stage the words are mostly given without their meanings, which are irrelevant for pronunciation purposes, and the sounds are indicated by a simple system of transcription (phonetic rendering). The third lesson deals with elementary notions of grammar, important sound-changes, and various recognizable elements in Russian vocabulary, especially words borrowed from other European languages.

The remaining lessons contain grammatical forms and examples followed by exercises and, in the latter part of the book, by reading passages. The grammar is introduced systematically, and as far as possible all material relating to the same topic is presented together. All the translation exercises are from Russian into English, since the converse skill is not required. Besides these there are exercises in identifying various word-forms that are not found as such in dictionaries. And in a few exercises the student is asked to reproduce certain forms, since this will help him to recognize them and in the long run improve his reading ability.

The reading passages are of a general nature and range over many of the main branches of science. Accounts of well-known laws, theorems, and the like have been avoided since students tend to rely on guesswork and ignore the grammar when translating such material. Similarly extracts from highly specialized fields of study and research have been excluded as they prove too easy for the specialist, and obscure or boring to others. Hence most of the vocabulary here, as in the exercises, is made up of ordinary and scientific words in common use.

The acquisition of vocabulary is found in practice to be the chief difficulty facing the English student of Russian. However, scientists are helped to some extent by the fact that a large number of Russian technical words are borrowings, many of which belong to international scientific terminology. Such recognizable terms, together with proper names and words already introduced, are usually omitted from the lesson vocabularies and given only in the general vocabulary at the end of the book. This selective method is intended to encourage the reader to learn new words as they occur and, wherever possible, infer their meanings either from their form or their context. In the last ten lessons the reader must rely solely on the general vocabulary and thus grow accustomed to looking up words in alphabetical order, as in a dictionary. Though tedious, this mechanical chore is after all an essential part of reading in a foreign language.

The lessons are followed by a supplement including a select list of roots, last letters of variable word-forms, declension tables, special comparatives, a table of verbs, common abbreviations, and English equivalents of metric measures, which are in standard use throughout the Soviet Union. Russian handwriting, also given in the supplement, may be introduced at any convenient point in the course.

Russian, though highly inflected, is not much more difficult to learn for reading purposes than either French or German. After completing this course the average student will be fully equipped to read articles in newspapers and journals, including technical literature in his own field of study, with the aid of a suitable dictionary.

ABBREVIATIONS

A., acc.	*accusative*	Lat.	*Latin*
adj.	*adjective*	lit.	*literally*
D., dat.	*dative*	m., masc.	*masculine*
f., fem.	*feminine*	N., nom.	*nominative*
Fr.	*French*	n., neut.	*neuter*
fut.	*future*	P., prep.	*prepositional*
G., gen.	*genitive*	pf.	*perfective*
Ger.	*German*	pl.	*plural*
Gk.	*Greek*	pr.	*pronounced*
I., inst.	*instrumental*	pres.	*present*
ipf.	*imperfective*	sg.	*singular*

> denotes *produces*
< denotes *comes from*
/ denotes *alternative with*

LESSON 1

THE ALPHABET

1. THE ALPHABET. The Russian alphabet comprises 32 letters.

Normal		*Italic*		*Trans-literation*	*Sound*
А	**а**	*А*	*а*	a	*a*rc
Б	**б**	*Б*	*б*	b	*b*ed
В	**в**	*В*	*в*	v	*v*an
Г	**г**	*Г*	*г*	g	*g*as
Д	**д**	*Д*	*д*	d	*d*ot
Е	**е**	*Е*	*е*	ye, e	*ye*t / *yo*re[1]
Ж	**ж**	*Ж*	*ж*	zh	vi*s*ion
З	**з**	*З*	*з*	z	*z*one
И	**и**	*И*	*и*	i	v*i*sa
Й	**й**	*Й*	*й*	i	co*i*n
К	**к**	*К*	*к*	k	*k*id
Л	**л**	*Л*	*л*	l	woo*l*
М	**м**	*М*	*м*	m	*m*ap
Н	**н**	*Н*	*н*	n	*n*ow
О	**о**	*О*	*о*	o	*o*re
П	**п**	*П*	*п*	p	*p*ot
Р	**р**	*Р*	*р*	r	ki*r*k (Scots)
С	**с**	*С*	*с*	s	*s*ea
Т	**т**	*Т*	*т*	t	*t*on
У	**у**	*У*	*у*	u	r*u*le
Ф	**ф**	*Ф*	*ф*	f	*f*at

[1] When pronounced as *yo*, the letter *e* appears as *ё* in most grammars, but in ordinary texts the two dots are normally omitted. Since *ё* is regarded as merely a form of *e*, the two are integrated in dictionaries. Both are transliterated as *e* after consonants and *ye* elsewhere.

Normal		*Italic*		*Trans-literation*	*Sound*
Х	**х**	*Х*	*х*	kh	lo*ch* (Scots)
Ц	**ц**	*Ц*	*ц*	ts	cur*ts*y
Ч	**ч**	*Ч*	*ч*	ch	*ch*eek
Ш	**ш**	*Ш*	*ш*	sh	*sh*ot
Щ	**щ**	*Щ*	*щ*	shch	fre*sh*‿*ch*eese
Ъ	**ъ**	*Ъ*	*ъ*	—	(hard sign)
Ы	**ы**	*Ы*	*ы*	y	l*y*nx
Ь	**ь**	*Ь*	*ь*	—	(soft sign)
Э	**э**	*Э*	*э*	e	*e*nd
Ю	**ю**	*Ю*	*ю*	yu	*yu*le
Я	**я**	*Я*	*я*	ya	*ya*rn

After the letters have been learned they should be memorized in alphabetical order to save time when consulting a dictionary. Note that the letters к to у follow the same order as *k* to *u* (omitting *q*).

2. CAPITAL AND SMALL LETTERS. In their normal form capital and small letters are identical but for А/а, Е/е (as in English), and Б/б.

Italics have the same basic shape as the normal, upright characters except *а* (а), *г* (г), *д* (д), *т* (т).

Small *и* (= i), *п* (= p), *т* (= t) should not be confused with English *u*, *n*, *m*.

3. LEARNING THE ALPHABET. The basic forms of the letters, to be learnt first, are the normal printed capitals. For learning purposes the alphabet may be divided as follows:

(*a*) Letters the same as English, with similar sounds:

А Е К М О Т

(*b*) Letters the same as English, with different sounds:

	В	Н	Р	С	У	Х
= English	V	N	R	S	U	KH

This is the most confusing group and needs special attention. N.B. Russian У has the form of English small y, not capital Y.

(*c*) Letters similar to the English equivalents:

	Б	Д	З (cf. written ʒ)
= English	B	D	Z

(*d*) Letters different from English ones:

Г Ж И Й Л П Ф Ц Ч Ш Щ Ъ Ы Ь Э Ю Я

4. RUSSIAN AND GREEK. Students of mathematics and other sciences where Greek letters are used will find these an additional aid in learning the Russian alphabet, which is largely modelled upon the Greek:

cf. Russian	Г	Д	Л	П	Р	Ф	Х
Greek	Γ	Δ	Λ	Π	Ρ	Φ	Χ

Russian Э is the Greek ϵ reversed.

Reference to these Greek letters will help to avoid confusion between the Russian and English values of Р and Х.

5. SIMILAR LETTERS. Care must be taken to distinguish between the following:

Д — Л З — Э И — Й Ц — Ч Ш — Щ
В — Б Б — Ъ Ь — Ъ

Russian И — English N
,, г — ,, r

EXERCISES A–F

A. Transliterate into English (ignoring the soft sign):

ЭРА	БОЛТ	МАСОН	ТУНДРА
ИОН	НАДЯ	ДУЭЛЬ	МЕДАЛЬ
СОДА	ПЛАН	МУЖИК	СЛОВАК
ОМСК	ЯЛТА	ОРДЕР	ГЕНЕРАЛ
ПОРТ	ВОДКА	ВИЛЛА	САМОВАР
ВЕРА	СТАРТ	ФИЛЬМ	ЧАРТИСТ
ЦАРЬ	ПСКОВ	МИНСК	СПУТНИК
ПОЭТ	ФРОНТ	ВОЛЬТ	ПАТРИОТ
АРАБ	РОТОР	ДОГМА	ШИЛЛИНГ
ХАКИ	АНГЕЛ	ПОЛЬКА	МАТЕРИАЛ
ТУЛА	ОЛЬГА	МОНГОЛ	ПРОГРЕСС
ШУНТ	ГОЛЬФ	АЛТАРЬ	НАПОЛЕОН

B. Transliterate into Russian:

(Render *e* after a consonant as е, otherwise as э, *i* as и.

Italics indicate one Russian letter.)

ERG	*YA*RD	VIRUS	DOLLAR
*YA*K	TANK	MOTOR	BANDIT
GONG	MARS	ARENA	PRAVDA
IDOL	LORD	RADIO	ADMIRAL
PARK	KIOSK	IDIOT	MILLION
FLAG	ORGAN	VERDI	VETERAN
LAVA	PILOT	KA*YA*K	PROTEST
DUET	OPERA	DRAMA	ARSENAL
BANK	AGENT	*YU*KON	BASTION
FORT	FLORA	SONATA	PANORAMA
RISK	ZEBRA	TENNIS	GANGSTER
NEON	TAN*YA*	SIGNAL	*YU*GOSLAV

C. Transliterate into English:

модель	колхоз	Харьков	чернозём
Сталин	Микоян	антиген	большевик
тройка	Жданов	Шаляпин	пропеллер
Берлин	туннель	Уланова	Астрахань
Сатурн	Брюллов	ланолин	балалайка
погром	формула	Шеридан	фестиваль
Рязань	Татищев	Булганин	Пономарёв
протон	студент	фрагмент	инструмент
Щедрин	балласт	шрапнель	Шостакович
сеттер	авиатор	Куйбышев	ультиматум
Якутск	Толстой	меридиан	Рахманинов
Тютчев	элемент	Батюшков	Севастополь

D. Transliterate into Russian:

(Render *i* after a vowel as й, otherwise as и.)

patent	moment	insulin	Illinois
kimono	Uganda	Everest	*ts*arevi*ch*
import	zigzag	Detroit	digitalis
*sh*ei*kh*	mar*sh*al	Saro*ya*n	transport
Dublin	vitamin	Lysenko	*Sh*olo*kh*ov
period	Gromyko	Madeira	professor
*Zh*ukov	algebra	moleskin	esperanto
indigo	Pu*sh*kin	Vorone*zh*	Radi*shch*ev
Madrid	minimum	plankton	Uzbekistan
fini*sh*	Kapi*ts*a	parabola	Man*ch*ester
orator	pointer	Bu*kh*arin	Zo*shch*enko
*ts*e*ts*e	*Ch*e*kh*ov	betatron	Vladivostok

E. Arrange the following geographical names alphabetically and transliterate them into English:

(Render е after a consonant as *e*, otherwise as *ye*.)

Обь Ялу Дон Уфа Юна Сочи Нева Ржев Лена Баку Эйре Перу Клин Орёл Этна Львов Иртыш Двина Цуяма Алтай Токио Юбецу Волга Щигры Брянск Ереван Лондон Сайгон Нарвик Казань Одесса Байкал Сухуми Енисей Ростов Мичиган Сахалин Флорида Уральск Житомир Припеть Шетланд Ашхабад Кишинёв Ташкент Щербаков Таганрог Новгород Мурманск Жмеринка Смоленск Хабаровск Казахстан Галлиполи Ярославль Ленинград Челябинск Красноярск Петрозаводск Магнитогорск

F. Transliterate the following surnames into Russian and put them in alphabetical order:

(Render *-sky* as -ский.)

Blok Kuts Varga Fokin Konev Malik Krylov Frunze Glinka Pavlov Aksakov Erisman Molotov Polevoi Chuikov Gagarin Bryusov Fadeyev Zhivago Tupolev Yazykov Azhayev Yusupov Marshak Zaitsev Michurin Shvernik Tikhonov Belinsky Izmailov Oistrakh Sechenov Dyagilev Stolypin Yermolov Vyshinsky Tsarapkin Pasternak Nizhinsky Balakirev Makarenko Shchepkin Botvinnik Krupskaya Obraztsov Voroshilov Mendeleyev Korneichuk Timiryazev Stravinsky Shakhmatov Mayakovsky Khrushchev Yevtushenko Shcherbatov Dostoyevsky Lazhechnikov Khachaturyan Stanislavsky Ordzhonikidze.

LESSON 2

PRONUNCIATION

6. PRONUNCIATION AND STRESS. Russian spelling, though not phonetic, is much more accurate and systematic than that of English. Single sounds are each denoted by one letter, and all letters are usually pronounced, save ъ and ь, which have no independent value.

For practical purposes the equivalents given in § 1 are close enough to ensure a perfectly intelligible pronunciation, although in fact certain Russian sounds differ somewhat from the corresponding English ones. Thus к, п, т lack the slight aspiration of English *k, p, t,* while р and х are rather weaker sounds than the Scots *r* in *Burns* and *ch* in *loch.* The transcription used in this lesson offers a more exact guide to spoken Russian, taking account of the fact that many letters have different sound-values in various positions.

Very important for correct pronunciation is the stress, stronger in Russian than in English. Though not normally marked, it is shown here by an acute accent (e.g. áтом), except on ё, which is always stressed. This is essential as there are no simple rules for the Russian stress, which varies from word to word and often shifts with a change of form. Moreover, some words are distinguished solely by the stress position, cf. сто́ит *costs* and стои́т *stands.* A secondary or weaker stress, shown by a grave accent, occurs only in a few compounds (e.g. ту̀рбо-генера́тор).

7. STRESSED VOWELS. Russian has two parallel sets of vowels:

	a	*e*	*i*	*o*	*u*
hard	а	э	ы	о	у
soft	я	е	и	ё	ю

The soft vowels (except и) represent their hard equivalents preceded by a *y*-sound as in *yet*:

я (*ya*) е (*ye*) ё (*yo*) ю (*yu*)

Stressed vowels (transcribed with a bar above) are of medium length, e.g. a is shorter than in *art*, longer than in *at*.

ар (*ār*) эм (*ēm*) он (*ōn*) ум (*ūm*)
як (*yāk*) ем (*yēm*) ёрш (*yōrsh*) ют (*yūt*)

The vowel ы is formed like *y* in *lynx* but with the middle, not the front of the tongue raised:

мы (*mȳ*) вы (*vȳ*) дым (*dȳm*)

Its soft equivalent и is phonetically different, being pronounced as *i* in *ski*:

ил (*īl*) им (*īm*) иск (*īsk*)

N.B. Consecutive vowels are pronounced separately:

паýк (*paūk*) куёт (*kuyōt*)

8. UNSTRESSED VOWELS. In Russian, as in English, unstressed vowels are shorter than stressed ones. In both languages certain vowels, when unstressed, also change their quality and have the sound of *i* in *unit* or *a* in *soda* (the latter, denoted by the symbol *ə*, is called the neutral vowel). But in Russian, where secondary stress is rare, the pretonic vowel (the one just before the main stress) is stronger than other unstressed vowels, whereas in English it is not.

Unstressed а and о are pronounced identically:

when initial or pretonic—as *a* in *aye*:

азóт (*azōt*) окнó (*aknō*) далá (*dalā*) водá (*vadā*)

elsewhere—as *a* in *soda*, i.e. the neutral vowel:

бáза (*bāzə*) мáло (*mālə*) самовáр (*səmavār*) головá (*gəlavā*)

Likewise with prepositions, which are run into the following word:

под‿мост (*padmōst*) над‿окнóм (*nədaknōm*)

Unstressed е and я sound the same except after the stress:

е in all positions, and я before the stress—as *yi* in *Yiddish*:

едá (*yidā*) тáет (*tāyit*) ядрó (*yidrō*)

я after the stress—as *ya* in *soya*:

бóя (*bōyə*) пóяс (*pōyəs*)

Unstressed э may be pronounced as *e* or *i*, exactly like the first letter of *electric*, e.g. этáп (*etāp*/*itāp*).

9. DIPHTHONGS. The combination of a vowel and й (short и) forms a diphthong. In this, its main function, й is a semi-vowel, pronounced as *i* in *coin* and transcribed as *ĭ*.

бой sounds like *boy*, май like *my*, ей like *yea*.

Compare: пай (*pāĭ*)—one syllable
пай́ (*paī*)—two syllables
край (*krāĭ*) га́йка (*gāĭkə*) домо́й (*damōĭ*)
с‿ка́ртой (*skārtəĭ*)

After ы the letter й is barely audible, e.g. ча́лый sounds like *Charlie*.

но́вый (*nōvy*) ста́рый (*stāry*)

For й as a consonant see § 12.

READING EXERCISE A

да но ел их её пол там сук вот сын она́ даю э́то иду́ я́ма ему́ юла́ мы́ло фа́за слой заём рука́ мо́ет ры́ба уда́р язы́к пою́т волна́ како́й са́хар зна́ет экра́н нау́ка давно́ ма́лый я́года но́вая рабо́та вопро́с бы́стро стро́ят во́здух зо́лото ко́мната агроно́м сторона́ поэ́тому молодо́й вы́играл сво́йство

го́ры — гора́ сам — сама́ — самому́ хо́лодно — холо́дный
мо́я — моя́ мой — мо́й

10. HARD AND SOFT CONSONANTS. The dominant and, for English speakers, the most difficult feature of the Russian sound-system is the contrast between hard and soft consonants. A similar distinction occurs in such pairs as *do* / *due*, *poor* / *pure*, *tool* / *tulle*, where the second word has a softer initial consonant followed by a brief *y*-sound. But Russian soft consonants are even softer since the *y*-quality is an integral part of their articulation, as in *canyon* (soft *n*) compared with *canon* (hard *n*), or French *foule* (soft *l*) compared with English *fool* (hard *l*). Soft consonants are formed like the corresponding hard ones but with the middle of the tongue raised towards the roof of the mouth. Thus the tongue is saddle-shaped for hard л, but arched for soft л.

In written Russian softening is shown in two ways, both transcribed with an apostrophe:

(*a*) by the soft sign:

ось (*ōs'*) дать (*dāt'*) то́лько (*tōl'kə*)

(*b*). by a soft vowel:

вял (*v'āl*) лес (*l'ēs*) нёс (*n'ōs*) тюк (*t'ūk*)

When so used, я, е, ё, ю are thus equivalent to а, э, о, у and also show that the previous consonant is soft.

Unstressed е and я undergo the changes described in § 8, but here the *y*-sound fuses with the consonant:

несу́ (*n'isū*) по́ле (*pōl'i*) тяну́ (*t'inū*) ба́ня (*bān'ə*)

The vowel и, when softening, keeps its normal sound:

мир (*m'īr*) си́ла (*s'īlə*)

In the combination ий (as in ый) the й is scarcely heard, e.g. си́ний sounds like *seen‿ye*.

да́вний (*dāvn'i*) ле́тний (*l'ētn'i*)

Note. The meaning of a word may depend on whether a consonant is hard or soft, cf. у́гол *corner* and у́голь *coal*.

11. CONSONANTS Ж, Ш, Ц. These three consonants are always hard.

ж and ш are pronounced as *s* in *vision* and *sh* in *shot*, but the tongue is lower and shaped like a shallow spoon:

жук (*zhūk*) шар (*shār*)

ц is pronounced like *ts* in *curtsy* or German *z* in *zu*.

цук (*tsūk*) бац (*bāts*)

After these consonants:

ь has no softening effect: cf. вошь (*vōsh*) and ваш (*vāsh*); soft vowels are pronounced as their hard equivalents:

жил (*zhȳl*) шёл (*shōl*) цех (*tsēkh*)

unstressed е, when pretonic, is pronounced not as и but as its hard equivalent ы:

жена́ (*zhynā*) цена́ (*tsynā*)

elsewhere it has the sound ə:

желобо́к (*zhəlabōk*) те́льце (*t'ēl'tsə*)

12. CONSONANTS Й, Ч, Щ. These three consonants are always soft.

й is a consonant, pronounced as *y* in *yet*, in a few foreign words where it occurs initially or between vowels (here transcribed *y*[1]):

Йорк (*yōrk*) райóн (*rayōn*)

ч is pronounced as *ch* in *cheek*:

чем (*ch'ēm*) луч (*lūch'*)

щ is pronounced either as *shch* in *fresh‿cheese* or as *shsh* in *fresh‿sheet*:

щи (*sh'ch'ī* / *shsh'ī*) борщ (*bōrsh'ch'* / *bōrshsh'*)

After ч and щ:

ь makes no sound difference: cf. ночь (*nōch'*) and врач (*vrāch'*); hard vowels are pronounced as their soft equivalents:

час (*ch'ās*) чóмга (*ch'ōmgə*) щуп (*sh'ch'ūp*)

unstressed a, being equivalent to я, changes in accordance with § 10(*b*):

before the stress as *i* in *it*: часы́ (*ch'isȳ*)
after the stress as *a* in *soda*: гýща (*gūsh'ch'ə*)

READING EXERCISE B

вес бей лён жир лист путь есть нéбо пить жарá тéло цель дáже пять быть ключ зимá дóля пи́шет ци́фра сталь мéсто совéт хи́мия приём фильм центр земля́ числó рáдий нáция плёнка бóльше жёлтый маши́на дéсять желéзо чёрный письмó тяжелó щёлочь стеклó широкó си́льный высóкий инженéр хорóший телефóн фáбрика восьмóй передáча конвéйер живóтное

мал — мял ток — тёк лук — люк
вон — вонь брат — брать стол — столь
мыл — мил — миль
стéны — стенá рéки — рекá пя́тна — пятнó
чáша — чáща

13. SEPARATION SIGNS. The letters ъ and ь are used between a consonant and a soft vowel to show that the consonant is not affected by the vowel, which keeps its initial *y*-sound.

[1] The letter ы, also transcribed as *y*, never occurs in these positions.

The consonant before ъ is hard:

подъём (*padyōm*) субъе́кт (*subyēkt*)

The consonant before ь is soft:

вью sounds like *view*, пью like *pew*.

бадья́ (*bad'yā*) льёт (*l'yōt*)

After ь the vowel и, like other soft vowels, starts with a *y*-sound:

статьи́ (*stat'yī*)

Note that ж and ш remain hard before ь: ружьё (*ruzhyō*), шью (*shyū*).

14. UNVOICING AND VOICING. Consonants pronounced with vibration of the vocal cords, as when humming, are called voiced; those lacking this vibration are called voiceless. Compare *doze* (*z* voiced) and *dose* (*s* voiceless). In Russian, as in English, some consonants form pairs, while others have no partners.

voiced	л м н р	б в г д ж з	——
voiceless	——	п ф к т ш с	х ц ч щ

Unvoicing. Voiced consonants become voiceless

(*a*) at the end of a word:

зуб (*zūp*) новь (*nōf'*) юг (*yūk*) яд (*yāt*) медь (*m'ēt'*) нож (*nōsh*) раз (*rās*) лазь (*lās'*)

(*b*) before any voiceless consonant:

ю́бка (*yūpkə*) гра́бьте (*grāp't'i*) всё (*fs'ō*) но́гти (*nōkt'i*) во́дка (*vōtkə*) ло́жка (*lōshkə*) у́зко (*ūskə*) мозг (*mōsk*)

In prepositional phrases: в‿парк (*fpārk*), под‿стол (*patstōl*).

Note that in лёгкий *light*, мя́гкий *soft* and their derivatives г is unvoiced to х:

легко́ (*l'ikhkō*) мя́гче (*m'ākhch'i*)

Voicing. Voiceless consonants become voiced before a voiced consonant belonging to a pair (except в):

сдал (*zdāl*) про́сьба (*prōz'bə*) отбо́р (*adbōr*)
с‿ба́ком (*zbākəm*) к‿до́му (*gdōmu*)

15. DOUBLE CONSONANTS. When doubled, Russian consonants are usually lengthened as in *tailless, unnerve,* &c.

стра́нно (*strānnə*) ссу́да (*ssūdə*) отту́да (*attūdə*)

In loan-words double consonants are usually long when they follow straight after the stress,

га́мма (*gāmmə*) *gamma* ма́сса (*māssə*) *mass*

but mostly pronounced single, especially at the end of a word:

ватт (*vāt*) *watt* класс (*klās*) *class*

In speech lengthened consonants also arise from—

unvoicing: бу́дто (*būttə*) из‿са́да (*issādə*)
voicing: отда́м (*addām*) с‿зо́лотом (*zzōlətəm*)
assimilation: сж, зж become a long *zh*, as in *Liège‿gendarme*:
сжал (*zhzhāl*) е́зжу (*yēzhzhu*)
сш, зш become a long hard *sh*:
сшил (*shshȳl*) ни́зший (*n'īshshy*)
сч, зч become a long soft *sh*, or *shch* (exactly like щ):
счёт (*sh'ch'ōt* / *shsh'ōt*)
ре́зче (*r'ēsh'ch'i* / *r'ēshsh'i*)

READING EXERCISE C

бью ров лёд круг нерв вход сгиб сою́з сплав заво́д су́чья объём по́зже сырьё о́бувь по́езд сжечь взрыв сза́ди о́тзыв та́кже отде́л всегда́ тру́бка ма́жьте чертёж ссы́лка вокза́л расчёт бли́зко поджёг за́втра друзья́ вы́сший мышья́к съёмка сде́лать обло́жка автома́т муравьи́ анекдо́т пра́вьте афга́нец экза́мен серьёзно обра́зчик инъе́кция здоро́вье объясни́ть водопрово́д

сел — съел обе́ду — объе́ду
судя́ — судья́ семи́ — семьи́ живём — живьём полю́ — полью
лот — лёт — льёт

острова́ — о́стров го́ды — год глаза́ — глаз
кров — кровь клад — кладь маз — мазь
в‿клуб с‿да́мой без‿кро́ва
с‿со́лью в‿во́ду с‿жа́ром

READING EXERCISE D

Алексе́й Моро́зов — молодо́й инжене́р. Он живёт пять лет в Москве́,
al'iks'ēĭ marōzəf — məladōĭ inzhyn'ēr. ōn zhyv'ōt p'āt' l'ēt vmaskv'ē,

недалеко́ от Кремля́. Сего́дня[1] у́тром Алёша встал в семь часо́в. В окно́
n'idəl'ikō atkr'iml'ā. s'ivōdn'ə ūtrəm al'ōshə fstāl fs'ēm' ch'isōf. vaknō

[1] г is pronounced в in сего́дня *today*.

он уви́дел си́нее не́бо. Все у́лицы и дома́ бы́ли ещё покры́ты сне́гом,
ōn uv'īd'il s'īn'iyi n'ēbə. fs'ē ūl'itsy ī damā bȳl'i yish'ch'ō pakrȳty sn'ēgəm,

и я́ркое со́лнце[1] сия́ло над го́родом. Алёша пошёл в ва́нную, умы́лся
ī yārkəyi sōntsə s'iyālə nadgōrədəm. al'ōshə pashōl vvānnuyu umȳls'ə

холо́дной водо́й и почи́стил зу́бы. Пото́м он верну́лся в спа́льню, оде́лся
khalōdnəĭ vadōĭ ī pach'īst'il zūby. patōm ōn v'irnūls'ə fspāl'n'u, ad'ēls'ə

и пошёл в столо́вую пить стака́н ча́я. За столо́м с семьёй он чита́л
ī pashōl fstalōvuyu p'īt' stakān ch'āyə. zəstalōm ss'im'yōĭ ōn ch'itāl

газе́ту и письмо́ от бра́та, кото́рый живёт на Кавка́зе. По́сле за́втрака
gaz'ētu ī p'is'mō adbrātə, katōry zhyv'ōt nəkafkāz'i. pōsl'i zāftrəkə

он проща́лся с ма́терью и сёстрами, взял коро́бку спи́чек с га́зовой
ōn prash'ch'āls'ə smāt'ir'yu ī s'ōstrəm'i, vz'āl karōpku sp'īch'ik zgāzəvəĭ

плиты́ и вы́шел из до́ма. Он сел на трамва́й и пое́хал на рабо́ту. В во́семь
pl'itȳ ī vȳshəl izdōmə. ōn s'ēl nətramvāĭ ī payēkhəl nərabōtu. vvōs'im'

часо́в он уже́ рабо́тает на фа́брике.
ch'isōf ōn uzhē rabōtəyit nafābr'ik'i.

[1] л is silent in со́лнце *sun.*

LESSON 3

STRUCTURE OF WORDS; ELEMENTS OF VOCABULARY

16. WORD-FORMATION. Words are built up from units of meaning called morphemes. Chief of these is the root, which may be a complete word (*friend*), or only part of a word (-*struct*- in *destruction*).

The meaning of the root is modified by affixes, that is morphemes added to it. Those preceding the root are called prefixes (*be*friend, *con*struct). Those placed after the root are called suffixes, which may build new words (friend*ship*, struct*ure*), or new forms of the same word (friendli*er*, construct*ing*). A form-building suffix is called an ending, because it is usually the last element in a word. The stem is that part of a word which remains when the ending, if any, is deleted.

Examples:

Stem			*Ending*
Prefix(es)	*Root*	*Suffix(es)*	
un-	friend-	li-	est
pre-	domin-	at-	ing
re- con-	struct-		ed

Derivatives are formed from the stem of an existing word by means of affixes (e.g. friend*ly* from friend).

17. INFLECTION. Russian makes much wider use than English of inflection, i.e. changes in the form of a word according to its grammatical functions. The mechanism of inflection usually consists in adding various endings to the stem of a word; e.g.

Stem	*Ending*
wait	-ed
wait	-s

The inflection of verbs is called conjugation, while that of nouns, pronouns, adjectives, and numerals is called declension.

Russian nouns vary for number, gender, and case. There are:

2 numbers: singular and plural.

3 genders: masculine, feminine, and neuter. This distinction applies not only to animate nouns (names of living beings) but also to inanimate nouns (names of objects and abstract notions).

6 cases: nominative, accusative, genitive, prepositional, dative, and instrumental.[1]

The cases express various relations in which nouns or pronouns stand to other words in a sentence. Remnants of an English case-system are found in the personal pronouns, e.g.

He knows us	subject—nominative case	
The book is *his*	possessor—genitive case	
I know *him*	direct object	—objective case
Give it *him* (= to him)	indirect object	

Russian has different forms to express the direct object (accusative) and the indirect object (dative). The uses of the prepositional and instrumental will be treated later.

18. AGREEMENT. A verb is said to be in agreement with its subject when its form alters with a change of person or number. In the present tense English verbs alter only for the third person singular, e.g. I know, he know*s*. Russian verbs vary for each of the six persons in the present, while in the past they vary not for person but for gender.

Russian adjectives, including pronouns which function adjectivally, likewise agree with the nouns to which they refer. This principle is illustrated by the English demonstrative adjectives, e.g.

	Sg.	*Pl.*
	th*is* place	th*ese* places
cf.	э́то ме́сто	э́т*и* места́

[1] The order of cases adopted in this book differs, for practical reasons, from that used by Russian grammarians, viz. *nom.*, *gen.*, *dat.*, *acc.*, *inst.*, *prep.*

Russian adjectives agree not only in number, but also in gender and case:

э́т*а* кни́га	this book (nominative feminine)
э́т*ой* кни́ги	of this book (genitive feminine)

In the plural, however, adjectives make no gender distinctions, cf. э́ти места́ (neuter) and э́ти кни́ги (feminine).

19. SOUND-CHANGES. Russian has inherited certain sound-changes from an early period of history. These changes affect the stems of many common words, especially verbs and nouns, and thus disguise their identity or derivation. The main changes are as follows:

Consonant mutations

г, д, з > ж	ви́**д**еть	*to see*	ви́**ж**у	*I see*
к, т, ц > ч	пла**т**и́ть	*to pay*	пла**ч**у́	*I pay*
х, с > ш	пи**с**а́ть	*to write*	пи**ш**у́	*I write*
ск, ст > щ	и**ск**а́ть	*to seek*	и**щ**у́	*I seek*

Similar changes occur in English, e.g. spea*k*—spee*ch*, but most are not shown in writing, cf. sei*z*e—sei*z*ure; cul*t*—cul*t*ure; fis*s*ile—fis*s*ion; ques*t*—ques*t*ion.

Insertion of л after labials (б, в, м, п, ф) gives a further series of mutations, e.g.

б > бл	лю**б**и́ть	*to love*	лю**бл**ю́	*I love*

Vowel alternations

е/о	н**е**сти́	*to carry*	н**о́**сит	*he carries*
о/а	удв**о́**ить	*to double*	удв**а́**ивает	*he doubles*
ов/у	к**ов**а́ть	*to forge*	к**у**ёт	*he forges*

Vowels which alternate with no vowel, й or ь are termed mobile. The commonest mobile vowels are о and е, found mostly in nouns:

о/-	с**о**н	*sleep*	сна	*of sleep*
е/-	д**е**нь	*day*	дня	*of a day*
е/й	за**ё**м	*loan*	за́**й**ма	*of a loan*
е/ь	л**ё**д	*ice*	л**ь**да	*of ice*

20. EARLY COGNATES. Russian, like the other Slavonic languages, belongs to the Indo-European family whose members, including Greek, Latin, Sanskrit, German, English, &c., are all presumed to have descended from one parent tongue. Some of the oldest Russian words, therefore, have the same roots as words found in other languages of this large family. Common ancestry is shown by the following cognates, or words of the same origin.

Russian	*Latin*	*French*	*German*	*English*
два	duo	deux	zwei	two
де́сять	decem	dix	zehn	ten
есть	est	est	ist	is
мо́ре (*sea*)	mare	mer	Meer	mere
но́вый	novus	nouveau	neu	new
нос	nasus	nez	Nase	nose
ночь	nox	nuit	Nacht	night
со́лнце	sol	soleil	Sonne	sun
соль	sal	sel	Salz	salt
три	tres	trois	drei	three

In the course of time cognates often diverge in meaning. Compare:

> **иска́ть** (*seek*) and *ask* (seek information or help);
> **сам** (*self*), *same*, and Latin *sim*ilis (*like*).

21. LOAN-TRANSLATIONS. In the eighteenth century, when Western science first came to Russia, the requisite technical vocabulary was created in several ways. Sometimes existing Russian words were given a scientific meaning. Thus кислота́ (*sourness*) was used for *acid*, ско́рость (*speed*) for *velocity*, and у́гол (*corner*) for *angle*.

Another source of vocabulary was provided by loan-translations. These are words based on a foreign model, but coined from native lexical elements. In Russian these translations were modelled on Latin and Greek forms, since learned terms in the West were largely of Classical origin. Examples:

e-vapor-ate >	ис-пар-я́ть	(ис-	*out*	+пар	*vapour*)
hydro-gen >	вод-о-ро́д	(вода́	*water*	+род	*genus*)
in-sect-um >	на-сек-о́мое	(на-	*on*	+сек-	*cut*)
ob-ject-um >	пред-ме́т	(пред-	*before*	+мет-	*throw*)

This method was used by Lomonosov, 'the father of Russian science', when he translated Wolff's *Experimenta Physica* in 1745. Thus he modelled возду́шный насо́с (*air pump*) on *anthlea pneumatica*, and зри́тельная труба́ (*looking-tube*) on *tubus opticus*. However, many words not susceptible to such treatment were taken by Lomonosov directly from foreign sources, and borrowing soon became the preferred practice.

22. LOAN-WORDS. Russian has adopted many words from other languages as a result of military, commercial, and cultural contacts. Since about 1600 most of these loan-words have come from Western Europe, first through Polish, and later directly from French, German, English, Italian, &c. A great many words were imported in Peter the Great's time, and there has been another period of extensive borrowing since the Revolution.

The following are examples of loan-words, with the immediate source as indicated.

	English		French	
бульдо́зер	*bulldozer*	азо́т	*azote*	(nitrogen)
комба́йн	*combine*	бето́н	*béton*	(concrete)
лифт	*lift*	вуа́ль	*voile*	(veil)
пота́ш	*potash*	реле́	*relais*	(relay)
футбо́л	*football*	шоссе́	*chaussée*	(highway)
хо́ппер	*hopper*	экра́н	*écran*	(screen)

	German	
ва́нна	*Wanne*	(bath)
квадра́т	*Quadrat*	(square)
ла́кмус	*Lackmus*	(litmus)
ли́нза	*Linse*	(lens)
масшта́б	*Maßstab*	(scale)
шприц	*Spritze*	(syringe)

23. INTERNATIONAL TERMS. Many Russian borrowings are international in character. In recent centuries most of these terms have passed into Russian via French, German, or English, although they are largely of Greco-Latin stock. Some relate to politics (диплома́т, конгре́сс, пропага́нда), some to the arts (поэ́ма *poem*, коме́дия *comedy*), others to commerce (креди́т, эмбáрго). But the great majority belong to the ever-growing vocabulary of science and technology (антéнна, инсули́н, генерáтор, магнéто, радáр).

Not all such terms are borrowings, however. Russian itself has contributed to this common pool such words as *nihilism* (нигили́зм), *intelligentsia* (интеллигéнция), *phagocyte* (фагоци́т), and a number of native Russian words have become international, e.g. *Bolshevik* (большеви́к), *soviet* (совéт), and since 1957 *sputnik* (спу́тник).

Thus, besides the names of persons and places, many nouns denoting materials, machines and their components, processes and other abstract concepts are the same in Russian and English, or very similar.

24. TRANSLITERATION. The Russian spelling of foreign words is based on sound more than spelling. Sounds not found in Russian are rendered only approximately, and sometimes in various ways.

Final mute *e* is either dropped or, in many borrowings from French, becomes а:

озóн *ozone*,	нитрáт *nitrate*
лáмпа Fr. *lampe*,	фóрма Fr. *forme*

Mute *h* and other silent letters are usually dropped:

ом *ohm*,	ангáр *hangar*,
Калé *Calais*,	Брáйтон *Brighton*

Consonants

c (= k)	к	факт *fact*
c (= s)	ц	центр *centre*
ch (Gk., Ger.)	х	э́хо *echo*, Бах *Bach*
h (aspirate)	г, х	гормóн *hormone*, хоккéй *hockey*
j (= dg)	дж	джут *jute*, Лодж *Lodge*
je, *ju* (Lat., Ger.)	е, ю	проéкт *project*, ю́нкер *Junker*
ph	ф	телегрáф *telegraph*
s	с; з	сорт *sort*, изотóп *isotope*
th	т, ф	мéтод *method*, логари́фм *logarithm*
-ti (+*vowel*)	-ци	пациéнт *patient*
w, *wh*	в, у	ватт *watt*, Брóун *Brown*, Уáйт *White*
x	кс, кз	флокс *phlox*, экзегéт *exegete*

The letter *l* is often rendered as a soft л, thus: де́льта *delta*, плюс *plus*.

Double consonants are usually kept, but sometimes one is dropped, cf. класс *class* and бас *bass*.

Vowels

a (short)	а, е	танк *tank*, трек *track*
a (diphthong)	е, ей	беко́н *bacon*, сейф *safe*
ea, ee	и	ли́дер *leader*, Грин *Green*
i, y	и	идеа́л *ideal*, тип *type*
	ай	ла́йнер *liner*, тайфу́н *typhoon*
u	а, е	Ра́ссел *Russell*, трест *trust*
	о, у	ром *rum*, клуб *club*

The letter *u* in the combinations *au, eu* from Greek (diphthongs) and *gu, qu* from Latin is normally rendered by в:

au	ав, ау	автома́т *automat*, аудио́граф *audiograph*
eu	ев, ей	Евро́па *Europe*, нейтро́н *neutron*
gu	гв	лингви́ст *linguist*
qu	кв	эква́тор *equator*

Note also:

Fr. *u*, Ger. *ü*	ю	меню́ *menu*, Лю́бек *Lübeck*
Fr. *eu*, Ger. *ö*	е, ё	ме́бель *meuble* (furniture), Кёльн *Köln* (Cologne)
æ, œ	е, ё	гемоглоби́н *haemoglobin*, амёба *amoeba*

25. LAST LETTER EQUIVALENTS. A large number of loan-words, especially international terms, are easily recognized once the reader knows how their final letters appear in Russian.

In borrowings from Greek the endings *-es, -is, -os, -on* are usually dropped, e.g. пири́т *pyrites*, ана́лиз *analysis*, асбе́ст *asbestos*, бор *boron*, and likewise *-um, -us* from Latin words, e.g. гипс *gypsum*, тиф *typhus*. The endings *-ium, -ius* are occasionally kept (о́пиум *opium*, ра́диус *radius*), but more often changed into -ий (see below), while *-ium* is sometimes dropped altogether (ура́н *uranium*).

Russian	*English*	
-аж, -яж	*-age*	гара́ж *garage*, фюзеля́ж *fuselage*
-альный	*-al*	специа́льный *special*
-арный, -ярный	*-ar(y)*	санита́рный *sanitary*, поля́рный *polar*
-енция	*-ence, -ency*	конфере́нция *conference*, тенде́нция *tendency*
-ивный	*-ive*	акти́вный *active*, интенси́вный *intensive*
-изм	*-ism*	механи́зм *mechanism*, ревмати́зм *rheumatism*
-ий	*-ium, -ius*	санато́рий *sanatorium*, ге́ний *genius*
-ика	*-ic(s)*	ло́гика *logic*, фи́зика *physics*
-ический	*-ic(al)*	метри́ческий *metric*, крити́ческий *critical*
-ия	*-ia, -y*	амнези́я *amnesia*, па́ртия *party*
-лог	*-logist, -logue*	зо́олог *zoologist*, диало́г *dialogue*
-тет	*-ty*	авторите́т *authority*, факульте́т *faculty*
-ура, -юра	*-ure*	культу́ра *culture*, миниатю́ра *miniature*
-ция	*-tion*	на́ция *nation*, фу́нкция *function*

EXERCISES A–B

A. Translate the following names:

Китс	Це́зарь	Пасте́р	Копе́рник
Гёте	Да́рвин	Ге́гель	Дизраэ́ли
Руссо́	Мо́царт	Шекспи́р	Пуанкаре́
Брамс	Нью́тон	Архиме́д	Ру́звельт
Чо́сер	Ги́тлер	Рентге́н	Бетхо́вен
Бойль	Колу́мб	Фараде́й	Кро́мвель
Свифт	Ва́гнер	Рафаэ́ль	Сибе́лиус
Маркс	Эвкли́д	Вольте́р	Че́рчилль
Фурье́	Линне́й	Дебюсси́	Конфу́ций
Эра́зм	Уа́йльд	Пифаго́р	Теккере́й
Ха́рди	Дека́рт	Ле́йбниц	Гиппокра́т
Гоме́р	Ба́йрон	Бальза́к	Ре́зерфорд
Э́йлер	Тициа́н	Фи́лдинг	Аристо́тель

B. Read and translate:

газ метр до́за ю́мор нерв фа́за тари́ф текст квант зени́т И́ндия а́дрес теа́тр а́втор кана́л а́рмия като́д схе́ма ге́лий мета́н сиро́п сфе́ра а́стма фо́сфор масса́ж био́лог гибри́д микро́б ко́смос лигни́т Юпи́тер мину́та кли́мат гекта́р дина́мо ни́кель цеме́нт диабе́т коме́та циани́д тео́рия флеби́т джо́уль анеми́я невро́з систе́ма катало́г гигие́на эне́ргия Везу́вий конце́рт малярия́ склеро́з и́мпульс вакци́на чемпио́н проце́сс исто́рия сна́йпер про́филь ка́льций тра́ктор вольта́ж Га́мбург пу́блика реа́кция плане́та вана́дий А́встрия телефо́н рефле́кс симпто́м аппара́т турби́на сабота́ж полиме́р теоре́ма О́ксфорд гироско́п акаде́мия электро́н Ке́мбридж симфо́ния архео́лог пробле́ма асфи́ксия Парагва́й институ́т докуме́нт криста́лл эвкали́пт поли́тика дейте́рий органи́зм хара́ктер техно́лог алюми́ний евге́ника кандида́т медици́на алкого́ль Герма́ния моле́кула контро́ль стро́нций диагра́мма социали́зм термо́метр потенциа́л хлорофо́рм Вашингто́н пасси́вный геоме́трия локомоти́в магнети́зм энтомо́лог хромосо́ма циклотро́н структу́ра экзога́мия револю́ция литерату́ра туберкулёз эквивале́нт астроно́мия норма́льный пеницилли́н опти́ческий матема́тика траекто́рия визуа́льный гидра́влика психоло́гия арифме́тика спектроско́п лаборато́рия университе́т экспериме́нт температу́ра перспекти́ва осцилло́граф архитекту́ра коэффицие́нт вулканиза́ция практи́ческий обсервато́рия энциклопе́дия концентра́ция элемента́рный флуоресце́нция.

LESSON 4

NOMINATIVE SINGULAR; NEGATION

26. ARTICLES. There are no articles in Russian, i.e. no words corresponding to *a* or *the*.

до́ктор = { *doctor* / *a doctor* / *the doctor* }

Thus in translation the articles must be supplied according to context.

27. NOMINATIVE CASE. The nominative is used to express the subject of a clause and also the predicate of the verb *to be* in the present. The latter is not normally expressed in Russian, except sometimes by a dash in writing.

Я студе́нт	*I (am) a student*
Вы до́ктор	*You (are) a doctor*
Профе́ссор — инжене́р	*The professor (is) an engineer*
Медь — мета́лл	*Copper (is) a metal*

In dictionaries nouns appear in the nominative form.

28. NOUN GENDERS. The gender of a noun is normally shown by its last letter(s) in the nominative singular.

Gender markers

Masculine	consonant	сто**л**	*table*
	-й	музе́**й**	*museum*
	-ь	рубл**ь**	*rouble*
Feminine	-а	кни́г**а**	*book*
	-я	земл**я́**	*earth*
	-ь	стал**ь**	*steel*
Neuter	-о	ме́ст**о**	*place*
	-е	по́л**е**	*field*
	-мя	вре́**мя**	*time*

(i) Most nouns in -ь are feminine. In this book masculines in -ь have the gender shown.

(ii) Many nouns denoting persons have feminine equivalents, e.g. студéнт *student*, студéнтка *woman student*, but in some instances the masculine form is used also for women:

Онá инженéр *She is an engineer*

(iii) Some nouns in -а and -я are masculine by meaning, e.g. мужчи́на *man*, дя́дя *uncle*.

29. PRONOUNS. The nominative forms of pronouns are:

я	*I*	ты	*you* (= Fr. *tu*)
мы	*we*	вы	*you* (= Fr. *vous*)

Other pronouns have the same gender markers as nouns:

Masc.		*Fem.*		*Neut.*	
о**н**	*he*	он**á**	*she*	он**ó**	*it*
э́то**т**	*this*	э́т**а**		э́т**о**	
на**ш**	*our(s)*	нáш**а**		нáш**е**	
ва**ш**	*your(s)*	вáш**а**		вáш**е**	
мо**й**	*my, mine*	мо**я́**		мо**ё**	

Pronouns are of the same gender as the nouns to which they refer:

Где стол?—Он здесь *Where is the table?—It is here*
Где лáмпа?—Онá там *Where is the lamp?—It is there*

Thus when он and онá refer to objects they are translated as *it*.

30. ADJECTIVES. Adjectives have the same gender markers as nouns, but their nominative endings consist of the last two letters.

Masc.		*Fem.*	*Neut.*
нóв**ый**	*new*	нóв**ая**	нóв**ое**
больш**óй**	*big*	больш**áя**	больш**óе**
си́н**ий**	*blue*	си́н**яя**	си́н**ее**

Adjectives, including pronoun-adjectives, agree with the nouns they qualify:

наш нóвый музéй	*our new museum*
мой крáсный карандáш	*my red pencil*
э́та холóдная водá	*this cold water*
э́то большóе пóле	*this big field*

The neuter form э́то also means *this/it is, these are,* and when so used is invariable:

Э́то — микроско́п	*This is a microscope*
Э́то лёгкая рабо́та	*This is light/easy work*
Кто э́то?—Э́то мой брат	*Who is this?—It is my brother*

In dictionaries adjectives appear in the masculine nominative singular.

31. NEGATION. The negative particle не directly precedes the word to which it refers:

Э́то не зако́н	*This is not a law*
Он не хи́мик	*He is not a chemist*
Она́ не зна́ет, что э́то	*She does not know what this is*
Она́ не зна́ет, что он до́ктор	*She does not know that he's a doctor*

Note that что (pronounced што) means *what* (as a pronoun) and *that* (as a conjunction).

N.B. The word не should not be confused with нет *no*:

Он фи́зик?—Нет, он не фи́зик	*Is he a physicist?—No, he is not*

32. SIMPLE CONJUNCTIONS. Note the uses of the following:

и *and* is sometimes translated by *also, even,* or (with a negative) *either*:

Кни́га и ла́мпа здесь	*The book and the lamp are here*
Маши́на рабо́тает и тепе́рь	*The machine works even now*
И профе́ссор не зна́ет	*The professor doesn't know either*

но *but*

Она́ рабо́тает, но не там	*She works, but not there*
Не то́лько там, но и здесь	*Not only there but also here*

а *and* or *but* introduces a contrast or additional question:

Он хи́мик, а она́ фи́зик	*He's a chemist but she's a physicist*
Э́то не чай, а ко́фе	*This isn't tea, it's coffee*
Что э́то?—Э́то вода́	*What is this?—It's water*
А что э́то?—Э́то во́дка	*And what is this?—That's vodka*

EXERCISE

VOCABULARY

нау́ка science
то́же also
го́род city, town
чи́стый pure, clean
и and
лёгкий light, easy
ва́жный important
зако́н law
и́ли or
а and, but
что what; that
како́й what (kind of)
брат brother
хоро́ший good
не not
нет no
но but
всегда́ always
сестра́ sister
где where

Read and translate:

1. Матема́тика — нау́ка.
2. Микроско́п — инструме́нт.
3. Термо́метр — то́же инструме́нт.
4. Ло́ндон — большо́й го́род.
5. Э́та вода́ чи́стая и холо́дная.
6. Алюми́ний — лёгкий мета́лл.
7. Э́то ва́жный зако́н.
8. Э́тот рубль мой и́ли ваш?
9. Он инжене́р, а она́ гео́лог.
10. Кто э́то? — Э́то наш профе́ссор.
11. Что э́то? — Э́то холо́дный чай.
12. Како́й э́то газ? — Э́то мета́н.
13. Э́то на́ша но́вая лаборато́рия.
14. Ваш брат хоро́ший студе́нт.
15. Э́тот каранда́ш не си́ний, а кра́сный.
16. Э́то сталь? — Нет, э́то не сталь, а медь.
17. Э́та маши́на рабо́тает, но не всегда́.
18. До́ктор не зна́ет, что мы здесь.
19. Моя́ сестра́ фи́зик, а я хи́мик.
20. Где кни́га и ла́мпа? — Кни́га здесь, а ла́мпа там.

LESSON 5

NOMINATIVE PLURAL; INFINITIVES; PRESENT TENSE

33. HARD AND SOFT ENDINGS. Noun and adjective declensions have parallel hard and soft endings. Vowel equivalents which affect endings are:

hard	а	ы	о	у
soft	я	и	е	ю

Each regular noun declension, save that of feminines in -ь and neuters in -мя, falls into two types:

	Masc.	*Fem.*	*Neut.*
Hard	consonant	-а	-о
Soft	-й, -ь	-я	-е

Compare	стол	pl.	стол**ы́**;	ме́сто	pl.	мест**а́**
	музе́й	pl.	музе́**и**;	по́ле	pl.	пол**я́**

The endings of other forms are added directly to the nominative singular if it ends in a consonant (type стол), otherwise they replace the last letter.

Adjective endings likewise fall into two types:

	Masc.	*Fem.*	*Neut.*
Hard	но́в**ый**	но́в**ая**	но́в**ое**
Soft	си́н**ий**	си́н**яя**	си́н**ее**

The last two letters of the masculine nominative singular are dropped from adjectives before other endings are added.

Note that (i) adjectives in -ой decline like но́вый but have stressed endings; (ii) in soft adjectives -ий is always preceded by н.

34. SPELLING RULES. The pattern of hard and soft endings is modified by the following rules:

After г к х ж ч ш щ	и	replaces	ы
,, г к х ж ч ш щ ц	а	,,	я
	у	,,	ю
,, ж ч ш щ ц	е	,,	unstressed о

Thus ла́мпа *lamp* has the plural ла́мп**ы**, but кни́га *book* has the plural кни́г**и** (where -и replaces -ы). Similarly, hard neuter nouns usually end in -о, but this becomes е, when unstressed, after ц; hence кольц**о́** *ring*, but со́лнц**е** *sun*.

Adjectives whose stems end in one of the consonants shown above have a mixed declension consisting of hard endings, except where the rules require a soft vowel, e.g.

Masc.	*Fem.*	*Neut.*	*Pl.*
большо́й	больша́я	большо́е	болш**и́**е
лёгк**и**й	лёгкая	лёгкое	лёгк**и**е
хоро́ш**и**й	хоро́шая	хоро́ш**е**е	хоро́ш**и**е

Note. The rules affect spelling in any part of a word, but loan-words are exempt from them, e.g. кюри́ *curie*, шофёр *driver* (from Fr. *chauffeur*).

35. PLURAL OF NOUNS. The regular nominative plural endings of nouns are:

	Hard	*Soft*
m., f.	-ы	-и
n.	-а	-я

Examples:

стол	стол**ы́**	*tables*	музе́й	музе́**и**	*museums*
			рубль	рубл**и́**	*roubles*
ла́мпа	ла́мп**ы**	*lamps*	земля́	зе́мл**и**	*lands*
			часть	ча́ст**и**	*parts*
ме́сто	мест**а́**	*places*	по́ле	пол**я́**	*fields*

Spelling. Masculines and feminines whose stems end in г, к, х, ж, ч, ш, щ take -и:

e.g. каранда́ш — карандаши́ *pencils*, кни́га — кни́ги *books*.

Some neuters in -ко also take -и:

я́блоко — я́блоки *apples*

Some masculines make their plural in stressed -а (-я):

го́род — города́ *towns*, до́ктор — доктора́ *doctors*, учи́тель — учителя́ *teachers*

Some nouns have only plural forms,

e.g. но́жницы *scissors*, де́ньги *money*

A few have additional meanings in the plural,

e.g. час *hour*, pl. часы́ *hours* or *timepiece* (i.e. *clock*, *watch*)

Note. The stress often shifts in the plural, especially in feminine and neuter nouns.

36. PLURAL OF ADJECTIVES, PRONOUNS. In the plural of adjectives and pronouns no gender distinction is made.

Adjectives have the ending -ые (hard), -ие (soft):

но́вый но́вая но́вое	— но́в**ые** *new*	си́ний си́няя си́нее	— си́н**ие** *blue*

Spelling. Those with stems ending in г, к, х, ж, ч, ш, щ take -ие,

e.g. большо́й — больши́е *big*

Most pronouns end in -и:

он, она́, оно́	он**и́**	*they*
э́тот, э́та, э́то,	э́т**и**	*these*
мой, моя́, моё	мо**и́**	*my, mine*
наш, на́ша, на́ше	на́ш**и**	*our, ours*

37. ADJECTIVES AS NOUNS. Some adjectives are used as nouns, but keep their adjectival forms. They originally qualified a noun which was later dropped, as in English *weekly* (*magazine*), *solid* (*substance*). Thus:

крива́я (ли́ния)	*curved* (*line*), *curve*
це́лое (число́)	*whole* (*number*), *integer*
учёный (челове́к)	*learned* (*man*), *scholar, scientist*

The neuter form may serve as an abstract noun:

но́вое и ста́рое	*the new and the old*
э́то — гла́вное	*this is the chief thing*

Adjectival nouns denoting persons vary according to gender:

больно́й, больна́я	*patient* (*man, woman*)
ру́сский, ру́сская	*Russian* (*man, woman*)

Russian surnames in -ий, -ой are adjectival in form and declension:

Зе́мский, f. Зе́мская, pl. Зе́мские
Толсто́й, f. Толста́я, pl. Толсты́е

Some place-names also have adjectival forms, e.g. Го́рький, Гро́зный.

38. INFINITIVES. Most Russian infinitives end in -ть preceded by a vowel:

сиде́**ть**	*to sit*
рабо́та**ть**	*to work*
говори́**ть**	*to speak*

A few end in -сть, -ти and -чь:

кла**сть**	*to put*
ид**ти́**	*to go*
пе**чь**	*to bake*

Verbs appear in dictionaries in the infinitive. It should be noted that this form consists of only one word in Russian, whereas in English it normally includes the word *to*.

39. PRESENT TENSE. There are two conjugations in the present, differing only in the vowels with which their endings begin.

	1st or 'е' conjugation	2nd or 'и' conjugation
	знать *to know*	**стро́ить** *to build*
я	зна́**ю**	стро́**ю**
ты	зна́**ешь**	стро́**ишь**
он, она́, оно́	зна́**ет**	стро́**ит**
мы	зна́**ем**	стро́**им**
вы	зна́**ете**	стро́**ите**
они́	зна́**ют**	стро́**ят**

Spelling. In the 1st singular and 3rd plural the vowels ю and я are replaced by у and а after ж, ч, ш, щ. Thus лежáть *to lie* has лежý, лежáт.

(i) Russian has only one present tense form, thus:

он стрóит = *he builds/is building/ does build*

(ii) The present expresses an action which started in the past but still continues:

Я рабóтаю здесь давнó *I've been working here a long time*

(iii) When the 3rd plural is used without онú, the subject is often the vague *they* (= *people*):

Здесь сидя́т и читáют *Here they* (*people*) *sit and read*

In this use the verb is often translated in the passive:

Говоря́т, что он хорóший дóктор *They say that he is* (or *he is said to be*) *a good doctor*

(iv) The 2nd conjugation, less numerous than the 1st, includes most verbs in -ить, some in -еть, and a few in -ать, -ять (these last are marked 2 in the vocabularies).

EXERCISES A–B

A. Give the meaning and plural of:

нóвый журнáл	крáсная лáмпа	твёрдое тéло
э́тот музéй	хими́ческая реáкция	высóкое здáние

B.

VOCABULARY

и... и both . . . and
Москвá Moscow
вот here is/are
прямóй straight
серьёзный serious
болéзнь illness
говори́ть to say, speak
дробь fraction
магни́тный magnetic
как how, as
жéнщина woman
вмéсте together
сегóдня (г pr. в) today
и́ли..., и́ли either . . . or
иногдá sometimes
читáть to read
товáрищ friend, companion
азóт nitrogen
понимáть to understand
ужé already
да yes
óчень very
человéк man, person
здáние building
мáленький small
конéчно (ч pr. ш) of course

Translate:

1. И Москвá и Ленингрáд большúе городá.
2. Вот нóвые совéтские кнúги и журнáлы.
3. Э́та крáсная лúния не прямáя, а кривáя.
4. Мой дя́дя не знáет, где ты рабóтаешь.
5. И тиф и малярúя серьёзные болéзни.
6. Учúтель говорúт, что э́то не цéлое, а дробь.
7. Учёные знáют, что э́то не магнúтные поля́.
8. Вы не знáете, как э́ти машúны рабóтают.
9. Земля́ — планéта. Марс и Юпúтер тóже планéты.
10. Какúе э́то студéнты? — Э́то рýсские хúмики.
11. Тепéрь мужчúны и жéнщины рабóтают вмéсте.
12. Сегóдня профессорá и учителя́ рабóтают, а мы не рабóтаем.
13. Больны́е úли лежáт, úли сидя́т. Иногдá онú и читáют.
14. Вáши товáрищи — инженéры? — Нет, онú докторá.
15. Медь и сталь — метáллы, а гéлий и азóт — гáзы.
16. Какúе э́то инструмéнты? — Э́то электрóнные микроскóпы.
17. Рáдий — химúческий элемéнт. Урáн и фóсфор тóже элемéнты.
18. Он читáет и читáет, но не понимáет, а глáвное — э́то понимáть.
19. Э́то нáши нóвые химúческие лаборатóрии. Мы здесь ужé рабóтаем.
20. Э́то рублú, а э́то копéйка. — Э́то вáши дéньги? — Да, моú.
21. Где вáши нóжницы? — Вот онú. — А моú часы́ где? — Я не знáю.
22. Кто там сидúт и читáет? — Э́то Ильúн, он óчень вáжный человéк.
23. Вот Ивáн Зéмский и Борúс Петрóв. Говоря́т, что онú óчень хорóшие фúзики.
24. Какúе э́то здáния? — Большóе здáние — университéт, а мáленькое — музéй.
25. Вот Толсты́е. И брат и сестрá — геóлоги. — Онú рýсские? — Да, конéчно.

LESSON 6

ACCUSATIVE CASE; SHORT FORMS OF ADJECTIVES; STEM-CHANGING VERBS

40. MOBILE VOWELS. Some nouns, mostly masculines in -ок, -ень, -ец, have a mobile о or е in the last syllable of the nominative singular. This vowel either disappears or, if е, may be replaced by й, ь in oblique cases (those other than the nominative singular).

Examples:

кусóк — куски́	*piece-s*	заём — за́ймы	*loan-s*
конéц — концы́	*end-s*	па́лец — па́льцы	*finger-s*

When such nouns occur in an oblique case the necessary stem change must be made in order to look up the meaning. Note that й and ь alternate only with е, and that е is inserted more often than о, except before к.

The pronouns весь *all* and оди́н *one* have a mobile е and и respectively:

Masc.	*Fem.*	*Neut.*	*Pl.*
весь	вся	всё	все
оди́н	одна́	однó	одни́

When used alone всё = *everything*, все = *everyone*. Compare:

Всё здесь — *Everything is here*
Все здесь — *Everyone is here*

The numeral pronoun оди́н sometimes means *alone*, *only*:

Здесь одна́ вода́ — *There's only water here*

Most prepositions ending in a consonant have a mobile о before certain consonant groups. Thus в *in*, к *towards*, с *with*; *from* become во, ко, со; compare к нам *to us* and ко мне *to me*.

41. ADJECTIVAL SHORT FORMS. Many adjectives have short forms, which exist only in the nominative. These have the same markers as the nominative of nouns: the masculine has no ending, feminine ends in -а, neuter in -о, and plural in -ы (replaced by -и after г, к, х, ж, ч, ш, щ).

		Masc.	*Fem.*	*Neut.*	*Pl.*
но́вый	*new*	нов	нов**а́**	но́в**о**	но́в**ы**
све́жий	*fresh*	свеж	свеж**а́**	свеж**о́**	свеж**и́**

Short forms express a predicate:

интере́сная кни́га — *an interesting book* (attribute)
Кни́га интере́сна — *The book is interesting* (predicate)

Long forms are also used as predicates, but as a rule imply a permanent quality. Compare:

Река́ глубока́ — *The river is deep* (i.e. now)
Река́ глубо́кая — *The river is a deep one* (i.e. always)

Many masculine short forms have a mobile о or е:

лёгкий — лёг**о**к, легка́, &c., *easy*
сто́йкий — сто́**е**к, стойка́, &c., *stable*
дли́нный — дли́н**е**н, длинна́, &c., *long*
больно́й — бо́л**е**н, больна́, &c., *sick*

Many adjectives in -енный have a masculine short form in -ен (not -енен). Thus иску́сственный *artificial* becomes иску́сствен.

(i) The short forms of большо́й *big* are supplied by вели́кий *great*, and those of ма́ленький *small* by ма́лый, which also means *small*.

(ii) Short forms of soft adjectives (type си́ний) are practically obsolete.

42. ADVERBS. Many adverbs are formed by adding -о to an adjective stem:

бы́стрый > бы́стро — *swiftly*
лёгкий > легко́ — *easily*
хоро́ший > хорошо́ — *well*

Soft adjectives form adverbs in -е:

крáйний > крáйне *extremely*

Adjectives with the suffix -ский, which have no short forms, make adverbs in -и:

физи́чески	*physically*
электри́чески	*electrically*

Those relating to person, place, or nationality add по- *in the manner of*:

по-лéнински	*like Lenin*
по-москóвски	*in Moscow fashion*
по-англи́йски	*in the English way*

The last type also expresses *in the . . . language*:

Мы говори́м по-англи́йски	*We speak English*
Он понимáет по-рýсски	*He understands Russian*

As a rule adverbs formed regularly from adjectives are not listed separately in vocabularies.

43. IMPERSONAL EXPRESSIONS. Adverbs in -о, when used as predicates, form impersonal expressions:

легкó	*it is easy*
хóлодно	*it is cold*
интерéсно	*it is interesting*
извéстно	*it is (well) known*

Other impersonal forms are:

мóжно	*it is possible, one may*
нельзя́	*it is impossible, one may not*
нáдо, нýжно	*it is necessary, one must*

Note. Obligation is expressed by the short forms дóлжен, должнá, -ó, -ы́, agreeing with the subject, e.g.

Мы должны́ рабóтать *We must/ought to work*

44. ACCUSATIVE CASE. The following nouns have identical accusative and nominative forms.

Singular:	all neuters and inanimate masculines
Plural:	all inanimate nouns

Adjectives qualifying such nouns also have the same form in the accusative as in the nominative.

Examples:

Acc. sg.	но́вое ме́сто	*new place*	э́тот час	*this hour*
Acc. pl.	но́вые места́	*new places*	э́ти часы́	*these hours*

In the accusative singular feminine nouns in -ь remain unaltered, while those in -а and -я change to -у and -ю respectively:

Nom.	часть	ла́мпа	земля́
Acc.	част**ь**	ла́мп**у**	зе́мл**ю**

Feminine adjectives end in -ую/-юю and pronouns in -у/-ю:

Nom.	но́вая	си́няя	на́ша	моя́
Acc.	но́в**ую**	си́н**юю**	на́ш**у**	мо**ю́**

The pronoun что *what* has the same form in the accusative.

45. USES OF ACCUSATIVE. The accusative case is used as follows:

(*a*) To express the direct object:

Э́то сто́ит копе́йку	*This costs a copeck*
Мы изуча́ем исто́рию	*We study history*
Он чита́ет но́вый журна́л	*He's reading a new journal*

(*b*) To express time or distance covered:

Я рабо́таю весь день	*I work all day*
Она́ здесь всю неде́лю	*She's been* (lit. *is*) *here all week*
Раке́та лети́т одну́ ми́лю	*The rocket flies one mile*

(*c*) With certain prepositions, especially в *in*(*to*) and на *on*(*to*):

в во́ду	*in*(*to*) *the water*
на зе́млю	*on*(*to*) *the ground*
в э́ти го́ды	*in these years*
за стол	*behind the table*
за одну́ неде́лю	*over/within one week*
че́рез э́ту ре́ку	*across this river*
че́рез год	*in a year*('*s time*)

Note that в also expresses *per*:

раз в день	*once a/per day*

46. QUESTIONS. When an interrogative word begins a question there is no inversion with pronoun subjects. Compare:

Что он де́лает?	*What is he doing?*
Что де́лает до́ктор?	*What is the doctor doing?*
Ско́лько э́то сто́ит?	*How much does this cost?*
Ско́лько сто́ят э́ти кни́ги?	*How much do these books cost?*

Other questions may be framed as statements and spoken in an interrogative tone,

Они́ чита́ют?	*Are they reading?*
До́ктор там?	*Is the doctor there?*

or the main word in the question comes first, followed by the particle ли:

Там ли они́?	*Are they* there?
Она́ ли там?	*Is* she *there?*

In indirect speech ли serves as a conjunction (= *whether*) and its use is obligatory:

Он спра́шивает, ру́сская ли она́	*He asks whether she is Russian*
Я не зна́ю, до́ктор ли он	*I don't know if (= whether) he's a doctor*

Note that the word тако́й (*such*) is often used with что when identifying things:

Что тако́е нау́ка?	*What is science?*

Note also the construction что за *what kind of . . .*, taken from German *was für . . .*

Что э́то за мета́лл?	*What kind of metal is this?*

47. STEM-CHANGING VERBS. Some verbs have stem changes in the present.

(*a*) *Consonant changes.* In the 2nd conjugation these are regular but affect only the 1st singular:

ви́деть	*to see*:	ви́**ж**у	ви́дишь	ви́дит	&c.
люби́ть	*to like*:	лю**бл**ю́	лю́бишь	лю́бит	&c.

In the 1st conjugation some verbs drop -ать (not -ть) and the change affects all persons:

писа́ть *to write*: пи**ш**у́ пи́**ш**ешь пи́**ш**ет &c.
ре́зать *to cut*: ре́**ж**у ре́**ж**ешь ре́**ж**ет &c.

Most verbs in -сти, -сть conceal a д or т:

класть *to put*: кла**д**у́ кла**д**ёшь кла**д**ёт &c.

Those in -чь conceal г or к, which change to ж and ч respectively before е:

мочь *to be able*: мо**г**у́ мо́**ж**ешь мо́**ж**ет мо́**г**ут
печь *to bake*: пе**к**у́ пе**ч**ёшь пе**ч**ёт пе**к**у́т

Note the insertion of в in

жить *to live*: жи**в**у́ жи**в**ёшь жи**в**ёт &c.

(*b*) *Vowel changes*. Most monosyllabic verbs in -ить have the root alternation и/ь, and most in -ыть have ы/о:

лить *to pour*: л**ь**ю л**ь**ёшь л**ь**ёт &c.
мыть *to wash*: м**о́**ю м**о́**ешь м**о́**ет &c.

Some verbs have a mobile е or о:

брать *to take*: б**е**ру́ б**е**рёшь б**е**рёт &c.
звать *to call*: з**о**ву́ з**о**вёшь з**о**вёт &c.

Note. In 1st conjugation endings (i) е when stressed becomes ё, (ii) у replaces ю after all consonants except л (and р if the verb ends in -ороть).

EXERCISES A–D

A. Give the accusative singular and plural of:

тру́дный о́пыт; но́вая фа́за; на́ше ме́сто; э́тот рубль; вся неде́ля; э́та часть.

B. Find the dictionary form and meaning of:

дни, всё сны, мхи, швы, у́зок, огни́, углы́, ра́вен, ре́док, по́лон, ве́тры, ва́жен, бли́зок, по́ршни, о́кислы, у́ровни, коро́ток, муравьи́, кита́йцы.

C. Translate the following present tense forms, referring where necessary to the table of verbs (cols. 1 and 4):

тру, пьёт, и́щем, мо́ют, жмёт, спят, шьют, сижу́, беру́т, зовём, плыву́, теку́т, живём, кладу́, лежи́т, люблю́, мо́жете, чита́ешь.

D. VOCABULARY

да́же even
во́здух air
жи́дкость liquid
тяжёлый heavy
просто́й simple
америка́нец American
америка́нский American (*adj.*)
запуска́ть to launch
поступа́ть to enter
ко́лба flask
кислота́ acid
нау́чный scientific
письмо́ letter
мно́го much, many
ско́лько how much/many
почему́ why
потому́ что because
слу́шать to listen to
изуча́ть to study
хи́мия chemistry
так so, thus
ме́дленный slow
тако́й such
пол floor
втека́ть to flow (into)
мо́ре sea
по́мнить to remember
ещё still, yet
жизнь life
мост bridge
заво́д factory
прикладно́й applied

Translate:

1. Я да́же не зна́ю, чи́стая ли э́та вода́.
2. Здесь о́чень хо́лодно, но во́здух чист и свеж.
3. Что э́то за жи́дкость? — Э́то тяжёлая вода́.
4. Изве́стно, что э́тот ме́тод кра́йне прост и лёгок.
5. Э́ти америка́нцы хорошо́ говоря́т по-ру́сски.
6. Америка́нские инжене́ры запуска́ют раке́ты в ко́смос.
7. Как изве́стно, во́здух бы́стро поступа́ет в ва́куум.
8. Хи́мик берёт ко́лбу и льёт кислоту́ на криста́ллы.
9. Где живёт до́ктор? — Мы не зна́ем, где он живёт тепе́рь.
10. Э́тот студе́нт о́чень серьёзный. Он чита́ет одни́ нау́чные кни́ги.
11. Что вы де́лаете? — Я пишу́ дли́нное письмо́ по-англи́йски.
12. Студе́нтка чита́ет интере́сную кни́гу. Она́ мно́го понима́ет, но не всё.
13. Э́ти но́жницы хорошо́ ре́жут. Ско́лько они́ сто́ят? — Они́ сто́ят рубль.
14. Интере́сно знать, почему́ метеори́ты па́дают на на́шу плане́ту.
15. Ваш това́рищ не мо́жет рабо́тать здесь, потому́ что мы слу́шаем ра́дио.
16. Все э́ти студе́нты изуча́ют хи́мию и фи́зику. Они́ рабо́тают весь день.
17. Учи́тель так ме́дленно говори́т, что мы всё понима́ем.
18. Тако́й электри́ческий аппара́т ну́жно класть на стол, а вы всё кладёте на́ пол[1].
19. Во́лга о́чень дли́нная ру́сская река́. Она́ втека́ет в Каспи́йское мо́ре.
20. На́до по́мнить, что учёные ещё не зна́ют, что тако́е жизнь.

[1] In certain combinations the stress falls on the preposition instead of the word it governs (a noun or numeral).

21. Мой брат бо́лен. До́ктор говори́т, что он до́лжен лежа́ть здесь всю неде́лю.
22. Здесь стро́ят мост че́рез ре́ку. — А что там стро́ят? — Там стро́ят заво́д.
23. Наш профе́ссор живёт здесь то́лько год[1]. Он чита́ет ле́кции раз в неде́лю.
24. О́льга Па́влова изуча́ет чи́стую матема́тику, а Ве́ра — прикладну́ю матема́тику.
25. А́томы мо́жно ви́деть? — Коне́чно нет, а́томы нельзя́ ви́деть. — А ви́русы? — Ви́русы мо́жно ви́деть в электро́нный микроско́п.

[1] The word то́лько always precedes the word it qualifies, whereas in English *only* most often precedes the verb (*. . . has only been living here a year*). The same contrast is found in the placing of the negative, thus: Он живёт не в Ки́еве, а в Москве́ *He doesn't live in Kiev but in Moscow.*

LESSON 7

PREPOSITIONAL CASE; VERBS OF MOTION; IRREGULAR VERBS

48. PREPOSITIONAL SINGULAR: NOUNS. The prepositional case is used only after certain prepositions, namely в (во) *in, at*; на *on*; при *near, during*;[1] о (об, обо) *about, concerning*. Note that о becomes об before hard vowels and и, and before certain words becomes обо. The prepositional singular ending of most nouns, whether hard or soft, is -е:

	Masc.	стол	музéй	рубль	
		стол**é**	музé**е**	рубл**é**	
Fem.	лáмпа	земля́	Neut.	мéсто	пóле
	лáмп**е**	земл**é**		мéст**е**	пóл**е**

Nouns in -ий, -ие, -ия and feminines in -ь take -и:

рáдий	здáние	ли́ния	часть
рáди**и**	здáни**и**	ли́ни**и**	чáст**и**

Examples:

в кни́ге	*in the book*
на ли́нии	*on the line*
о чáсти	*about the part*
об áтоме	*about the atom*
при мóре	*near the sea*

Some masculines take a stressed -у (-ю) after в and на, i.e. in a locative sense:

круг : в круг**ý**	*in the circle*
ýгол : в угл**ý**	*in the corner*
мост : на мост**ý**	*on the bridge*
край: на кра**ю́**	*on the edge*

[1] English has no single equivalent of при, which denotes proximity or attendant circumstances and may often be rendered *while . . . -ing*, e.g. при анáлизе *while analysing*.

Note that when the subject follows a locative word or phrase it is indefinite. Compare:

На столé лáмпа	*There is* a *lamp on the table*
Лáмпа на столé	The *lamp is on the table*

49. PREPOSITIONAL SINGULAR: ADJECTIVES, PRONOUNS. The prepositional singular endings of adjectives and pronouns are:

	Hard	*Soft*
Masc., Neut.	-ом	-ем
Fem.	-ой	-ей

Masc., Neut.	нóвый, -ое	э́тот, э́то	си́ний, -ее	мой, моё
	нóв**ом**	э́т**ом**	си́н**ем**	мо**ём**
Fem.	нóвая	э́та	си́няя	моя́
	нóв**ой**	э́т**ой**	си́н**ей**	мо**éй**

Adjectives in -жий, -чий, -ший, -щий have soft endings, e.g. свéжий has свéжем, свéжей.

Examples:

в э́том мéсте	*in this place*
о вáшем óпыте	*about your experiment*
на нáшей планéте	*on our planet*
в пéрвой чáсти	*in the first part*
при такóй температýре	*at such a temperature*

In some prepositional phrases the neuter adjective serves as a noun (cf. § 37):

в срéднем	*on the average*
в основнóм	*in the main, basically*
в óбщем (и цéлом)	*on the whole, by and large*

Interrogative and personal pronouns change as follows:

Nom.	кто	что	я	ты	он, онó	онá
Prep.	ком	чём	мне	тебé	нём	ней

50. PREPOSITIONAL PLURAL. The marker -х occurs in all endings of the prepositional plural. Nouns end in -ах/-ях, adjectives in -ых/-их, and pronouns in -их.

Nouns

стол	ла́мпа	ме́сто	рубль	земля́	по́ле
стола́**х**	ла́мп**ах**	места́**х**	рубл**я́х**	зе́мл**ях**	пол**я́х**

Adjectives — *Pronouns*

но́вый	си́ний	э́тот	мой
но́в**ых**	си́н**их**	э́т**их**	мо**и́х**

Nouns in -жь, -чь, -шь, -щь, which are all feminine, take -ах, e.g. вещь — веща́х.

Adjectives whose stems end in -г, -к, -х, -ж, -ч, -ш, -щ take -их, e.g. друго́й — други́х.

Examples:

в просты́х элеме́нтах	*in simple elements*
о но́вых кни́гах	*about new books*
на си́них частя́х	*on the blue parts*
при э́тих усло́виях	*in these conditions*
в мя́гких мета́ллах	*in soft metals*

Personal pronouns:

мы	вы	они́
нас	вас	них

51. MOTION AND REST. A formal distinction is made in Russian between motion to a place (direction) and rest at a place (location). Compare the adverbs below:

где	*where*	куда́	*where* (= *whither*)
там	*there*	туда́	*there* (= *thither*)
здесь	*here*	сюда́	*here* (= *hither*)
до́ма	*at home*	домо́й	*home* (= *homeward*)

Где он лежи́т?	*Where is he lying?*
Куда́ он кладёт перо́?	*Where is he putting the pen?*

Similarly в and на, which express direction when they take the accusative, are used with the prepositional to indicate location:

Он кладёт кни́гу на стол	*He puts the book on the table*
Кни́га лежи́т на столе́	*The book is lying on the table*

Verbs whose action implies motion or change of state also take the accusative after в and на:

Хи́мик де́лит криста́ллы на гру́ппы	*The chemist divides the crystals into groups*
Он превраща́ет криста́ллы в порошо́к	*He reduces the crystals to powder*

N.B. With some nouns на is used instead of в to express *to, at, in*:

на юг, на ю́ге	*to the south, in the south*
на заво́д, на заво́де	*to the factory, at the factory*

52. VERBS OF MOTION. Certain acts of motion are denoted by a pair of verbs, usually related in form. The *indefinite* verb describes an act performed repeatedly and/or in more than one direction. The *definite* verb describes an act in one direction, usually towards a goal or destination. Compare:

лета́ть *to fly* (*often*)	лете́ть *to be flying* (*once*)
Он ча́сто лета́ет в Ло́ндон *He often flies to London*	Он тепе́рь лети́т в Пари́ж *He is now flying to Paris*

Similar pairs are:

Indefinite	*Definite*	
бе́гать	бежа́ть	*to run*
води́ть	вести́	*to lead, drive*
пла́вать	плыть	*to swim*

With 'going' and 'carrying' verbs a further distinction is made between independent and assisted motion:

ходи́ть	идти́	*to go, walk*
е́здить	е́хать	*to go, ride, travel*

Он ча́сто хо́дит в кино́ *He often goes to the cinema*	Она́ идёт на ле́кцию *She is going to a lecture*
Мы иногда́ е́здим в Гла́зго *We sometimes travel to Glasgow*	Они́ е́дут в Москву́ *They are travelling to Moscow*

носи́ть	нести́	*to carry*
вози́ть	везти́	*to convey, transport*

Он чáсто нóсит портфéль *He often carries a brief-case*	Онá несёт дéньги в банк *She's taking the money to the bank*
Они́ вóзят маши́ны *They transport machines*	Он везёт прибóры на завóд *He's taking instruments to the factory*

Note. The verb идти́ has many idiomatic uses:

Дождь идёт or идёт дождь	*It is raining*
Снег идёт	*It is snowing*
Идёт лéкция	*There's a lecture on*
Нитрáты идýт на удобрéния	*Nitrates are used in fertilizers*

53. VERBS IN -авáть, -овать. Two important groups of 1st conjugation verbs have the following stem changes in the present.

Verbs in -авáть lose the suffix -ва-:

давáть	*to give*:	даю́	даёшь	даёт	&c.
вставáть	*to rise*:	встаю́	встаёшь	встаёт	&c.

(N.B. плáвать *to swim* is regular.)

Verbs in -овать change the -ов- to -у-:

исслéдовать	*to investigate*:	исслéдую	исслéдуешь	&c.
существовáть	*to exist*:	существýю	существýешь	&c.

This latter group is very large since foreign verbs, when adapted to Russian, end in -овать, e.g. организовáть *to organize*, фильтровáть *to filter*. Especially common are the extended forms -изовать, -ировать, -изировать, e.g. нейтрализовáть *to neutralize*, абсорби́ровать *to absorb*, механизи́ровать *to mechanize*. Many verbs in -ировать come from German verbs in -ieren, e.g. группировáть from gruppieren *to group*, телефони́ровать from telefonieren *to telephone*.

54. IRREGULAR VERBS. There are a few stem-changing verbs which are also irregularly conjugated. Two of these have mixed endings:

бежáть	*to run*:	бегý	бежи́шь	бежи́т	бегýт
хотéть	*to wish*:	хочý	хóчешь	хóчет	
		хоти́м	хоти́те	хотя́т	

The verb есть *to eat* conjugates as follows:

ем	ешь	ест
еди́м	еди́те	едя́т

Apart from these the only verbs with an irregular conjugation are быть *to be* (§ 66) and дать *to give* (§ 89).

EXERCISES A–C

A. Translate the following verb forms:

хожу́, хочу́, куёт, ду́ет, даём, е́дет, едя́т, ношу́, лети́т, несём, встаю́т, бежи́те, ведёшь, сове́туете, регули́рует.

B. Put the bracketed words in the prepositional and translate:

1. Мы живём в (холо́дный кли́мат).
2. Мой брат рабо́тает на (э́тот заво́д).
3. Я говорю́ не о (вы), а о (он).
4. Студе́нт в (физи́ческая лаборато́рия).
5. На (э́ти столы́) но́вые журна́лы.
6. Он пи́шет кни́гу о (тропи́ческие расте́ния).
7. Э́тот проце́сс идёт то́лько при (высо́кие температу́ры).

C. VOCABULARY

гора́ mountain
результа́т result
когда́ when
самолёт aircraft, plane
уме́ть to be able, know how
о́пыт experiment
ра́зный various, different
по́езд train
ча́сто often
пото́м then
друго́й other
расте́ние plant
высо́кий high, tall
Росси́я Russia
А́нглия England
Фра́нция France
не́мец German
неме́цкий German (*adj.*)
францу́зский French (*adj.*)
язы́к tongue, language
откры́тие discovery
электри́чество electricity
наблюда́ть to observe
со́лнце sun
луна́ moon
звезда́ star
астроно́м astronomer
со́лнечный sun('s), solar
пятно́ spot
мо́щный powerful
число́ number
разме́р dimension

Translate:

1. На э́той горе́ стро́ят большу́ю обсервато́рию.
2. Моя́ сестра́ е́дет че́рез неде́лю в Нью-Йо́рк.
3. Э́та хими́ческая реа́кция идёт о́чень бы́стро.
4. Меха́ник ведёт автомоби́ль на заво́д.

5. На э́том мосту́ на́до е́хать о́чень ме́дленно.
6. Э́тот но́вый проце́сс даёт хоро́шие результа́ты.
7. Я не люблю́ есть, когда́ я е́ду на самолёте.
8. На́до знать, что а́том в це́лом электри́чески нейтра́лен.
9. Она́ о́чень бы́стро бе́гает, но ещё не уме́ет[1] пла́вать.
10. О ком вы говори́те? О мое́й сестре́? — Нет, я говорю́ не о ней.
11. Наш профе́ссор ча́сто де́лает о́пыты в э́той лаборато́рии.
12. Хи́мик анализи́рует и группиру́ет ра́зные жи́дкости.
13. В больши́х ко́лбах — вода́, а в ма́леньких — кислота́.
14. Куда́ идёт э́тот по́езд? — Он идёт пря́мо в Пари́ж.
15. В э́том письме́ ваш брат пи́шет обо мне.
16. Мы ча́сто хо́дим в кино́, когда́ дождь идёт.
17. Он до́лжен идти́ в университе́т на ле́кцию, а пото́м в музе́й.
18. Одни́ студе́нты летя́т в Москву́, други́е е́дут туда́ на по́езде.
19. Э́ти расте́ния живу́т то́лько при высо́кой температу́ре.
20. В Росси́и, как и в А́нглии, футбо́л о́чень популя́рный спорт.
21. Наш брат е́здит во Фра́нцию раз в год.
22. Ваш това́рищ не хо́чет говори́ть о нас, и мы не хоти́м говори́ть о нём.
23. В э́том году́ сове́тские гео́логи организу́ют экспеди́цию в А́рктику.
24. Э́ти не́мцы не зна́ют, о чём мы говори́м, потому́ что они́ не понима́ют по-ру́сски.
25. В э́том институ́те изуча́ют англи́йский, неме́цкий и францу́зский языки́.
26. О́чень интере́сно чита́ть о но́вых нау́чных откры́тиях. Я ча́сто о них чита́ю.
27. Профе́ссор сего́дня чита́ет ле́кцию об электри́честве.
28. В обсервато́рии мо́жно наблюда́ть со́лнце, луну́ и звёзды.
29. Тепе́рь астроно́мы зна́ют, что в со́лнечных пя́тнах существу́ют мо́щные магни́тные поля́.
30. Что тако́е матема́тика? Матема́тика — нау́ка о чи́слах, разме́рах, геометри́ческих фигу́рах[2].

[1] The verb уме́ть is used for an acquired ability or skill, whereas мочь denotes innate ability or physical possibility.

[2] In Russian the last item in an enumeration is less often preceded by 'and' than in English.

LESSON 8

GENITIVE CASE; ACCUSATIVE LIKE GENITIVE

55. GENITIVE SINGULAR: NOUNS. The genitive singular endings of nouns are:

	Hard	*Soft*
Masc., Neut.	-а	-я
Fem.	-ы	-и

Masc., Neut.	стол	ме́сто	музе́й	рубль	по́ле
	стола́	ме́ст**а**	музе́**я**	рубл**я́**	по́л**я**
Fem.		ла́мпа	земля́	часть	
		ла́мп**ы**	земл**и́**	ча́ст**и**	

Feminines whose stems end in -г, -к, -х, -ж, -ч, -ш, -щ take -и, e.g. кни́га — кни́ги, река́ — реки́.

It will be seen that neuters and feminines have the same endings here as in the nominative plural. The stress, however, often differs. Compare ме́ста *of a place* and места́ *places*, реки́ *of a river* and ре́ки *rivers*.

Nouns denoting substances are used in the genitive to express 'some of', e.g. воды́ *some water*. In this so-called 'partitive' use certain masculines have the colloquial alternative ending -у (-ю):

	литр бензи́ну (= бензи́на)	*a litre of petrol*
	ча́шка ча́ю (= ча́я)	*a cup of tea*
but	за́пах ча́я (never ча́ю)	*the smell of tea*

This ending also occurs in a few fixed phrases, where the stress often shifts to the preposition:

и́з виду	*out of sight*
и́з лесу	*out of the forest*

Many of these have coalesced to form adverbs, e.g. до́верху *up to the top*, сбо́ку *from the side*.

56. GENITIVE SINGULAR: ADJECTIVES, PRONOUNS. The genitive singular endings of adjectives and pronouns are:

	Hard	*Soft*	
Masc., Neut.	-ого	-его	(with г pr. as в)
Fem.	-ой	-ей	(as for prepositional)

Masc., Neut.	но́вый, -ое	э́тот, э́то	си́ний, -ее	мой, моё
	но́в**ого**	э́**того**	си́н**его**	мо**его́**
Fem.	но́вая	э́та	си́няя	моя́
	но́в**ой**	э́т**ой**	си́н**ей**	мо**е́й**

Adjectives in -жий, -чий, -ший, -щий have soft endings, e.g. све́жий has све́жего, све́жей.

Examples:

э́того го́рода	*of this town*
но́вого зда́ния	*of the new building*
на́шего о́пыта	*of our experiment*
пе́рвой фа́зы	*of the first phase*
мое́й кни́ги	*of my book*

other pronouns:

кто	что	я	ты
кого́	чего́	меня́	тебя́

N.B. In кого́, чего́ the г is pronounced в, as in the masculine–neuter ending.

57. GENITIVE PLURAL: NOUNS. In the genitive plural nouns end in -ов (-ев), -ей, or have no ending.

Masculines ending in a consonant (except -ж, -ч, -ш, -щ) take -ов, and those in -й take -ев:

стол	музе́й
стол**о́в**	музе́**ев**

Those in -ц, if stem-stressed, also take -ев, e.g. ме́сяц — ме́сяцев.

Nouns in -ж, -ч, -ш, -щ, -ь, -ле, -ре take -ей:

луч	рубль	часть	по́ле
луч**е́й**	рубл**е́й**	част**е́й**	пол**е́й**

Other nouns have no ending, but their stems, if soft, end in -ь (after a consonant) or -й (after a vowel).

Neuters in -о, -же, -це, -че, -ще and feminines in -а, -я:

ме́сто	со́лнце	ла́мпа	неде́ля
мест	солнц	ламп	неде́л**ь**

Neuters in -ие and feminines in a vowel +я:

зда́ние	ли́ния	струя́
зда́ни**й**	ли́ни**й**	стру**й**

Nouns in -ье, -ья have a mobile ь which alternates with е (stressed) or и (unstressed):

питьё	статья́	го́стья
пит*е́***й**	стат*е́***й**	го́ст*и***й**

Mobile vowels occur in many other feminines and neuters, especially in -ка, -ко, -це:

ни́тка — ни́т*о*к	*thread*	се́рдце — серд*е́*ц	*heart*
копе́йка — копе́*е*к	*copeck*	письмо́ — пи́с*е*м	*letter*

Most feminines ending in a consonant+ня have a mobile е and a hard final н: thus ба́шня — ба́ш*е*н *tower*.

(i) Instead of no ending some nouns in -а, -я take -ей: e.g. свеча́ — свече́й *candle*, до́ля — доле́й *share*.

(ii) Many nouns in -ко take -ов and some in -ье take -ев: e.g. о́блако — облако́в *cloud*, у́стье — у́стьев *estuary*.

58. GENITIVE PLURAL: ADJECTIVES, PRONOUNS. The genitive plural forms of adjectives and pronouns coincide with those of the prepositional plural, i.e. adjectives end in -ых, -их, and pronouns in -их:

Adjectives		*Pronouns*	
но́вый	си́ний	э́тот	мой
но́в**ых**	си́н**их**	э́т**их**	мо**и́х**

Adjectives whose stems end in -г, -к, -х, -ж, -ч, -ш, -щ take -их, e.g. лёгкий — лёгких.

Examples:

но́вых журна́лов	*of new journals*
други́х часте́й	*of other parts*
си́них ламп	*of blue lamps*
э́тих ли́ний	*of these lines*

Personal pronouns:

мы	вы
нас	вас

59. USES OF GENITIVE. The main uses of the genitive are as follows.

(*a*) To express possession:

дом до́ктора	*the doctor's house*
вес мета́лла	*the weight of the metal*
строе́ние криста́ллов	*the structure of crystals*

N.B. A dependent genitive may often correspond to an English noun used adjectivally:

гру́ппа кро́ви	*blood group* (lit. *group of blood*)

(*b*) With many prepositions:

без со́ли	*without salt*
для студе́нтов	*for students*
до конца́	*up to/before the end*
из поле́й	*out of the fields*
из ста́ли	(*made*) *of steel*
от магни́та	(*away*) *from the magnet*
с земли́	*from the earth*
с апре́ля	*since April*

N.B. из and с are the opposites of в and на respectively:

из го́рода	*from town* (cf. в го́род)
с ю́га	*from the south* (cf. на юг)

(*c*) In expressions of quantity:

мно́го слу́чаев	*many cases*
ма́ло тепла́	*little heat* (= not enough)
немно́го воды́	*a little water* (= not much)
ско́лько со́ли	*how much salt*
ма́сса электро́нов	*a mass of electrons*

(*d*) With numerals above 1 used as subject or direct object:

Два (fem. две) 2, три 3 and четы́ре 4 take the genitive singular:

два по́люса	*two poles*
две мину́ты	*two minutes*
три ча́сти	*three parts*
четы́ре часа́	*four hours/o'clock*

Numbers above 4 take the genitive plural:

пять часо́в	*five hours/o'clock*
де́сять ме́тров	*ten metres*

Note. Numerals placed after the noun have approximate value:

ме́тров де́сять	*about ten metres*

60. GENITIVE WITH VERBS. Some verbs, especially of 'seeking', 'attaining', and 'avoiding', take a genitive object, e.g.

достига́ть	*to reach*	избега́ть	*to avoid*
иска́ть	*to seek*	тре́бовать	*to demand*

The object of the last two verbs, and some others, goes in the accusative if definite and concrete. Compare:

Он и́щет дом	*He's looking for the house*
Он и́щет по́мощи	*He's looking for help*

The direct object of a negated verb usually stands in the genitive. Compare:

Он зна́ет отве́т	*He knows the answer*
Он не зна́ет отве́та	*He doesn't know the answer*
Мы чита́ем газе́ты	*We read the newspapers*
Мы не чита́ем газе́т	*We don't read the newspapers*

But the object of an infinitive used with a negated auxiliary is generally accusative:

Она́ не мо́жет нести́ стул	*She cannot carry the chair*

61. MULTIPLE NEGATIVES. Two or more negatives do not cancel each other in Russian. Negative pronouns and adverbs beginning with ни- require a negated verb.

Он никогда́ не рабо́тает	*He never works*
Ничто́ не интересу́ет нас	*Nothing interests us*
Мы ничего́ не зна́ем об э́том	*We know nothing about this*
Она́ никогда́ ничего́ не чита́ет	*She never reads anything*
Никогда́ нельзя́ пить терпенти́н	*One should never drink turpentine*

Similarly with ни..., ни *neither . . . nor*:

Он не зна́ет ни а́втора, ни кни́ги	*He knows neither the author nor the book*
Ни он, ни она́ не зна́ет меня́	*Neither he nor she knows me*

A single ни is emphatic, expressing complete absence of something:

Ни оди́н из нас не зна́ет го́рода	*Not one of us knows the town*
Он не понима́ет ни одного́ сло́ва	*He doesn't understand a single word*

62. ACCUSATIVE LIKE GENITIVE. The accusative of the following nouns is identical with the genitive:

Singular: animate masculines
Plural: all animate nouns

Adjectives qualifying such nouns also have identical accusative and genitive forms. Compare:

Он зна́ет э́того студе́нта	*He knows this student*
Он зна́ет э́тот го́род	*He knows this town*
Мы наблюда́ем бе́лых крыс	*We observe white rats*
Мы наблюда́ем я́ркие звёзды	*We observe bright stars*

The animate–inanimate distinction applies also to adjectives used as nouns:

		Acc. sg.	*Acc. pl.*
крива́я	*curve*	криву́ю	кривы́е
учёный	*scientist*	учёного	учёных
живо́тное	*animal*	живо́тное	живо́тных

Fixed objects, such as plants and trees, are treated as inanimate, while micro-organisms may be treated as animate or inanimate: thus изучáть микрóбы/микрóбов *to study microbes*.

The accusative of personal pronouns and кто is the same as the genitive, since these are all animate.

63. THIRD PERSON PRONOUNS. The accusative and genitive forms of 3rd person pronouns are identical, even when referring to inanimate things:

Nom.	он, онó	онá	они́
Gen.–acc.	егó (pr. *yivō*)	её	их

Он понимáет её	*He understands her*
Мы знáем их (егó)	*We know them* (*him*)

When governed by a preposition these pronouns begin with н:

без **н**егó	*without him*
для **н**её	*for her*
от **н**их	*from them*

The genitive forms also serve as pronouns (*of him* = *his*, &c.). When so used they are invariable,

егó дом (кни́га)	*his house* (*book*)
егó дóма (кни́ги)	*of his house* (*book*)

and are not н-prefixed after prepositions:

в егó дóме	*in his house*

EXERCISES A–E

A. Give the genitive singular and plural of:

бы́стрый áтом; вáше мéсто; крáсная лáмпа; рýсский музéй; стáрое здáние; корóткая ли́ния; косми́ческий луч; большóе мóре; э́та болéзнь.

B. Put the bracketed words in the genitive and translate:

два (элемéнт); мáло (рáдий); до (пéрвый óпыт); пять (нóвый тип); от (наш учи́тель); из (э́та водá); мнóго (рýсская кни́га); без (он) и (онá).

C. Give the meaning and case of the following nouns:

льда, дней, ýгля, óкон, кускé, чи́сел, котлы́, пáлок, семéй, дёгтя, колéц, зёрен, кóрни, ручья́, тóчек, кáпель, оши́бок, рисýнки, волóкон, поря́дка.

D. VOCABULARY

ни..., ни neither . . . nor
спу́тник satellite
ни́зкий low
свет light
земно́й earth's
библиоте́ка library
проводни́к conductor
ка́ждый each, every
статья́ article
огро́мный tremendous, huge
ско́рость speed, velocity
необходи́мый necessary
едини́ца unit
ме́ра measure
измеря́ть to measure
по́чва soil
за́пуск launching
пе́рвый first
после́дний last
сли́шком too
далеко́ far (away)
стоя́ть (2) to stand
у́лица street
страна́ country
происхожде́ние origin, cause
рак cancer

Translate:

1. Она́ не зна́ет ни меня́, ни вас.
2. Луна́ — спу́тник Земли́.
3. Разме́ры а́томов и моле́кул о́чень малы́.
4. Расте́ния не мо́гут жить без воды́.
5. Температу́ра э́того га́за о́чень низка́.
6. Без све́та нельзя́ ничего́ ви́деть.
7. Магнети́зм — ва́жная часть фи́зики.
8. Мы изуча́ем га́зы земно́й атмосфе́ры.
9. Он ничего́ не зна́ет о фи́зике ни́зких температу́р.
10. В на́шем го́роде два музе́я и пять библиоте́к.
11. Медь о́чень хоро́ший проводни́к электри́чества.
12. Ка́ждый фи́зик до́лжен знать зако́ны Фараде́я.
13. В э́той кни́ге мно́го интере́сных стате́й.
14. Э́ти раке́ты достига́ют огро́мных скоросте́й.
15. Во́здух необходи́м для жи́зни челове́ка, живо́тных и расте́ний.
16. Эрг — едини́ца рабо́ты и эне́ргии в абсолю́тной систе́ме мер.
17. Хи́мик берёт термо́метр со стола́ и измеря́ет температу́ру жи́дкости.
18. Расте́ния беру́т азо́т из по́чвы, живо́тные — от расте́ний.
19. Все говоря́т о за́пуске пе́рвого иску́сственного спу́тника Земли́.
20. Они́ ещё не зна́ют результа́тов после́днего о́пыта.
21. Мы не ви́дим э́тих звёзд, потому́ что они́ сли́шком далеко́ от нас.
22. Их дом стои́т на углу́ э́той у́лицы, недалеко́ от библиоте́ки.
23. Мы хорошо́ зна́ем её бра́та; он уже́ три го́да живёт в Ло́ндоне.
24. При по́мощи мо́щных телеско́пов астроно́мы наблюда́ют звёзды со́лнечной систе́мы.
25. Учёные ра́зных стран иссле́дуют происхожде́ние ра́ка.

E. VOCABULARY

состоя́ть (2) to consist
водоро́д hydrogen
кислоро́д oxygen
о́бщий general
дели́ть to divide
гру́ппа group
усва́ивать to assimilate
свобо́дный free

вид aspect, form
соль salt
предме́т object
стекло́ glass
каучу́к rubber
проводи́ть to conduct
ток current
ни́келистый nickelous
желе́зо iron
достиже́ние achievement
о́бласть region, sphere
одна́ко however
превосходи́ть to excel
расщепле́ние splitting, fission
ядро́ nucleus
происходи́ть to take place, proceed
выделе́ние release, emission
коли́чество quantity
рентге́новские лучи́ X-rays
проника́ть to penetrate
ко́жа skin
вещество́ substance, matter

Translate:

1. Из чего́ состои́т вода́? Она́ состои́т из водоро́да и кислоро́да.
2. Петро́в даёт о́бщий курс фи́зики для хи́миков.
3. Санато́рий, где рабо́тает моя́ сестра́, стои́т недалеко́ от мо́ря.
4. Элеме́нты мо́жно дели́ть на две гру́ппы: мета́ллы и немета́ллы, и́ли металло́иды.
5. Живо́тные не мо́гут усва́ивать азо́т ни в свобо́дном ви́де, ни в ви́де соле́й.
6. Шофёр хо́чет де́сять ли́тров бензи́ну для автомоби́ля.
7. Предме́ты из стекла́, каучу́ка, эбони́та не прово́дят электри́ческого то́ка.
8. Геофи́зики говоря́т, что центр земли́ состои́т из ма́ссы ни́келистого желе́за.
9. Во́здух состои́т из кислоро́да, азо́та, водоро́да и други́х га́зов.
10. Все фи́зики и инжене́ры должны́ знать метри́ческую систе́му мер и весо́в.
11. Достиже́ния Нью́тона в о́бласти о́птики вели́ки. Одна́ко его́ достиже́ния в о́бласти меха́ники и астроно́мии их превосхо́дят.
12. Профе́ссор прикладно́й меха́ники чита́ет ле́кции четы́ре ра́за в неде́лю, а наш профе́ссор никогда́ не чита́ет ле́кций.
13. При проце́ссе расщепле́ния а́томных я́дер происхо́дит выделе́ние огро́мных коли́честв тепла́.
14. Все э́ти хи́мики говоря́т по-неме́цки, но ни оди́н из них не говори́т по-ру́сски.
15. Рентге́новские лучи́ проника́ют не то́лько че́рез ко́жу челове́ка и живо́тных, но и че́рез стекло́, мета́ллы и други́е вещества́.

LESSON 9

INSTRUCTIONAL CASE; REFLEXIVE FORMS; 'TO BE' and 'TO HAVE'

64. REFLEXIVE PRONOUNS. The reflexive pronoun-adjective свой, which declines like мой, refers to the agent of the verb, i.e. normally the subject of the clause:

Я чита́ю свою́ (= мою́) статью́	*I am reading my article*
Мы чита́ем свою́ (= на́шу) статью́	*We are reading our article*
Мы про́сим ле́ктора начина́ть свой докла́д	*We ask the lecturer to begin his paper*

In the 3rd person свой must be used to refer to the subject. Compare:

Он лю́бит свою́ жену́	*He loves his (own) wife*
Он лю́бит его́ жену́	*He loves his (another's) wife*

With names of relatives and parts of the body the possessive is mostly omitted:

Он лю́бит сестру́	*He loves his sister*
Хиру́рг мо́ет ру́ки	*The surgeon washes his hands*

The personal pronoun corresponding to свой is себя́, which declines like ты. Себя́ also refers to the agent of the verb, normally the subject of the clause. Hence it can never be the subject and has no nominative.

Он ви́дит себя́ в зе́ркале	*He sees himself in the mirror*
Они́ де́лают э́то для себя́	*They are doing this for themselves*
Она́ всегда́ говори́т о себе́	*She is always talking about herself*
Мы про́сим его́ говори́ть о себе́	*We ask him to talk about himself*

65. VERBS IN -ся. The pronoun себя́, in an old form ся, is used as a suffix to make verbs reflexive. After vowels -ся becomes -сь, and final -ться, -тся are both pronounced as *tsa* in *flotsam*.

Non-reflexive	*Reflexive*
греть *to warm*	гре́ться *to warm oneself*
я гре́ю	я гре́юсь
он гре́ет	он гре́ется

Some verbs in -ся express reciprocal action:

Таки́е тела́ притя́гиваются	*Such bodies attract each other*
Мы ча́сто встреча́емся	*We often meet* (*each other*)

Often -ся forms intransitives, i.e. verbs which do not take a direct object. Compare:

Он конча́ет уро́к	*He's finishing the lesson*
Уро́к конча́ется	*The lesson is finishing*

Such intransitives are mostly passive in meaning:

Как э́то называ́ется?	*What* (lit. *how*) *is this called?*
Соль легко́ растворя́ется в воде́	*Salt is easily dissolved in water*
Дом нахо́дится на горе́	*The house is situated* (lit. *finds itself*) *on a hill*

A few verbs have only an intransitive form in -ся:

ошиба́ться	*to be wrong*	стара́ться	*to try*
боя́ться	*to fear*	добива́ться	*to strive for*

The last two take a genitive object:

Он бои́тся сме́рти	*He's afraid of death*
Они́ добива́ются успе́ха	*They strive for success*

66. TO BE: PRESENT TENSE. Although the verb быть *to be* is not normally expressed in the present, its 3rd singular form есть is used in definitions and enumerations:

А́лгебра есть о́трасль мате-ма́тики	*Algebra is a branch of mathematics*
Це́нные мета́ллы есть: зо́лото, серебро́ и пла́тина	*The precious metals are gold, silver, and platinum*

Also in the phrase тó есть (т. е.) *that is, i.e.*

Otherwise есть usually means *there is/are*:

Есть кни́га об э́том	*There is a book about this*
В Москве́ есть планета́рий	*There is a planetarium in Moscow*
Здесь есть го́ры	*There are mountains here*

The negative is expressed by the impersonal form нет (from не есть), which takes a genitive object:

Нет воды́	*There is no water*
В реке́ нет рыб	*There are no fish in the river*
В ко́мнате нет никого́	*There's no one in the room*
Здесь нет ни одного́ де́рева	*There isn't a single tree here*

67. TO BE: PAST, FUTURE. The past tense forms of быть change for number and gender, but not person:

Masc.	*Fem.*	*Neut.*	*Pl.*
бы**л**	бы**ла́**	бы́**ло**	бы́**ли**

N.B. In the negative the stress falls on не, except in the feminine, i.e. не́ был (-о, -и), but не была́.

The future consists of the stem буд- and 1st conjugation endings:

Sg.	бу́д**у**	бу́д**ешь**	бу́д**ет**
Pl.	бу́д**ем**	бу́д**ете**	бу́д**ут**

Examples:

Он был в кли́нике	*He was at the clinic*
Э́то была́ коме́та	*That was a comet*
Э́то бы́ли иностра́нцы	*Those were foreigners*
Она́ бу́дет до́ма	*She will be at home*
Бы́ло (бу́дет) хо́лодно	*It was (will be) cold*
На́до бы́ло рабо́тать	*It was necessary to work*

The negative impersonal forms corresponding to нет are не́ было and не бу́дет:

В ко́лбе не́ было кислоты́	*There was no acid in the flask*
Здесь не бу́дет взры́вов	*There will be no explosions here*

68. TO HAVE. Possession is often expressed by the preposition у with the genitive of the possessor, and the thing possessed is in the nominative, i.e. the subject. If the fact of possession is being verified or stressed, then есть is used in the present.

У негó (есть) журнáл	*He has a journal*
У меня́ есть брат	*I have a brother*
У дóктора был сын	*The doctor had a son*
У нас бýдет автомоби́ль	*We shall have a car*

In the negative нет, нé было and не бýдет are used with a genitive object:

У них нет телефóна	*They haven't a telephone*
У меня́ нé было дéнег	*I hadn't any money*
У нас не бýдет лéкций	*We shan't have any lectures*

The verb имéть *to have* is used chiefly with abstract nouns:

Э́то имéет большóе значéние	*This has great significance*

Note. The preposition у also means *near, by* and *at the house of*:

Он стои́т у окнá	*He's standing by the window*
Онá живёт у нас	*She's living at our house*

69. INSTRUMENTAL SINGULAR. In the instrumental singular all masculine and neuter forms have the marker -м. Nouns end in -ом/-ем (-ём if stressed), adjectives in -ым/-им, and pronouns in -им.

Nouns

стол	мéсто	музéй	рубль	пóле
стол**óм**	мéст**ом**	музé**ем**	рубл**ём**	пóл**ем**

Adjectives		*Pronouns*	
нóвый, -ое	си́ний, -ее	э́тот, э́то	мой, моё
нóв**ым**	си́н**им**	э́т**им**	мо**и́м**

Nouns with stressed stems ending in -ж, -ч, -ш, -щ take -ем, e.g. луч — лýчем.

Adjectives with stems ending in -г, -к, -х, -ж, -ч, -ш, -щ take -им, e.g. свéжий — свéжим.

Examples:

нóвым мéтодом	*by a new method*
нáшим óпытом	*by our experiment*
э́тим рублём	*with this rouble*

Feminine nouns in -ь have the ending -ью:

часть
чáст**ью**

All other feminines, including adjectives and pronouns, take -ой/-ей:

э́та	нóвая	лáмпа	моя́	си́няя	ли́ния
э́т**ой**	нóв**ой**	лáмп**ой**	мо**éй**	си́н**ей**	ли́ни**ей**

Stressed stems ending in -ж, -ч, -ш, -щ take -ей, e.g. свéжая — свéжей, задáча — задáчей.

Examples:

э́той сóлью	*with this salt*
чи́стой водóй	*with pure water*
магни́тной бýрей	*by a magnetic storm*

Interrogative and personal pronouns:

кто	что	я	ты	он, онó	онá
кем	чем	мной	тобóй	им	ей
		after prepositions		ним	ней

Note. In the feminine -ою/-ею are sometimes found instead of -ой/-ей, e.g. чи́стою водóю. Likewise in pronouns éю = ей, мнóю = мной, тобóю = тобóй.

70. INSTRUMENTAL PLURAL. The marker of all instrumental plural forms is -ми. Nouns end in -ами/-ями, adjectives in -ыми/-ими, and pronouns in -ими.

Nouns

стол	лáмпа	мéсто	рубль	бýря	пóле
стол**áми**	лáмп**ами**	мест**áми**	рубл**я́ми**	бýр**ями**	пол**я́ми**

Adjectives		*Pronouns*	
но́вый	си́ний	э́тот	мой
но́в**ыми**	си́н**ими**	э́т**ими**	мо**и́ми**

Nouns in -жь, -чь, -шь, -щь take -ами, e.g. вещь — веща́ми.

Adjectives whose stems end in -г, -к, -х, -ж, -ч, -ш, -щ take -ими, e.g. большо́й — больши́ми.

A few feminines in -ь take -ьми́ (instead of -ями), e.g. ло́шадь *horse* has лошадьми́.

Similarly the plural nouns де́ти *children* and лю́ди *people* have детьми́ and людьми́.

Examples:

но́выми ме́тодами	*by new methods*
си́ними ли́ниями	*with blue lines*
э́тими соля́ми	*with these salts*

Personal pronouns:

мы	вы	они́
на́ми	ва́ми	и́ми (ни́ми after prepositions)

71. USES OF INSTRUMENTAL. The instrumental case is used as follows:

(*a*) To express an instrument, means, or agent:

Я пишу́ но́вым перо́м	*I'm writing with a new nib*
Разбавля́ть раство́р водо́й	*To dilute a solution with water*
Зада́ча реша́ется фи́зиками	*The problem is being solved by physicists*

Also mode or medium of travelling:

Мы е́дем по́ездом	*We're travelling by train*
Они́ е́дут мо́рем	*They're travelling by sea*

(*b*) To form adverbs and adverbial phrases:

ле́том и зимо́й	*in summer and in winter*
у́тром и но́чью	*in the morning and at night*
други́ми слова́ми	*in other words*
таки́м о́бразом	*in such a manner, thus*
гла́вным о́бразом	*chiefly, mainly*

(*c*) With certain prepositions:

с до́ктором	(*together*) *with the doctor*
над мо́рем	*above the sea*
пе́ред стено́й	*in front of the wall*
ме́жду ле́кциями	*between lectures*

Note. The prepositions за *behind* and под *under* denote location when used with the instrumental but with the accusative they express direction. Compare:

Я́щик за (под) столо́м	*The box is behind* (*under*) *the table*
Он кладёт я́щик за (под) стол	*He puts the box behind* (*under*) *the table*

72. INSTRUMENTAL WITH VERBS. Some verbs take an instrumental object:

Мы интересу́емся хи́мией	*We are interested in chemistry*
Он занима́ется фи́зикой	*He's studying* (lit. *occupied with*) *physics*
Она́ облада́ет тала́нтом	*She possesses talent*
Я по́льзуюсь словарём	*I'm using a dictionary*

The instrumental is also used to express the predicate of быть in the past or future, especially for a temporary state:

Он был инжене́ром	*He was an engineer*
Она́ бу́дет учи́тельницей	*She will be a teacher*
cf. Она́ учи́тельница	*She is a teacher*

It is likewise used for the predicate of явля́ться *to appear*, which is mostly translated by the verb '*to be*',

Он явля́ется дире́ктором	*He is the manager*

and other link-verbs such as каза́ться *to seem*, счита́ться *to be considered*, служи́ть *to serve*:

Э́тот элеме́нт называ́ется бо́ром	*This element is called boron*
Э́то число́ остаётся постоя́нным	*This number remains constant*

Он счита́ется хоро́шим до́ктором	*He's considered (to be) a good doctor*
Она́ ка́жется совсе́м здоро́вой	*She seems (to be) quite healthy*
Э́то слу́жит хоро́шим приме́ром	*This serves as a good example*
Они́ хотя́т де́лать его́ секретарём	*They want to make him secretary*

Note. Представля́ть собо́й *to be* (lit. *present by itself*) has an accusative predicate:

Земля́ представля́ет собо́й сферо́ид	*The earth is a spheroid*

EXERCISES A–C

A. Give the instrumental singular and plural of:

тяжёлый газ; огро́мная си́ла; а́томное ядро́; наш автомоби́ль; э́та тео́рия; магни́тное по́ле; зара́зная боле́знь; большо́е зда́ние.

B.

VOCABULARY

раство́р solution
добыва́тсья to be extracted
рука́ arm, hand
нога́ leg, foot
ко́мната room
освеща́ться to be lit
исто́чник source
сла́бый weak
не́рвный nervous
недоста́ток fault, flaw
весна́ spring(time)
признава́ть to admit
плавле́ние melting
молодо́й young
мо́жет быть maybe, perhaps
уде́льный вес specific gravity (*lit.* weight)
спосо́бный able, capable
превраща́ться to change
лёд ice
пар steam, vapour
спосо́бность ability, capacity
производи́ть to produce
де́йствовать to act
си́ла force
притяже́ние attraction
совсе́м entirely, at all
стано́к lathe
рассма́тривать to examine
дета́ль machine part
сосу́д vessel
содержа́ть (2) to contain
углеки́слый газ carbonic acid gas, carbon dioxide

Translate:

1. В э́том раство́ре нет воды́.
2. Алюми́ний добыва́ется из бокси́та.
3. У челове́ка две руки́ и две ноги́.
4. Все э́ти ко́мнаты освеща́ются электри́чеством.
5. Исто́чником всей э́той эне́ргии явля́ется со́лнце.
6. У него́ был америка́нский автомоби́ль.
7. Истери́я есть проду́кт сла́бой не́рвной систе́мы.

8. В э́той тео́рии есть серьёзные недоста́тки.
9. Фи́зики бомбарди́руют а́томное ядро́ нейтро́нами.
10. Мы ещё не зна́ем, есть ли жизнь на Ма́рсе.
11. Весно́й в А́нглии ча́сто идёт дождь — и ле́том то́же.
12. Он хорошо́ зна́ет себя́ и признаёт свои́ недоста́тки.
13. Молибде́н име́ет о́чень высо́кую температу́ру плавле́ния (т. пл.).
14. С кем вы говори́те? — Мы говори́м с молоды́м америка́нцем.
15. Мо́жет быть, че́рез две неде́ли он бу́дет в Вашингто́не.
16. У тяжёлой воды́ большо́й уде́льный вес (уд. в.).
17. Вода́ спосо́бна превраща́ться и в лёд, и в пар.
18. Со́лнце состои́т гла́вным о́бразом из водоро́да и ге́лия.
19. Что тако́е эне́ргия? Эне́ргия есть спосо́бность производи́ть рабо́ту.
20. Ме́жду ядро́м и электро́нами де́йствуют си́лы притяже́ния[1].
21. Одни́ вещества́ легко́ растворя́ются в воде́, на други́е вода́ совсе́м не де́йствует[2].
22. Я ви́жу, как брат стои́т[3] у станка́ и рассма́тривает дета́ль.
23. Име́ется три сосу́да, причём ка́ждый из них содéржит[4] два ли́тра воды́.
24. В во́здухе всегда́ есть пары́ и немно́го углеки́слого га́за.
25. На э́том заво́де, где произво́дятся тяжёлые маши́ны, инжене́ры должны́ рабо́тать но́чью.

C. VOCABULARY

си́льный strong
влия́ние influence
характеризова́ться to be characterized
эласти́чность elasticity
соедине́ние compound
ла́кмус litmus
служи́ть to serve
живо́й living
приспособля́ться to adapt oneself
кру́пный big, outstanding
излуче́ние radiation
вселе́нная universe
свети́ться to shine
отражённый reflected
каза́ться to seem
не́который some
счита́ть to consider
примене́ние application, use
сохране́ние conservation
основно́й basic
приро́да nature
настоя́щий present, real
широ́кий wide
применя́ться to be applied
сво́йство property
невооружённый naked (*lit.* unarmed)
глаз eye
относи́ться to relate, belong
зара́зный infectious
произво́дство production
се́рный sulphuric
ка́чество quality
катализа́тор catalyst
испо́льзоваться to be used

[1] Note the inversion, i.e. predicate before subject. This is especially common with predicates of быть and явля́ться (cf. sentence 5).

[2] на други́е вода́ совсе́м не де́йствует *but water does not affect others at all.* Clauses are sometimes juxtaposed in Russian where English requires the conjunction 'and' or 'but'.

[3] я ви́жу, как брат стои́т *I see my brother standing.* After verbs of seeing and hearing, как followed by a finite verb is translated by an English participle.

[4] причём ка́ждый из них содéржит *each of them containing.* The conjunction причём is usually omitted in translation and the following verb made into a participle.

C. Translate:

1. Тео́рия име́ет си́льное влия́ние на пра́ктику.
2. Каучу́к характеризу́ется свое́й высо́кой эласти́чностью.
3. При ана́лизе хими́ческих соедине́ний ла́кмус слу́жит индика́тором.
4. Живо́й органи́зм облада́ет спосо́бностью бы́стро приспособля́ться.
5. Э́тот неме́цкий профе́ссор явля́ется кру́пным авторите́том в биоло́гии.
6. Радиоакти́вное излуче́ние ионизи́рует во́здух, де́лает его́ проводнико́м электри́чества.
7. Вся на́ша со́лнечная систе́ма представля́ет собо́й то́лько часть вселе́нной.
8. Луна́ све́тится отражённым све́том Со́лнца. На Луне́, ка́жется, нет ни во́здуха, ни воды́.
9. Таки́м о́бразом, не́которые фи́зики счита́ют, что э́то откры́тие не име́ет практи́ческого примене́ния.
10. Зако́н сохране́ния эне́ргии счита́ется основны́м зако́ном приро́ды.
11. В настоя́щее вре́мя а́томная эне́ргия широко́ применя́ется учёными в ра́зных областя́х нау́ки.
12. Со́ли азо́тной кислоты́, и́ли нитра́ты, име́ют одно́ о́бщее сво́йство: все они́ легко́ растворя́ются в воде́.
13. Невооружённым гла́зом мо́жно ви́деть пять плане́т: Мерку́рий, Вене́ру, Марс, Юпи́тер и Сату́рн.
14. Патоге́нные бакте́рии (сюда́ отно́сятся[1] бакте́рии холе́ры, дизентери́и и ти́фа) несу́т с собо́й зара́зные боле́зни.
15. При произво́дстве се́рной кислоты́ в ка́честве[2] катализа́тора испо́льзуется вана́дий.

[1] сюда́ отно́сятся *this includes* or *including* (lit. *here belong*).
[2] в ка́честве *as* or *by way of* (lit. *in the quality of*).

LESSON 10

ASPECTS; PREFIXED VERBS; PAST TENSE

73. ASPECT AND TENSE. Russian verbs are divided into two aspects: imperfective and perfective. The imperfective describes an action that is in progress, continuous or repeated, without reference to its completion. The perfective describes an action that is or will be completed in some sense and draws attention to the fact of completion.

Most verbs exist in both aspects, which are usually closely related in form and should be learnt together. All verbs given so far have been imperfective. Examples of corresponding perfectives are:

чита́ть	*to read, be reading*	прочита́ть	*to read, have read (through)*
изуча́ть	*to study, be studying*	изучи́ть	*to study, have studied (thoroughly)*

Sometimes the imperfective denotes striving, and the perfective —achievement:

дока́зывать	*to seek to prove, argue*	доказа́ть	*to prove, demonstrate*
угова́ривать	*to try to persuade, urge*	уговори́ть	*to persuade, talk round*

The tense structure of Russian is very simple, consisting solely of past, present, and future. But these combine with the aspects to express the wide range of meanings obtained in English by a complex tense system. The pattern of Russian is as follows:

Imperfective:	Past	Present	Future (compound)
Perfective:	Past	—	Future (simple)

Only imperfective verbs have a present tense, since an action or state which is in progress is necessarily incomplete. Perfectives are conjugated exactly like the present tense of imperfectives, but they have future meaning. This is logical, for an action occurring in the present can be completed only in the future.

74. ASPECT PAIRS. The chief methods of forming aspect pairs are as follows:

Perfective from imperfective by adding a prefix:

Perfective		*Imperfective*	
постро́ить	<	стро́ить	*to build*
сде́лать	<	де́лать	*to do*

Imperfective from perfective: (*a*) by adding the suffix -ыва- (after vowels -ива-, or less often -ва́-):

показа́ть	>	пока́зывать	*to show*
оттаять	>	отта́ивать	*to thaw out*
откры́ть	>	открыва́ть	*to open, discover*

(*b*) by changing the suffix -и- into -а́- (-я́- after л, н, р), which involves a change of conjugation:

реши́ть	>	реша́ть	*to solve*
объясни́ть	>	объясня́ть	*to explain*

with change of final stem consonant:

встре́тить	>	встреча́ть	*to meet*
очи́стить	>	очища́ть	*to cleanse*

(*c*) by substituting -а́ть for -зть, -сть, -ти, or -чь, and restoring the hidden stem consonant, if any:

слезть	>	слеза́ть	*to climb down*
изобрести́	>	изобрета́ть	*to invent*
помо́чь	>	помога́ть	*to help*

(*d*) by insertion of a mobile ы or и:

назва́ть	>	называ́ть	*to call*
собра́ть	>	собира́ть	*to collect*

Unrelated pairs. A few verbs with different roots form pairs:

взять	:	брать	*to take*
сказа́ть	:	говори́ть	*to say*
пойма́ть	:	лови́ть	*to catch*

Some verbs have no perfective, e.g. имéть *to have*, стóить *to cost*, while others may belong to either aspect, e.g. исслéдовать *to investigate*, испóльзовать *to use*.

Note. In the general vocabulary both aspects are given together, with the imperfective first, as in dictionaries. The perfective is abbreviated where possible, e.g. стрóить, по- (= pf. пострóить); решáть, -йть (= pf. решúть).

75. COMPOUND VERBS. Most simple verbs are imperfective. When a particular prefix is added to such a verb it becomes perfective without change of meaning. The addition of any other prefix, however, makes the verb perfective and also alters its meaning. Thus various compounds with different meanings are formed from the same parent verb. These compounds then form corresponding imperfectives by adding a suffix, usually -ыва- (-ива-). Thus:

Ipf.		*Pf.*			*Ipf.*
писáть *to write*	—	написáть			
	—	описáть	*to describe*	—	опúсывать
	—	приписáть	*to ascribe*	—	припúсывать

Changes which may occur before the suffix are the root alternation o/a:

Pf.	*Ipf.*	
заработать	зарабáтывать	*to earn*
устрóить	устрáивать	*to arrange*

or a change of final stem consonant:

намагнúтить	намагнúчивать	*to magnetize*

or both:

спросúть	спрáшивать	*to ask*
заморóзить	заморáживать	*to freeze*

Note. Compounds of рéзать *to cut* and сы́пать *to scatter* form aspect pairs differentiated only by the stress, e.g. pf. отрéзать, ipf. отрезáть *to cut off*; pf. рассы́пать, ipf. рассыпáть *to disperse*.

76. PREFIXES. Prefixes, which are mostly also prepositions, are used in the formation of nouns and especially verbs. When used merely to make the perfective form of an aspect pair they are void of meaning. Otherwise they impart their own meanings, given below:

в-	*in*	от-	*away, ab-*
воз- (вз-)	*up*	пере- (пре-)	*across, trans-, re-*
вы-	*out*	по-	*awhile, a little*
до-	*up to*	под-	*under, sub-, ad-*
за-	*beyond*	пред-	*before, pre-*
из-	*out of, ex-*	при-	*ad-* (*proximity*)
на-	*on*	про-	*through, past, per-*
над-	*over, super-*	раз-	*apart, dis-, un-*
низ-	*down*	с-	*down, off; together*
о- (об-)	*about, circum-*	у-	*away*

After prefixes ending in a consonant:

о occurs before some consonant groups:	отогре́ть	(< греть	*to heat*)
ъ occurs before е, ю, я:	съесть	(< есть	*to eat*)
и becomes ы:	сыгра́ть	(< игра́ть	*to play*)

Before voiceless consonants prefixes ending in з are spelt with с:

исте́чь (< из+течь *to flow*)

A prefix may have quite different meanings. For example, за- sometimes denotes completion, sometimes commencement. Compare:

зажа́рить	*to finish roasting*	(< жа́рить	*to roast*)
закипе́ть	*to start boiling*	(< кипе́ть	*to boil*)

Or the meaning may be greatly attenuated. In particular, о- and у- often serve merely to form verbs from nouns and adjectives:

освободи́ть	*to liberate*	(< свобо́да	*freedom*)
ускo̗рить	*to accelerate*	(< ско́рый	*rapid*)

Prefixes may occur in combination, e.g. обез- *de-*, as in обезво́дить *to dehydrate*.

77. PREFIXED VERBS OF MOTION. When verbs of motion are prefixed they lose the indefinite–definite distinction described in § 52. Their perfectives are formed by adding по- to the definite verb, e.g.

indef. лета́ть—def. лете́ть: pf. полете́ть

Он хо́чет за́втра полете́ть в Рим	*He wants to fly to Rome tomorrow*

When compounded with other prefixes the indefinite form remains imperfective, while the definite form makes the corresponding perfective, e.g.

ipf. улета́ть pf. улете́ть *to fly away*

Самолёт улета́ет на восто́к	*The plane is flying away to the east*

The following are some of the numerous compounds of verbs of motion, which serve to illustrate the meanings of prefixes.

Imperfective	*Perfective*	
вноси́ть	внести́	*to bring in, carry in*
вывози́ть	вы́везти	*to take out, export*
доводи́ть	довести́	*to bring to, reduce to*
исходи́ть	изойти́	*to come from, issue from*
находи́ть	найти́	*to come upon, find*
отводи́ть	отвести́	*to lead away*
переноси́ть	перенести́	*to carry across, transfer*
подъезжа́ть	подъе́хать	*to drive up*
приходи́ть	прийти́	*to arrive, come*
проезжа́ть	прое́хать	*to drive past*
увози́ть	увезти́	*to take away*

With more than one prefix:

производи́ть	произвести́	*to produce*
происходи́ть	произойти́	*to proceed, occur*

(i) The compounding forms of е́здить and идти́ are -езжа́ть and -йти respectively.
(ii) Before -йти prefixes ending in a consonant add о (e.g. изойти́).
(iii) The prefix вы- is always stressed in perfectives (e.g. вы́везти).

78. PAST TENSE. The past tense of most verbs, whatever their conjugation or aspect, is formed like that of быть (§ 67), i.e. by dropping -ть from the infinitive and adding:

Masc.	*Fem.*	*Neut.*	*Pl.*
-л	**-ла**	**-ло**	**-ли**

Thus the marker of the past tense is the suffix -л, to which are added the endings -а (fem.), -о (neut.), -и (pl.), already familiar in nouns and short forms of adjectives.

Examples:

де́лать, pf. сде́лать *to do*

де́ла**л**	де́ла**ла**	де́ла**ло**	де́ла**ли**
сде́ла**л**	сде́ла**ла**	сде́ла**ло**	сде́ла**ли**

мыть *to wash*, мы́ться *to wash oneself*

мы**л**	мы́**ла**	мы́**ло**	мы́**ли**
мы́**л**ся	мы́**ла**сь	мы́**ло**сь	мы́**ли**сь

Russian has only one past tense, the meaning being affected by choice of aspect.

The following examples show how the aspects differ in the past:

Imperfective	*Perfective*
Он писа́л пи́сьма	Он написа́л пи́сьма

He wrote the letters

= *He was writing/used to write*	= *He has/had written*
Он гото́вил аппара́т	Он пригото́вил аппара́т

He prepared the apparatus

= *He was preparing/used to prepare*	= *He has/had prepared*
Он реша́л зада́чи	Он реши́л зада́чи

He solved the problems

= *He was solving/used to solve*	= *He has/had solved*

The English translation of a past tense form thus depends on the aspect of the verb and the context in which it occurs. Note especially that Russian has no separate pluperfect (he *had* written, &c.).

EXERCISES A–C

A. Give the meaning and case of:

после́днюю ле́кцию; но́вого зако́на; в э́том ме́сте; ру́сские био́логи; ва́ших книг; сло́жным проце́ссом; пе́рвой гру́ппы; на таки́е плане́ты; просто́й фо́рмулой.

B. Find the meaning of the following verbs and their imperfective forms:

отмы́ть, переде́лать, войти́, привести́, определи́ть, заже́чь, поглоти́ть, вы́лить, приобрести́, зако́нчить, прочита́ть, сформули́ровать.

C. VOCABULARY

месторожде́ние deposit
нефть oil, petroleum
уве́ренный sure, certain
пра́вильный correct
соста́в composition
вы́вод deduction
появи́ться *pf.* to appear
бе́лый white
цвет, *pl.* **-а́** colour
чёрный black
установи́ть *pf.* to establish
сло́жный complex
существо́ being
превраще́ние conversion
те́ло body
обнару́жить *pf.* to discover
ртуть mercury
созда́ть *pf.* to create
мир world
впервы́е for the first time
давле́ние pressure
нача́льник chief, leader
разве́дка survey
рассказа́ть *pf.* to recount, tell
уча́стник participant, member
бога́тый rich
це́нный valuable
наблюде́ние observation
звёздный stellar
волново́й wave (*adj.*)
формирова́ние formation
совреме́нный contemporary, modern
представле́ние idea
строе́ние structure
неподви́жный motionless, still
враща́ться to revolve, rotate
вокру́г+*gen.* around
за счёт+*gen.* at the expense of, by means of

Translate:

1. Э́ти звёзды нельзя́ ви́деть невооружённым гла́зом.
2. Профе́ссор чита́л интере́сную ле́кцию о полиме́рах.
3. Гео́логи откры́ли но́вое месторожде́ние не́фти под землёй.
4. Студе́нт не́ был уве́рен, пра́вильно ли он реши́л э́ту зада́чу.
5. Мы уже́ ви́дели, что в соста́в гемоглоби́на вхо́дит[1] желе́зо.

[1] в соста́в+gen. вхо́дит (-ят), lit. *into the composition of . . . enters.* Translate by the verb 'to contain'. Thus: в соста́в э́того спла́ва вхо́дит медь *this alloy contains copper.*

6. Я уговори́л его́ взять в на́шу лаборато́рию молодо́го америка́нца.
7. Они́ сде́лали теорети́ческие вы́воды из свое́й лаборато́рной пра́ктики.
8. Пе́рвые живо́тные на на́шей плане́те появи́лись в палеозо́йскую э́ру.
9. До Нью́тона никто́ не знал, что бе́лый цвет соде́ржит в себе́ все цвета́ спе́ктра.
10. Он сказа́л, что антраци́т чёрного цве́та и даёт мно́го тепла́.
11. Учёные ещё не установи́ли, явля́ется ли ви́рус сло́жным хими́ческим вещество́м и́ли живы́м существо́м.
12. Мари́я и Пьер Кюри́ иссле́довали превраще́ние а́томов ура́на в други́е вещества́.
13. В спе́ктре э́того те́ла я обнару́жил ли́нии рту́ти, зо́лота и други́х тяжёлых мета́ллов.
14. Учи́тель сказа́л, что Да́рвин со́здал тео́рию эволю́ции органи́ческого ми́ра.
15. Изве́стный ру́сский фи́зик Ле́бедев впервы́е в ми́ре изме́рил давле́ние све́та.
16. Нача́льник геологи́ческой разве́дки рассказа́л, как уча́стники экспеди́ции обнару́жили бога́тые месторожде́ния це́нных мета́ллов.
17. Наблюде́ния показа́ли, что э́ти си́лы игра́ют основну́ю роль в дина́мике[1] звёздных систе́м.
18. Волнова́я меха́ника сыгра́ла ва́жную роль и в формирова́нии на́ших совреме́нных представле́ний о строе́нии а́томного ядра́.
19. Копе́рник пе́рвый[2] доказа́л, что Земля́ не стои́т неподви́жно на одно́м ме́сте, а враща́ется вокру́г Со́лнца.
20. Ре́зерфорд пе́рвым[2] объясни́л, что выделе́ние эне́ргии происхо́дит за счёт превраще́ний а́томов хими́ческих элеме́нтов.

[1] в дина́мике *in the* (*course of*) *development*, (lit. *in the dynamics*).

[2] пе́рвый, in the nominative or instrumental, means *was the first to* (*prove, explain*). The word впервы́е in sentence 15 may be translated in the same way.

LESSON 11

DATIVE CASE; CONSONANTAL PAST TENSE

79. PAST TENSE: CONSONANTAL STEMS. Verbs in -сть drop these letters from the infinitive to form the past:

класть	*to put*:	клал	кла́ла, -о, -и

The same rule applies to verbs in -сти whose stems end in д and т:

вести́	*to lead*:	вёл	вела́	&c.	(pres. веду́)
плести́	*to weave*:	плёл	плела́	&c.	(pres. плету́)

But those whose stems end in б and с lack -л in the past masculine:

грести́	*to row*:	грёб	гребла́	&c.	(pres. гребу́)
нести́	*to carry*:	нёс	несла́	&c.	(pres. несу́)

Note the alternation а/о in

расти́	*to grow*:	рос	росла́	&c.	(pres. расту́)

All other verbs with consonantal stems similarly lack -л in the masculine form. This affects all verbs in -зти, -зть, -чь, -ереть, and -шибить:

везти́	*to convey*:	вёз	везла́	&c.
лезть	*to climb*:	лез	ле́зла	&c.
мочь	*to be able*:	мог	могла́	&c.
течь	*to flow*:	тёк	текла́	&c.
тере́ть	*to rub*:	тёр	тёрла	&c.
ушиби́ть	*to hurt*:	уши́б	уши́бла	&c.

Идти́ and its compounds have irregular past forms:

идти́	*to go*:	шёл	шла	&c.
уйти́	*to leave*:	ушёл	ушла́	&c.

Note the mobile е in the masculine form шёл (cf. шла). This also occurs in жёг (fem. жгла) from жечь *to burn*, and perfective compounds in -честь, such as вы́чел (fem. вы́чла) from вы́честь *to deduct*.

80. VERBS IN -нуть. Verbs ending in -нуть fall into two groups:

(*a*) Verbs denoting a gradual process of change or attainment. These drop the suffix -ну- in the past tense, and also -л in the masculine:

мёрзнуть	*to freeze*:	мёрз	мёрзла	&c.
поги́бнуть	*to perish*:	поги́б	поги́бла	&c.

A few occur only in prefixed forms:

возни́кнуть	*to arise*:	возни́к	возни́кла	&c.
дости́гнуть	*to reach*:	дости́г	дости́гла	&c.
исче́знуть	*to vanish*:	исче́з	исче́зла	&c.

The corresponding imperfectives end in -ать, i.e. возника́ть, достига́ть, исчеза́ть.

(*b*) Perfectives denoting a single, short-lived action. These are formed from imperfectives in -ать or -еть by means of the suffix -ну-, which remains in the past:

толка́ть	*to push*:	pf. толкну́ть	толкну́л	&c.

Some lose the final stem consonant before -ну-:

дви́гать	*to move*:	pf. дви́нуть	дви́нул	&c.
кида́ть	*to fling*:	pf. ки́нуть	ки́нул	&c.
гляде́ть	*to look*:	pf. гля́нуть	гля́нул	&c.

All verbs in -нуть belong to the 1st conjugation.

81. DATIVE SINGULAR. In the dative singular all masculine and neuter forms have the marker -у (-ю). Nouns end in -у/-ю, adjectives and pronouns in -ому/-ему.

Nouns

стол	ме́сто	музе́й	рубль	по́ле
стол**у́**	ме́ст**у**	музе́**ю**	рубл**ю́**	по́л**ю**

Adjectives		*Pronouns*	
нóвый, -ое	си́ний, -ее	э́тот, э́то	мой, моё
нóв**ому**	си́н**ему**	э́т**ому**	мо**ему́**

All feminine forms are identical with those of the prepositional singular. Thus nouns in -а, -я take -е, those in -ия, -ь take -и, while adjectives and pronouns take -ой/-ей.

Nouns

ла́мпа	земля́	ли́ния	часть
ла́мп**е**	земл**е́**	ли́ни**и**	ча́ст**и**

Adjectives		*Pronouns*	
нóвая	си́няя	э́та	моя́
нóв**ой**	си́н**ей**	э́т**ой**	мо**е́й**

Adjectives in -жий, -чий, -ший, -щий have soft endings (-ему, -ей): thus свéжий — свéжему, свéжей.

Examples:

э́тому мéсту	*to this place*
нóвому пóлю	*to a new field*
нáшему музéю	*to our museum*
пéрвой ла́мпе	*to the first lamp*
си́ней ли́нии	*to the blue line*

Interrogative and personal pronouns:

кто	что	я	ты	он, онó	онá
комý	чемý	мне	тебé	емý	ей
	after prepositions			немý	ней

82. DATIVE PLURAL. The dative plural consists of the instrumental plural minus the final -и, so that the marker for all forms is -м. Nouns end in -ам/-ям, adjectives in -ым/-им, and pronouns in -им.

Nouns

стол	мéсто	ла́мпа	рубль	пóле	бýря
стол**а́м**	мест**а́м**	ла́мп**ам**	рубл**я́м**	пол**я́м**	бýр**ям**

Adjectives		*Pronouns*	
но́вый	си́ний	э́тот	мой
но́в**ым**	си́н**им**	э́т**им**	мо**и́м**

Nouns in -жь, -чь, -шь, -щь take -ам, e.g. вещь — веща́м.

Adjectives whose stems end in г, к, х, ж, ч, ш, щ take -им, e.g. большо́й — больши́м.

Examples:

но́вым места́м	*to new places*
пе́рвым фа́зам	*to the first phases*
на́шим музе́ям	*to our museums*
э́тим поля́м	*to these fields*

Personal pronouns:

мы	вы	они́
нам	вам	им (ним after prepositions)

Note. Care must be taken to avoid confusion between the dative plural and the instrumental singular (masc., neut.). Compare но́вым ме́тодам *to new methods*, and но́вым ме́тодом *by a new method*.

83. USES OF DATIVE. The dative case is used with various words whose English equivalents are followed by the preposition *to*:

Его́ и́мя изве́стно нам	*His name is known to us*
Э́та постоя́нная равна́ едини́це	*This constant is equal to unity*
сопротивле́ние боле́зням	*resistance to diseases*
пря́мо пропорциона́льный длине́	*directly proportional to the length*

It is also used with the prepositions к (ко) *to, towards* and по *along, by*; *according to*:

письмо́ к дру́гу	*a letter to a friend*
движе́ние к це́нтру	*movement towards the centre*
к утру́	*towards/by morning*
по э́той ли́нии	*along this line*
по телефо́ну	*by telephone*

по на́шей тео́рии	*according to our theory*
по э́тому ана́лизу	*on this analysis*

По is also used with names of subjects:

экза́мен по фи́зике	*an examination in physics, physics exam*
ле́кции по хи́мии	*lectures on chemistry, chemistry lectures*

Also distributively in time expressions:

по вечера́м	*in the evenings*
по вто́рникам	*on Tuesdays*
(cf. во вто́рник	*on Tuesday*)

And in some phrases:

по существу́	*in essence, essentially*
по кра́йней ме́ре	*at least, at any rate*

Adverbs may be formed from по- and the dative neuter singular of adjectives or pronouns:

по-но́вому	*in a new way*
по-на́шему	*in our way/opinion*
по-ви́димому	*apparently, evidently*

A few derivative prepositions take the dative. After these the 3rd person pronouns are not н-prefixed:

благодаря́ ему́	*thanks to him*
вопреки́ пра́вилам	*despite the rules*
согла́сно зако́ну	*in accordance with the law*

84. DATIVE WITH VERBS. The dative is used to express the indirect object of verbs of giving, sending, showing, telling, and the like:

Я дал кни́гу сестре́	*I gave the book to (my) sister*
Он показа́л мне статью́	*He showed me the article*
Мы пи́шем ему́ письмо́	*We are writing a letter to him*

Dative objects are required by some verbs whose English equivalents are transitive:

Шум меша́ет нам рабо́тать	*The noise prevents us working*
Профе́ссор помога́л студе́нту	*The professor was helping the student*
Э́то противоре́чит пра́вилам ло́гики	*This contradicts the laws of logic*
Он разреши́л ей кури́ть	*He allowed her to smoke*

The verbs учи́ть *to teach* and учи́ться *to learn* require the subject of study to be put in the dative:

Он у́чит нас матема́тике	*He teaches us mathematics*
Мы у́чимся ру́сскому языку́	*We are learning Russian*

85. DATIVE SUBJECTS. The agent or logical subject of impersonal verbs is put in the dative and usually comes first.

каза́ться, показа́ться *to seem*:

Вам ка́жется, что он прав	*It seems to you/you think that he is right*
Мне каза́лось, что больно́й у́мер	*It seemed to me/I thought that the patient had died*

удава́ться, уда́ться *to succeed, manage*:

Нам удало́сь ко́нчить о́пыт	*We managed to finish the experiment*

приходи́ться, прийти́сь *to be necessary*:

Ему́ прихо́дится ждать	*He has to wait*
Ей пришло́сь уйти́	*She had to leave*

The verb сле́довать *to follow* is also used impersonally in the sense *to be fitting, behove*:

Вам сле́дует э́то сде́лать сего́дня	*You ought to do this today*
Нам сле́довало э́того ожида́ть	*We should have expected this*

It also occurs without a subject in general statements (*one should . . .*):

Слéдует отмéтить, что...	*It should be noted that . . .*
Слéдует имéть в видý, что...	*One should bear in mind that . . .*

The subject of impersonal expressions stands in the dative:

Емý хóлодно	*He is cold* (lit. *to him it is cold*)
Нам трýдно вúдеть	*It is hard for us to see*
Им нáдо бы́ло рабóтать	*They had to work*
Человéку нýжно есть и спать	*Man must eat and sleep*

The short forms of нýжный *necessary* require the dative of the person, while the thing needed is expressed as the subject:

Мне нужнá водá	*I need water* (lit. *water is necessary to me*)
Нам нýжен телефóн	*We need a telephone*

EXERCISES A–C

A. Give the dative singular and plural of:

пéрвая фáза; нóвый тип; лёгкое тéло; э́тот слýчай; высóкое здáние; серьёзная болéзнь.

B. Find the infinitive and meaning of:

съел, сéла, упáл, засóх, вы́рос, зáпер, нашёл, сочлú, сожглú, унеслá, привёл, стёрли, ошúбся, привы́к, помоглó, подошлá, пронúкли, приобрелú.

C. Translate:

1. Квадрáт гипотенýзы рáвен сýмме квадрáтов кáтетов.
2. Растéнию нýжен кáлий[1]; онó не мóжет жить без кáлия.
3. По-вúдимому, тóчка двúжется по э́той лúнии к цéнтру крýга.
4. Чéрез два часá им показáлось, что сóлнечная вспы́шка погáсла.
5. Вопрекú совéту врачá, больнóй тóлько что[2] встал с постéли.
6. В настоя́щее врéмя полёт к Лунé нам не кáжется невозмóжным дéлом.

[1] The plural would be used in English here, i.e. *plants need potassium.*

[2] Тóлько что means *just* (of an event immediately prior to the time of speaking).

7. Профе́ссор вчера́ дал мне две кни́ги; э́то бы́ли его́ после́дние рабо́ты по геоло́гии.
8. К мета́ллам отно́сятся[1] на́трий, ка́льций, ма́гний, желе́зо, ртуть и други́е (и др.).
9. До́ктор сказа́л ему́, что больны́х мо́жно посеща́ть то́лько по вто́рникам и суббо́там.
10. На э́той конфере́нции большо́е внима́ние привлекли́ докла́ды по теорети́ческим пробле́мам.
11. За после́дние го́ды Сове́тский Сою́з дости́г больши́х успе́хов в о́бласти нау́ки и те́хники.
12. Благодаря́ свое́й лёгкости алюми́ниевые спла́вы нашли́ широ́кое примене́ние в авиа́ции.
13. За э́то вре́мя Э́йлер написа́л мно́го стате́й, как по чи́стой матема́тике, так и[2] по прикладно́й.
14. Мой друг у́чится на второ́м ку́рсе в те́хникуме. Э́то он объясни́л нам[3], как де́йствует э́та маши́на.
15. Лобаче́вский писа́л уче́бники по а́лгебре и геоме́трии, посеща́л уро́ки в шко́лах, дава́л учителя́м поле́зные сове́ты[4].
16. Не́которые зада́чи по интегра́льному исчисле́нию так сло́жны, что прихо́дится до́лго рабо́тать над их реше́нием.
17. Э́ти раке́ты даю́т возмо́жность[5] непосре́дственно определи́ть соста́в и температу́ру, давле́ние и вла́жность в ио́носфе́ре.
18. Иссле́дование зако́нов движе́ния электро́нов в ва́кууме привело́ к созда́нию электро́нной ла́мпы и телевизио́нной тру́бки.
19. За после́днее вре́мя медици́на дости́гла замеча́тельных успе́хов в профила́ктике ря́да[6] боле́зней благодаря́ примене́нию вакци́н.
20. Галиле́й изобрёл термо́метр, пе́рвый примени́л телеско́п для астрономи́ческих иссле́дований, откры́л со́лнечные пя́тна и фа́зы Вене́ры.
21. До́ма Галиле́й подве́сил самоде́льные ма́ятники к потолку́, смотре́л, как они́ кача́ются, и счита́л вре́мя по уда́рам пу́льса.
22. Во́здух насыща́ется водяны́ми пара́ми до кра́йней сте́пени, так что во вре́мя си́льных моро́зов о́кна к утру́ покрыва́ются изнутри́ сло́ем льда.
23. Ре́зерфорду удало́сь провести́ о́пыты иску́сственного расщепле́ния а́томного ядра́, что послужи́ло нача́лом но́вой фа́зы в разви́тии а́томной фи́зики.

[1] К мета́ллам отно́сятся *Metals include* (lit. *to metals belong*). Cf. p. 66, note 1.

[2] как..., так и... *both . . . and . . .*

[3] Э́то он объясни́л нам *It was he who explained to us.* The word э́то is a particle here.

[4] Plural in Russian, but singular in English, i.e. *useful advice.*

[5] даю́т возмо́жность *enable us,* (lit. *give* [*us*] *the possibility*). The dative object, especially нам, is often omitted here and with the verbs позволя́ть *to enable,* удава́ться *to succeed.*

[6] ряд *row, series* may often be translated as *number.* Note also the common phrase це́лый ряд+gen. (based on Ger. eine ganze Reihe von) = *a number of.*

24. В дре́вней Гре́ции разви́тие матема́тики дости́гло высо́кого у́ровня. Но́вые ме́тоды гре́ков в конце́ концо́в привели́ к созда́нию тригономе́трии (как мы его́ тепе́рь называ́ем).

25. Движе́ние льди́ны внача́ле бы́ло споко́йное и ро́вное — 4-5 [четы́ре-пять] миль[1] в су́тки. Но когда́ она́ вы́шла в проли́в ме́жду Гренла́ндией и Шпицбе́ргеном[2], ско́рость дре́йфа увели́чилась.

READING

В шко́льной лаборато́рии

В лаборато́рию вошёл преподава́тель. Он познако́мил нас с те́мой на́шего пе́рвого о́пыта по хи́мии, и мы приступи́ли к рабо́те. Мы взя́ли кристалли́ческую соль — азо̀тноки́слый свине́ц[3] — и раствори́ли её в воде́. Пото́м вста́вили[4] в ко́лбу стекля́нную воро́нку и положи́ли в неё бума́жный фильтр, по́сле чего́ вы́лили[4] в воро́нку раство́р азо̀тноки́слого свинца́. Таки́м о́бразом мы пропусти́ли раство́р че́рез фильтр, и́ли профильтрова́ли его́. В результа́те фильтрова́ния раство́р стал прозра́чным. Мы приба́вили к нему́ гѝдроо́кись на́трия (е́дкий натр) и вско́ре заме́тили, что на дне проби́рки появи́лся бе́лый оса́док. Э́то была́ гидроо́кись свинца́.

Мы перенесли́ оса́док в ти́гель и нагре́ли его́. При э́том[5] цвет оса́дка измени́лся: из бе́лого он стал жёлтым. Что произошло́? Ока́зывается, что гѝдроо́кись свинца́ при нагрева́нии теря́ет во́ду и превраща́ется в о́кись свинца́. А о́кись свинца́ име́ет жёлтый цвет. На́шу о́кись свинца́ мы смеша́ли с порошко́м у́гля и сно́ва ста́ли нагрева́ть[6]. О́кись восстанови́лась углеро́дом, и образова́лся блестя́щий ша́рик металли́ческого свинца́.

[1] Genitive plural of ми́ля *mile*, i.e. here nautical mile (= 1,853 metres). Land distances are measured in kilometres.

[2] The Russian spelling of Spitsbergen. Where a German *s* is pronounced as *sh* it is rendered in Russian as ш. Hence the spelling Эйнште́йн for *Einstein*.

[3] This illustrates the traditional Russian method of designating salts of oxyacids, i.e. by forming an adjective (азо̀тноки́слый) from the name of the acid (азо́тная кислота́). It is now commoner to use the international name, in this case нитра́т свинца́ *lead nitrate*. Similarly *calcium sulphate* is сѐрноки́слый ка́льций or сульфа́т ка́льция.

[4] The subject (in this case мы) is often omitted where it is clear from the context.

[5] при э́том *in the process* or *in doing so*.

[6] сно́ва ста́ли нагрева́ть *and began to heat* (*it*) *again*. The verb стать, when used in the past tense with an infinitive, means *began*.

LESSON 12

FUTURE TENSE; IRREGULAR AND INDECLINABLE NOUNS

86. FUTURE TENSE. The future tense, like the past, exists in both aspects. The imperfective future is a compound tense formed by using the future of быть with an imperfective infinitive, e.g. читáть *to read*:

sg.		*pl.*	
я бýду	читáть	мы бýдем	читáть
ты бýдешь		вы бýдете	
он бýдет		они́ бýдут	

The perfective future is formed by conjugating a perfective verb in the same way as imperfectives are conjugated in the present, e.g. прочитáть *to read, have read*:

я прочитáю	мы прочитáем
ты прочитáешь	вы прочитáете
он прочитáет	они́ прочитáют

The same stem changes and irregularities occur here as in the present:

написáть	*to write*:	напишý	напи́шешь	&c. (cf. пишý)
отмы́ть	*to wash away*:	отмóю	отмóешь	&c. (cf. мóю)
съесть	*to eat up*:	съем	съешь	&c. (cf. ем)

Prefixes ending in a consonant have a mobile о in verbs with the root alternation и/ь:

отли́ть	*to pour off*:	отолью́	отольёшь	&c. (cf. лью)

Also before certain consonant groups in the root:

стерéть	*to rub off*:	сотрý	сотрёшь	&c. (cf. тру)

The following examples illustrate aspect differences in the future:

Imperfective	*Perfective*
Я бу́ду писа́ть пи́сьма	Я напишу́ пи́сьма
I shall write the letters	
= *I shall be writing*	= *I shall have written* (i.e. finished)
Они́ бу́дут стро́ить заво́ды	Они́ постро́ят заво́ды
They will build the factories	
= *They will be building*	= *They will have built* (i.e. completed)
Мы бу́дем изуча́ть исчисле́ние	Мы изу́чим исчисле́ние
We shall study calculus	
= *We shall be studying*	= *We shall have studied* (i.e. mastered)

N.B. The present is often used to express the near future, especially with 'going' verbs:

За́втра мы рабо́таем	*Tomorrow we are (= shall be) working*
За́втра он е́дет домо́й	*Tomorrow he is (= will be) travelling home*

87. VERBS IN -нимать. The perfective corresponding to брать *to take* is взять (fut. возьму́, возьмёшь, &c.). This derives from the prefix вз- and an old verb ять *to take*, whose root я- alternates with им- and has an н-infix in other compounds. The infinitive pairs end in -нима́ть (ipf.), -ня́ть (pf.), and in some of these verbs the present and perfective future forms are very similar.

Imperfective	*Perfective*	
снима́ть	снять	*to take off*
снима́ю, -а́ешь	сниму́, сни́мешь	
поднима́ть	подня́ть	*to take up, lift*
поднима́ю, -а́ешь	подниму́, подни́мешь	

After prefixes ending in a vowel йм- replaces ним- in the perfective future:

занима́ть	заня́ть	*to occupy*
занима́ю, -а́ешь	займу́, займёшь	
понима́ть	поня́ть	*to understand*
понима́ю, -а́ешь	пойму́, поймёшь	

The last forms should not be confused with пойма́ю, пойма́ешь, &c., from пойма́ть, the perfective partner of лови́ть *to catch* (see § 74).

The future of приня́ть *to receive* has no й: thus приму́, при́мешь, &c. (Similarly прийти́ *to arrive* has the future приду́, придёшь, &c.)

The root (н)им-/(н)я- appears in many cognates, where it sometimes has the form ем-:

понима́ние	*understanding*	заня́тие	*occupation*
приёмник	*receiver*	объём	*volume*

88. VERBS IN -ложить. The perfective of класть *to put* is положи́ть. Perfective compound verbs of 'putting' also end in -ложить and have imperfective partners formed either from the root клад- or from лаг-, a variant of the root лож-. Compounds with imperfectives in -кла́дывать mostly have concrete meanings:

Imperfective	*Perfective*	
прикла́дывать	приложи́ть	*to join, apply*
скла́дывать	сложи́ть	*to fold, add*
докла́дывать	доложи́ть	*to report*

Those with imperfectives in -лага́ть mostly have figurative meanings and often correspond to English verbs in *-pose*:

предлага́ть	предложи́ть	*to propose*
слага́ть	сложи́ть	*to compose*
разлага́ть	разложи́ть	*to decompose*

Cognate words:

положе́ние *position,* разложе́ние *decomposition, expansion* (math.), сло́жный *complicated,* противополо́жный *opposite.*

89. SIMPLE PERFECTIVES. Apart from a number of unprefixed verbs in -ить, such as реши́ть *to solve*, there are only six simple perfectives. Three of these have imperfective partners in -ся based on variants of the same roots, which in two instances have the alternation е/я:

Future

лечь	*to lie down*:	ля́гу	ля́жешь	&c.	(ipf. ложи́ться)
сесть	*to sit down*:	ся́ду	ся́дешь	&c.	(ipf. сади́ться)
стать	*to become*:	ста́ну	ста́нешь	&c.	(ipf. станови́ться)

The д concealed in сесть also occurs in

пасть[1]	*to fall*:	паду́	падёшь	&c.	(ipf. па́дать)

The н inserted in стать is also found in

деть	*to put*:	де́ну	де́нешь	&c.	(ipf. дева́ть)

The verb дать *to give* is irregular:

дам	дашь	даст
дади́м	дади́те	даду́т

Compounds of these verbs conjugate in the same way:

доста́ть	*to obtain*:	доста́ну	доста́нешь	&c.
наде́ть	*to put on*:	наде́ну	наде́нешь	&c.
переда́ть	*to transmit*:	переда́м	переда́шь	&c.

The verb созда́ть *to create*, though not in origin a compound of дать, has been assimilated to its conjugation, i.e. fut. созда́м, созда́шь, &c.

Compounds in -дать and -стать form imperfectives with the suffix -ва́- (e.g. передава́ть, достава́ть). The same applies to compounds in -знать, whose present and future forms differ only in stress:

ipf. узнава́ть	*to recognize*	pres.	узнаю́ узнаёшь &c.
pf. узна́ть		fut.	узна́ю узна́ешь &c.

[1] The form упа́сть is commoner in the pf.

Compounds in -сесть have imperfective partners in -седáть or -сáживаться, e.g.

наседáть, насéсть *to settle on*	пересáживаться, пересéсть *to change seats*

90. STEM-CHANGING NOUNS. Neuter nouns in -мя insert -ен- in the oblique cases and decline as follows:

	Sg.	*Pl.*
N.A.	и́мя	именá
G.	и́мени	имён
P.	и́мени	именáх
D.	и́мени	именáм
I.	и́менем	именáми

The genitive singular и́мени (abbreviated as им.) is used in titles to commemorate some person or place. In English the proper name is used adjectivally:

Библиотéка и́мени Лéнина	*the Lenin Library*
Канáл им. Москвы́	*the Moscow Canal*

Other nouns in -мя include врéмя *time*, плáмя *flame*, плéмя *tribe*, тéмя *sinciput*, and сéмя *seed* (gen. pl. семя́н).

The nouns мать *mother* and дочь *daughter* insert -ер- in the oblique cases and decline like часть:

N.	мать	мáтери
A.	мать	матерéй
G.	мáтери	матерéй
P.	мáтери	матеря́х
D.	мáтери	матеря́м
I.	мáтерью	матеря́ми (but дочерьми́)

91. STEM-CHANGING PLURALS. Some masculine and neuter hard nouns have soft plurals, with the nominative in -ья and the genitive in -ьев (unstressed) or -ей (stressed):

		Nom. pl.	*Gen. pl.*	*Prep. pl.*	
стул	*chair*:	сту́лья	сту́льев	сту́льях	&c.
крылó	*wing*:	кры́лья	кры́льев	кры́льях	&c.

		Nom. pl.	*Gen. pl.*	*Prep. pl.*	
With change г > з:					
друг	*friend*:	друзья́	друзе́й	друзья́х	&c.
With suffix -ов-:					
сын	*son*:	сыновья́	сынове́й	сыновья́х	&c.

A few words have two plurals with different meanings, e.g.

лист	*sheet* (*of paper*):	листы́	листо́в	листа́х	&c.
	leaf (*of tree*):	ли́стья	ли́стьев	ли́стьях	&c.

Nouns in -анин (-янин), denoting persons of a particular nationality or group, in the plural lose the -ин (which originally meant *one*, as in оди́н). Their nominative plural has -е, and the genitive-accusative has no ending:

англича́нин: *Englishman*	англича́не	англича́н	англича́нах	&c.

Nouns in -ёнок (-о́нок) denoting young animals have a mobile о in the singular. In the plural they replace -ён (-он) by -ят (-ат) and have hard neuter endings. Example: котёнок *kitten*:

	Nom.	*Gen.-acc.*	*Prep.*	
Sg.	котёнок	котёнка	котёнке	&c.
Pl.	котя́та	котя́т	котя́тах	&c.

92. IRREGULAR MASCULINES. Some masculine nouns have the same form in the genitive plural as the nominative singular, e.g. глаз *eye*. Many such nouns denote units of measurement, e.g.

ампе́р	*ampere*	ватт	*watt*	вольт	*volt*
герц	*cps*	гран	*grain*	де́цибел	*decibel*

and their compounds: килова́тт *kilowatt*, мегаге́рц *megacycle*, &c.

This also applies to раз *time* and челове́к *man* when used with numerals:

пять раз	*five times*
сто челове́к	*a hundred men*

Note that the plural of челове́к is лю́ди, with the genitive люде́й (except after numerals).

The genitive plural of год *year* is normally лет (from лéто *summer*):

десять лет *ten years*

The noun путь *way, means* declines like feminines in -ь except in the instrumental singular путём, which also serves as a preposition meaning *by means of*:

путём естéственного отбóра *by means of natural selection*

It is also used to form adverbial phrases:

таки́м путём	*in this way*
теорети́ческим путём	*in a theoretical way*
хими́ческим путём	*chemically*

Compare the type -ым (-им) óбразом in § 71(*b*).

93. INDECLINABLE NOUNS. Foreign nouns ending in a vowel (except unstressed -а, -я) are not declined, hence their case and number must be inferred from the context. Examples of such nouns are релé *relay*, шасси́ *chassis*, рáдио *radio*, кенгурý *kangaroo.*

The same rule applies to proper names, e.g. Дюмá *Dumas*, Фурьé *Fourier*, Глáзго *Glasgow*, Пéру *Peru*. Also undeclined are Russian surnames in -аго (-яго), -овó, such as Живáго, Благовó, and Ukrainian ones in -ко, such as Лысéнко.

Most proper nouns ending in a consonant, -й or -ь are declined like ordinary nouns: thus Форд, gen. Фóрда; Фарадéй, gen. Фарадéя. The following, however, are indeclinable:

Russian surnames in -ых, -их, e.g. Седы́х, Долги́х.

All women's names ending in a consonant, e.g. Дóрис, Гнéдич, Армя́н.

Women's surnames in -ь, e.g. Хмель, and a few feminine words such as мисс, thus:

Они́ говоря́т о мисс Смит *They are talking about Miss Smith*

Words formed from initials, and pronounced as such, are also indeclinable:

Он изуча́ет кли́мат СССР (pr. эс-эс-эс-э́р)	*He studies the climate of the USSR*

For the pronunciation of letter-names see p. 190.

94. APPOSITION. A noun or noun phrase which is in apposition to a preceding noun (i.e. which specifies it) usually stands in the same case:

Э́то откры́тие принадлежи́т Ни́льсу Бо́ру, да́тскому фи́зику	*This discovery belongs to Niels Bohr, the Danish physicist*

Titles and other quoted words remain unchanged in apposition:

Он чита́ет рома́н «Война́ и мир»	*He's reading the novel 'War and Peace'*
Мы говори́м о сло́ве «магнети́зм»	*We are speaking about the word 'magnetism'*

But when there is no apposition they are declined:

Он чита́ет «Войну́ и мир»	*He's reading 'War and Peace'*
Мы говори́м о магнети́зме	*We are speaking about magnetism*

Most geographical names remain unchanged in apposition:

Они́ жи́ли на о́строве Но́вая Земля́	*They lived on the island (of) Novaya Zemlya*

But names of well-known towns and rivers are declined:

Го́род Ленингра́д стои́т на реке́ Неве́	*The city (of) Leningrad stands on the River Neva*

EXERCISES A–B

A. Find the infinitive and meaning of:

жжёт, найду́, отда́м, соберу́, вольёт, закро́ю, оты́щут, сотрёт, сты́нет, отмо́ет, поймёт, пойма́ет, возьмём, вы́текут, начнёте, полу́чит, напи́шем, дока́жут, забу́ду, помо́жем, назовьём, признаю́т, разобью́т, поднима́ют, оста́нетесь.

B. Translate:

1. В э́том инкуба́торе мо́жно вы́вести сто цыпля́т.
2. Э́ти англича́не за́втра пое́дут на заво́д и́мени Ки́рова.
3. Ломоно́сов, «оте́ц ру́сской нау́ки», вы́шел из крестья́н[1].
4. Астроно́м получи́л отчётливый сни́мок тума́нности Андроме́ды.
5. Запа́с я́дерного горю́чего на корабле́ займёт совсе́м ма́ло ме́ста.
6. Автоматиза́ция произво́дства намно́го подни́мет производи́тельность труда́.
7. Я бу́ду учи́ться в университе́те на математи́ческом факульте́те[2].
8. Во́ду путём электро́лиза мо́жно разложи́ть на водоро́д и кислоро́д.
9. От авитамино́за, т. е. недоста́тка витами́нов, челове́к заболева́ет цинго́й.
10. В э́той главе́ мы дади́м о́бщее описа́ние произво́дства цветны́х мета́ллов и спла́вов.
11. Не́которые из э́тих вулка́нов уже́ уга́сли, други́е, как, наприме́р, вулка́н Э́ребус, ещё де́йствуют.
12. Прибо́ры бу́дут непреры́вно регистри́ровать разли́чные физи́ческие да́нные на всём пути́ спу́тника.
13. Врачи́ установи́ли, что норма́льная продолжи́тельность сна неодина́кова для люде́й ра́зных во́зрастов.
14. Е. Ф. Фёдоров завоева́л мирово́е призна́ние как основополо́жник ва́жной о́трасли нау́ки — криста̀ллогра́фии.
15. Я дам вам лист миллиметро́вки, лине́йку, уго́льник, ци́ркуль и покажу́, как ну́жно черти́ть план зда́ния.
16. В СССР месторожде́ния с огро́мным коли́чеством не́фти нахо́дятся на Кавка́зе о́коло Баку́ и в ря́де други́х мест.
17. Ацетиле́н — бесцве́тный ядови́тый газ. Он получа́ется де́йствием воды́ на карби́д ка́льция и гори́т я́рким пла́менем.
18. Небольши́е вычисли́тельные маши́ны ста́нут принадле́жностью ка́ждого[3] констру́кторского бюро́, лаборато́рии, кру́пной библиоте́ки.
19. В Ри́ме гру́ппа молоды́х иссле́дователей под руково́дством италья́нского учёного Энри́ко Фе́рми проводи́ла свои́ пе́рвые о́пыты.
20. Во вре́мя второ́й мирово́й войны́ Фе́рми руководи́л в США[4] иссле́довательскими рабо́тами в о́бласти вое́нного примене́ния я́дерной фи́зики.
21. Мы все зна́ем, что в разли́чные времена́ го́да Со́лнце ведёт себя́ по-ра́зному. Ле́том день дли́нный, ночь коро́ткая; а зимо́й — наоборо́т.
22. Не случа́йно[5] одно́ из пе́рвых иссле́дований зри́тельного восприя́тия принадлежи́т вели́кому италья́нскому худо́жнику Леона́рдо да Ви́нчи.

[1] вы́шел из крестья́н *came of peasant stock* (lit. *came out of the peasants*).

[2] In Soviet universities a факульте́т (faculty) comprises a large department or a few related departments.

[3] ка́ждого qualifies all the following nouns, but agrees in gender with the first. This is normal Russian practice in such cases.

[4] США *USA* is pronounced as a word, i.e. as сша, not as initials.

[5] не случа́йно *it is no (mere) chance that* (lit. *not accidentally*).

23. В кни́ге «Вселе́нная вокру́г нас» англи́йский астрофи́зик Джемс Джинс изложи́л свои́ мне́ния о происхожде́нии на́шей плане́ты.
24. Сто́ит то́лько[1] пропусти́ть луч све́та че́рез лист и зате́м разложи́ть э́тот луч при́змой, и то́тчас уви́дим, како́е измене́ние произойдёт в спе́ктре.
25. Геоме́трия Эвкли́да не потеря́ла и сейча́с своего́ значе́ния. Е́ю по́льзуются и всегда́ бу́дут по́льзоваться в свои́х расчётах и учёные и инжене́ры.

READING

Я́дерная энерге́тика

Когда́ лю́ди овладе́ли электри́ческой эне́ргией, производи́тельные си́лы о́бщества бы́стро возросли́. Тепе́рь мы явля́емся свиде́телями но́вого эта́па в разви́тии энерге́тики. Мы уже́ живём в век я́дерной эне́ргии.

Существу́ет два спо́соба получе́ния э́той эне́ргии. Пе́рвый из них — расщепле́ние ядра́ а́томов тяжёлых элеме́нтов (ура́на и́ли плуто́ния). Э́тим спо́собом мы уже́ по́льзуемся в а́томных реа́кторах. Одна́ко на́до по́мнить, что ура́н и плуто́ний — ре́дкие и дороги́е вещества́. А потребле́ние эне́ргии всё растёт и растёт[2].

Второ́й спо́соб получе́ния я́дерной эне́ргии — э́то[3] слия́ние, и́ли си́нтез, а́томных я́дер лёгких элеме́нтов. До сих пор[4] удало́сь э́то осуществи́ть то́лько в водоро́дной бо́мбе. Основна́я зада́ча совреме́нной нау́ки — э́то и́менно ми́рное освое́ние эне́ргии я́дерного си́нтеза. Разреше́ние э́той зада́чи даст нам неисчерпа́емый исто́чник эне́ргии, и́бо запа́сы веще́ств, досту́пных я́дерному си́нтезу,— изото́пы водоро́да — огро́мны.

Я́дерная эне́ргия бу́дет применя́ться не то́лько для вое́нных це́лей. Она́ вольёт мо́щные пото́ки эне́ргии в промы́шленность, в се́льское хозя́йство, в тра́нспорт, во все о́трасли на́шей жи́зни, она́ произведёт це́лый переворо́т в те́хнике. Оби́лие дешёвой электроэне́ргии в сочета́нии с успе́хами автома́тики изба́вит люде́й от тяжёлого физи́ческого труда́ и откро́ет соверше́нно но́вую э́ру на земле́.

[1] сто́ит то́лько *we have only to*. The verb form сто́ит is here impersonal.

[2] всё растёт и растёт *is growing* (*and growing*) *all the time* or *is constantly increasing*. Here всё is an adverb equivalent to всё вре́мя.

[3] The word э́то is often used to introduce the predicate after a dash indicating that the verb 'to be' is understood. It is omitted in translation.

[4] до сих пор *so far* (lit. *up to these times*). Сих is the genitive plural of the old pronoun сей *this*, also found in сего́дня *today* (lit. *of this day*).

LESSON 13

RUSSIAN NAMES; PRONOUNS AND PARTICLES

95. RUSSIAN NAMES. Russians have three names: first name, patronymic, and surname. The surname alone is used formally and often preceded by това́рищ, literally *comrade*, but here equivalent to *Mr.* The first name and patronymic are used together as the normal mode of address, both being declined like ordinary nouns.

Patronymics are formed from the stem of the father's first name by adding a suffix. Names ending in a consonant add -ович (f. -овна), those ending in -й take -евич (f. -евна), and those in -а, -я take -ич (f. -ична, -инична).

Examples:

	Son of . . .	*Daughter of . . .*
Ива́н	Ива́н**ович**	Ива́н**овна**
Андре́й	Андре́**евич**	Андре́**евна**
Ники́та	Ники́т**ич**	Ники́т**ична**
Илья́	Иль**и́ч**	Иль**и́нична**

Surnames ending in -ов (-ев) and -ин (-ын) decline as follows:

	Masc.	*Fem.*	*Pl.*
N.	Па́влов	Па́влов**а**	Па́влов**ы**
A.	Па́влов**а**	Па́влов**у**	Па́влов**ых**
G.	Па́влов**а**	Па́влов**ой**	Па́влов**ых**
P.	Па́влов**е**	Па́влов**ой**	Па́влов**ых**
D.	Па́влов**у**	Па́влов**ой**	Па́влов**ым**
I.	Па́влов**ым**	Па́влов**ой**	Па́влов**ыми**

Possessive adjectives in -ов, -ин, formed from persons' names, decline in the same way, except that their masculine and neuter prepositional singular ends in -ом: thus во́льтов столб *voltaic pile* has prepositional во́льтовом столбе́. For the full declension see p. 180.

96. PRONOUNS котóрый, чей. The relative pronoun котóрый *who, which* declines as an adjective, agreeing in gender and number with the noun to which it refers. Its case, however, is determined by its function in the dependent clause.

Хи́мик, котóрый рабóтает здесь	*The chemist who works here*
Ла́мпа, котóрая стои́т на столé	*The lamp which is standing on the table*
Студéнты, котóрые живу́т дóма	*The students who live at home*
Кни́га, котóрую он писа́л	*The book that he wrote*
Дóктор, котóрому я дал письмó	*The doctor to whom I gave the letter*
Лаборатóрия, в котóрой мы рабóтаем	*The laboratory in which we work*

When used in the genitive (i.e. to mean *of which, whose*) the pronoun follows the noun dependent on it:

Ткань, цвет котóрой был кра́сный	*The fabric, the colour of which was red*
Астронóм, докла́д котóрого мы чита́ли	*The astronomer whose paper we read*
Доктора́, в кли́нике котóрых они́ сидя́т	*The doctors in whose clinic they are sitting*

The word *whose* is also expressed by чей, which agrees with the noun it qualifies and declines like мой, having the stem чь- in all other forms:

Студéнт, чью кни́гу вы чита́ли	*The student whose book you read*

Nowadays чей is used mostly in questions:

Чей э́то дом?	*Whose house is this?*
Чьи э́то кни́ги?	*Whose books are these?*
Чью статью́ вы чита́ете?	*Whose article are you reading?*
В чьём дóме он живёт?	*In whose house does he live?*

Relative adjectives in -ий, formed from names of animals and persons, are declined like чей (i.e. their stems end in -ь). Thus ли́сий *fox's* (from лиса́ *fox*) has fem. ли́сья, neut. ли́сье, pl.

ли́сьи, &c. Many are formed with a change of consonant, e.g. медве́жий *bear's* (< медве́дь *bear*), пти́чий *bird's* (< пти́ца *bird*), рыба́чий *fisherman's* (< рыба́к *fisherman*).

97. NEGATIVE PRONOUNS. The pronouns никако́й *no* (*kind of*) and ниче́й *no one's*, when governed by a preposition, are separated, thus making three words:

Э́то не зави́сит ни от каки́х усло́вий	*This does not depend on any conditions*
Он не забо́тится ни о чьих чу́вствах	*He doesn't care about anyone's feelings*

The same applies to никто́ *no one* and ничто́ *nothing*:

Ни у кого́ нет ножа́	*No one has a knife*
Он ни с кем не игра́ет	*He's not playing with anyone*
Мы ни о чём не говори́м	*We're not talking about anything*

The pronouns не́кого, не́чего (acc., gen.), не́кому, не́чему (dat.), &c., are treated similarly. They are used with an infinitive and their logical subject, if expressed, is in the dative:

Не́кого спроси́ть	*There is no one to ask*
Нам не́чего де́лать	*There is nothing for us to do*
Мне не́кому писа́ть	*I have no one to write to*
Не́ на что смотре́ть	*There is nothing to look at*
Ему́ не́ с кем игра́ть	*He has no one to play with*
Им не́ о чем говори́ть	*They have nothing to talk about*

98. RECIPROCAL PRONOUN. In the compound pronoun друг дру́га *each other, one another* the first part remains fixed, while the second declines as a noun:

A. G.	друг дру́г**а**
P.	друг (о) дру́г**е**
D.	друг дру́г**у**
I.	друг дру́г**ом**

Thus:

Ча́сти заменя́ют друг дру́га	*The parts replace each other*
Все чле́ны помога́ют друг дру́гу	*All the members help one another*

A governing preposition goes between the two parts:

Они́ говоря́т друг о дру́ге	*They talk about each other*
Мы солга́сны друг с дру́гом	*We agree with each other*

The preposition ме́жду *between*, *among* requires the reflexive pronoun:

Сравни́ть две величины́ ме́жду собо́й	*To compare two values with each other* (lit. *between themselves*)

N.B. A verb in -ся often suffices to express reciprocity (see § 65):

Тела́ отта́лкиваются	*The bodies repel each other*

99. PRONOUNS весь AND тот. The pronouns весь *all* and тот *that* are declined like мой and э́тот respectively, except that their endings start with е (instead of и) in the plural,

N.	*G. P.*	*D.*	*I.*
все	всех	всем	все́ми
те	тех	тем	те́ми

and in the masculine-neuter instrumental sing. forms всем, тем.

Expressions:

всего́	*in all*, in toto
пре́жде всего́	*above all, first and foremost*
кро́ме того́	*apart from that, besides*
(тому́) наза́д	*ago*
и тому́ подо́бное (и т. п.)	*and the like, &c.*
вме́сте с тем	*at the same time, in doing so*

When these pronouns are antecedents, i.e. introductory or anticipating words, the following relative pronoun is not кото́рый but кто or что, and the verb is usually singular:

тот, кто понима́ет хи́мию	*he/anyone who understands chemistry*
те, кто был здесь	*those who were here*
всё, что бы́ло в до́ме	*everything that was in the house*
все, кто его́ ви́дел	*everyone who saw him*

Note. Тот is often translated by the definite article when followed by a relative pronoun or conjunction:

В тех кни́гах, кото́рые вы ви́дели	*In the books that you saw*
До́ктор был того́ мне́ния, что...	*The doctor was of the opinion that . . .*

100. THE ANTECEDENT ТО. A noun or adjective clause may depend on a verb or a preposition. Since a whole clause cannot be inflected it is introduced by the antecedent pronoun то, expressed in the required case. In this use то is either not translated or rendered as *the fact:*

Он понима́ет то, что вы говори́те	*He understands what* (lit. *that what*) *you say*
Всё зави́сит от того́, что ска́жет врач	*Everything depends on what the doctor will say*
Изуче́ние того́, как образу́ются цветы́	*The study of how flowers are formed*
Я обрати́л внима́ние на то, что вода́ испари́лась	*I noted the fact that the water had evaporated*
Э́то объясня́ется тем, что он бо́лен	*This is explained by the fact that he is ill*
Ра́зница состои́т в том, что...	*The difference consists in this, that . . .*
Де́ло в том, что...	*The fact/point is that . . .*

Many compound conjunctions are based on this construction:

до того́ как	*before*
по́сле того́ как	*after*
ме́жду тем как	*while, whereas*
ввиду́ того́ что	*in view of the fact that*
всле́дствие того́ что	*as a result of the fact that*

101. EMPHATIC PRONOUNS.. The pronoun сам *-self* is declined like э́тот. It usually precedes a noun, but follows a pronoun:

Сам до́ктор сказа́л э́то	*The doctor himself said this*
Сам а́том име́ет сло́жную структу́ру	*The atom itself has a complex structure*

Мы са́ми ви́дели э́то	*We saw this ourselves*
Она́ сама́ дала́ мне кни́гу	*She gave me the book herself*
Он измеря́ет объём самого́ га́за	*He measures the volume of the gas itself*

Expressions:

сам по себе́	*in itself*, per se
само́ собо́й разуме́ется	*it stands to reason, of course*

The pronoun са́мый *actual, very* declines and functions like an adjective:

до са́мого конца́	*up to the very end, right to the end*
в са́мом проце́ссе рабо́ты	*in the actual process of work*
в са́мом це́нтре го́рода	*right in the centre of town*

Phrases:

на са́мом де́ле	*in actual fact, actually*
тем (са́мым)	*thereby, in so doing*

102. THE WORD же. The primary use of же is as an emphatic particle:

Где же вы бы́ли?	*Where ever have you been?*
Он сего́дня же у́мер	*He died this very day*
Почему́ же со́лнце не осты́ло?	*Why then has the sun not cooled down?*

It also denotes identity:

так же	*in the same way*
там же	*in the same place*, ibid.

The combinations тот/э́тот же mean *the same*, and тако́й же means *the same kind of:*

тот же цвето́к	*the same flower* (= *same specimen*)
тако́й же цвето́к	*the same flower* (= *same species*)
одно́ и то же	*one and the same thing*
в то же вре́мя	*at the same time*

Са́мый is added to тот (же) for emphasis:

тот (же) са́мый врач	*the very same/selfsame doctor*
в том же са́мом ме́сте	*in exactly the same place*

As a conjunction же means *however, but:*

Други́е же расте́ния поги́бли	*The other plants, however, perished*
Е́сли же он не хо́чет прийти́	*But if he doesn't want to come*

Phrases:

всё же	*all the same, nevertheless*
и́ли же	*or else*
к тому́ же	*in addition, furthermore*

103. INDEFINITE PARTICLES. The particles -то, -нибудь, and -либо are used to form indefinite pronouns. Of these -то indicates something specific but unidentified, while -нибудь and -либо imply more than one possibility or choice:

кто́-то	*someone* (i.e. a single identity)
кто́-нибудь (or -либо)	*someone or other, anyone*
что́-то	*something*
что́-нибудь (or -либо)	*anything*
како́й-нибудь	*some . . . or other, any sort of*

The particles remain unchanged in declension:

Он хо́чет спроси́ть вас о чём-то	*He wants to ask you about something*

Indefinite adverbs are formed with the same particles:

где́-то	*somewhere*
ка́к-нибудь	*somehow (or other)*
когда́-либо	*any time*

EXERCISES A–B

A. Give the meaning and case of:

дли́нных ли́ний; сами́м а́втором; живо́го органи́зма; сове́тские фи́зики; на́шу плане́ту; кра́сной ла́мпой; ра́зных стран; но́вая се́рия; всего́ кла́сса; одному́ студе́нту; э́тими учёными; магни́тным поля́м; в друго́е ме́сто; с друго́й стороны́; на э́той террито́рии; в те го́ды; под его́ но́ги; в ва́шей ко́мнате.

B. Translate:

1. Мы за́втра ни к кому́ не пойдём.
2. До́ктор запрети́л мне кури́ть, сам же мно́го ку́рит.
3. По эвкли́довой геоме́трии паралле́льные ли́нии никогда́ не мо́гут пересе́чься.
4. Пять лет тому́ наза́д они́ жи́ли в до́ме, кото́рый стои́т на са́мом берегу́ Во́лги.
5. Ни в како́м твёрдом сосу́де невозмо́жно разогре́ть вещество́ до тако́й температу́ры.
6. В пыли́ есть мно́го микро́бов, в том числе́ и[1] о́чень опа́сный микро́б туберкулёза.
7. О́кислами называ́ются хими́ческие соедине́ния кислоро́да с каки́м-нибудь други́м элеме́нтом.
8. В том же году́ Фараде́й установи́л ра́зницу ме́жду парамагни́тными и диамагни́тными тела́ми.
9. Пти́цы каки́м-то инсти́нктом узна́ют, пересо́хнут ли наступа́ющим ле́том озёра и́ли нет.
10. Чью кни́гу вы испо́льзовали в свое́й рабо́те? — Я ни от кого́ не брал материа́ла, а сам собра́л его́.
11. Изве́стно, что электри́чество во́льтова столба́ разлага́ет во́ду на её составны́е ча́сти, водоро́д и кислоро́д.
12. Сравни́тельную анато́мию и физиоло́гию преподаёт Ива́н Петро́вич Смирно́в, у́мный челове́к и о́чень оригина́льный ле́ктор.
13. Учёные уже́ давно́ обрати́ли внима́ние на то, что пове́рхность Ма́рса разделя́ется на све́тлые и тёмные о́бласти.
14. Что́бы нагре́ть и́ли испари́ть одно́ и то же коли́чество обы́чной и тяжёлой воды́, на́до затра́тить ра́зное коли́чество[2] теплоты́.
15. Ме́тод подзе́мной газифика́ции заключа́ется в том, что у́гольный пласт поджига́ется, т. е. произво́дится иску́сственно подзе́мный пожа́р.
16. В стереоме́трии изуча́ются геометри́ческие тела́ и простра́нственные фигу́ры, не все то́чки кото́рых лежа́т в одно́й пло́скости.
17. В то вре́мя Джемс Уа́тт[3] рабо́тал меха́ником в университе́те в Гла́зго и там же откры́л мастерску́ю для изготовле́ния и ремо́нта то́чных прибо́ров.
18. Затме́ния происхо́дят вследствие того́, что Луна́ закрыва́ет от нас Со́лнце. В результа́те на Зе́млю па́дает лу́нная тень. Э́то и есть затме́ние Со́лнца[4].

[1] в том числе́ и *including* (lit. *in that number also*).

[2] ра́зное коли́чество *different quantities*. The words ра́зный and разли́чный are often used with a noun in the singular where English has the plural (cf. в ра́зное вре́мя *at various times*).

[3] Note that Уа́тт is used for the surname *Watt*, but ватт for the unit *watt*.

[4] Э́то и есть затме́ние Со́лнца *This is what a solar eclipse is*. The word и may emphasize the word before or after it.

19. Согла́сно зако́ну всеми́рного тяготе́ния, ка́ждая части́ца плане́ты и плане́та в це́лом притя́гивается Со́лнцем, Со́лнце же притя́гивается в свою́ о́чередь плане́той.
20. До револю́ции мо́жно бы́ло прое́хать то́лько из Каспи́йского мо́ря в Балти́йское, да и то на небольши́х суда́х[1]. Тепе́рь же пять море́й соединя́ются друг с дру́гом кана́лами.
21. В тех ко́нтурах, кото́рые мы до сих пор рассма́тривали, э́ти величи́ны малы́ по сравне́нию с ёмкостью конденса́тора и самоинду́кцией кату́шки, поэ́тому мы и́ми пренебрегли́.
22. Де́ло в том, что в совреме́нной а́томной фи́зике Шрёдингера уравне́ние[2] игра́ет таку́ю же фундамента́льную роль, как зако́ны движе ния Нью́тона в класси́ческой фи́зике.
23. Изото́пы како́го-нибудь элеме́нта отлича́ются друг от дру́га то́лько а́томным ве́сом. Число́ электро́нов на вне́шней оболо́чке а́тома, а зна́чит[3], и хими́ческие сво́йства у них одина́ковы.
24. Ломоно́сов сде́лал ряд откры́тий в ра́зных областя́х нау́ки. Кро́ме того́, он со́здал мно́го нау́чных те́рминов, большинство́ кото́рых сохрани́лось и в совреме́нном ру́сском языке́.
25. Иногда́ случа́ется, что два челове́ка, незави́симо друг от дру́га, де́лают како́е-нибудь вели́кое откры́тие. Ведь и Нью́тон и Ле́йбниц, ка́ждый сам по себе́, изобрели́ дифференциа́льное исчисле́ние.

READING

И. В. Мичу́рин (1855—1935)

Ива́н Влади́мирович Мичу́рин, вели́кий садово́д, жил в Сре́дней Росси́и. Он стреми́лся выра́щивать там ю́жные сорта́ фру́ктов, но молоды́е ю́жные дере́вья погиба́ли от зи́мних холодо́в. Тогда́ Мичу́рин на́чал скре́щивать расте́ния Сре́дней Росси́и с ю́жными. Но́вые я́блони не боя́лись[4] зи́мних моро́зов, но плоды́ их по вку́су не́ были похо́жими на ю́жные[5].

Э́то привело́ Мичу́рина к вы́воду, что ну́жно скре́щивать расте́ния из ра́зных мест. И[6] он стал скре́щивать ю́жные расте́ния с расте́ниями Да́льнего Восто́ка. Наприме́р, он соедини́л ю́жную гру́шу с дальневосто́чной и получи́л прекра́сный зи́мний сорт.

Мичу́рин скре́щивал расте́ния далёкие не то́лько по ме́сту рожде́ния, но и по ви́ду: я́блони со сморо́диной, пе́рсики с миндалём[7] и т. п. Так ему́

[1] да и то *and even then*. The word су́дно (*sailing*) *vessel* is irregular, losing н in the plural.

[2] Шрёдингера уравне́ние *Schrödinger's equation*. A dependent genitive usually follows the noun governing it, but a surname may precede. Compare Пла́нка постоя́нная *Planck's constant*.

[3] а зна́чит *and hence* (lit. *and* [*this*] *means*).

[4] не боя́лись *could withstand* (lit. *were not afraid of*).

[5] ю́жные *the southern ones* or *those from the south*.

[6] И *And so*.

[7] Names of many fruit trees are the same in Russian as those of their fruits, and the latter often have a collective sense in the singular. Thus: сморо́дина *currant-bush* or *currants*, минда́ль *almond-tree* or *almonds*.

удало́сь созда́ть гибри́ды с хоро́шими ка́чествами. Кро́ме того́, он выра́щивал замеча́тельные сорта́ сли́вы, мали́ны, ви́шни. Среди́ его́ я́блок есть таки́е больши́е, что их нельзя́ держа́ть в одно́й руке́.

Мичу́рин показа́л на пра́ктике, что сво́йства расте́ния мо́гут изменя́ться в зави́симости от вне́шней среды́. Но́вые при́знаки расте́ния мо́гут передава́ться по насле́дству[1]. Поэ́тому челове́к сам мо́жет создава́ть но́вые ви́ды расте́ний. Уче́ние Мичу́рина осно́вывается на раскры́тии закономе́рностей в приро́де, оно́ ука́зывает пути́ и спо́собы, кото́рые позволя́ют[2] направля́ть разви́тие расти́тельного ми́ра. Де́ло Мичу́рина с успе́хом продолжа́ется его́ ученика́ми и после́дователями.

[1] Most Western biologists, following Weismann, reject the view that acquired characters can be inherited.

[2] позволя́ют *enable us*: нам *understood* (see p. 82, note 5).

LESSON 14

PARTICIPLES; WORD-ORDER

104. PRESENT ACTIVE PARTICIPLES. Participles are derived from verbs, but decline and function as adjectives. Present active participles are formed from the 3rd plural present by replacing -т with -щ- and adding adjectival endings. The full suffix comprises щ, which serves as a marker, and the preceding vowel.

Examples:

чита́ть	чита́ют	чита́**ющ**ий	(*who is*) *reading*
сле́довать	сле́дуют	сле́ду**ющ**ий	,, *following*
нести́	несу́т	нес**у́щ**ий	,, *carrying*
говори́ть	говоря́т	говор**я́щ**ий	,, *speaking*
лежа́ть	лежа́т	леж**а́щ**ий	,, *lying*
занима́ться	занима́ются	занима́**ющ**ийся	,, *studying*

Reflexive participles have -ся after vowels as well as consonants, e.g. занима́ющаяся (fem.).

(i) These participles should not be confused with adjectives in -чий, which were originally also participial. Compare горя́чий *hot* and горя́щий *burning*, both from горе́ть *to burn*.

(ii) Participles are not listed separately in dictionaries unless they have acquired a specialized meaning.

105. PAST ACTIVE PARTICIPLES. These are formed from the masculine past by replacing -л with the suffix -вш-, followed by adjectival endings.

Examples:

игра́ть	игра́л	игра́**вш**ий	(*who was*) *playing*
ко́нчить	ко́нчил	ко́нчи**вш**ий	(*who has*) *finished*
заня́ться	занялся́	заня́**вш**ийся	,, *studied*

Pasts with consonantal stems add -ший:

нести́	нёс	нёс**ш**ий	(*who was*) *carrying*
умере́ть	у́мер	уме́р**ш**ий	(*who has*) *died*
засо́хнуть	засо́х	засо́х**ш**ий	(*which has*) *dried up*

Идти́ and its compounds use the root шед-:

прийти́	пришёл	пришé**дш**ий	(*who has*) *arrived*

Verbs in -сти and -сть with a hidden д or т in the present/future stem restore the consonant:

вести́	(веду́)	ве́**дш**ий	(*who was*) *leading*
спрясть	(спряду́)	спря́**дш**ий	(*who has*) *spun*
изобрести́	(изобрету́)	изобре́т**ш**ий	,, *invented*

A few perfectives which lose -ну- in the past may keep it in the participle, e.g. исчёзнуть *to disappear* (past исчёз) has исчёзнувший.

106. USE OF ACTIVE PARTICIPLES. Participles normally replace a relative clause and are thus equivalent to the pronoun *who/which* and a finite verb, by which they are often translated. Thus:

Фи́зик, де́лающий (= кото́рый де́лает) о́пыт	*The physicist who is doing the experiment*
Гео́логи, сде́лавшие (= кото́рые сде́лали) откры́тие	*The geologists who made the discovery*

Present active participles describe an action concurrent with that of the main verb, whatever its tense or aspect:

Мы ви́дели (ви́дим, уви́дим) во́ду, выходя́щую из трубы́	*We saw* (*see, shall see*) *water coming out of the pipe*

Past active participles from perfectives describe an action preceding that of the main verb:

Мы ви́дели (ви́дим, уви́дим) во́ду, вы́шедшую из трубы́	*We saw* (*see, shall see*) *the water which had* (*has*) *come out of the pipe*

Those from imperfectives merely describe an action which took place or began in the past:

Челове́к, писа́вший письмо́, но́вый дире́ктор — *The man who was writing a letter is the new manager*

These are replaceable by the present participle if the main verb is in the past. Thus:

Мы ви́дели до́ктора, выходи́вшего (or выходя́щего) из до́ма — *We saw the doctor coming out of the house*

107. PRESENT PASSIVE PARTICIPLES. These are formed by adding hard adjective endings to the 1st plural present. The actual suffix is -ем- or -им-, with м serving as the marker.

Examples:

изуча́ть	изуча́ем	изуча́**ем**ый	*being studied*
иссле́довать	иссле́дуем	иссле́ду**ем**ый	*being investigated*
производи́ть	произво́дим	производ**и́м**ый	*being produced*

Verbs in -ава́ть keep the suffix -ва-:

издава́ть	издава́**ем**ый	*being published*

A few verbs have an archaic form in -омый:

вести́	вед**о́м**ый	*being led, driven*
нести́	нес**о́м**ый	*being carried*

Note also the adjectives весо́мый *ponderable* (< ве́сить *to weigh*) and иско́мый *unknown* (< иска́ть *to seek*).

By analogy with these participles a number of adjectives are formed from perfectives by means of the suffixes -м-, -ем-, -им-. These correspond to English words in *-able*, *-ible*, e.g. излечи́мый *curable*, обрати́мый *reversible*, раствори́мый *soluble*, определи́мый *definable*, неразддели́мый *indivisible*.

108. PAST PASSIVE PARTICIPLES. These are formed almost entirely from perfectives by means of the suffixes -т-, -нн-, -енн-, followed by hard adjective endings.

(*a*) Verbs in -оть, -уть, -ыть and compounds of monosyllabic verbs in -еть, -ить replace the infinitive -ть by -тый:

проколо́ть	проко́ло**т**ый	*perforated*
дости́гнуть	дости́гну**т**ый	*attained*
закры́ть	закры́**т**ый	*closed*
нагре́ть	нагре́**т**ый	*heated*

Likewise verbs with м or н inserted in the future tense:

заня́ть	(займу́)	за́ня**т**ый	*occupied*
сжать	(сожму́)	сжа́**т**ый	*compressed*
нача́ть	(начну́)	на́ча**т**ый	*begun*

Verbs in -ереть add -тый to the past stem:

запере́ть	(за́пер)	за́пер**т**ый	*locked*

(*b*) Verbs in -ать, -ять, replace -ть with -нный:

сде́лать	сде́ла**нн**ый	*done*
потеря́ть	поте́ря**нн**ый	*lost*

(*c*) Verbs in -зть, -сть, -ти, -чь replace the future 1st plural ending with -енный:

съесть	съеди́м	съе́д**енн**ый	*eaten*
привести́	приведём	приве**дённ**ый	*brought*
извле́чь	извлечём	извлеч**ённ**ый	*extracted*

2nd conjugation verbs in -еть, -ить replace the future 1st singular ending with -енный:

рассмотре́ть	рассмотрю́	рассмо́тр**енн**ый	*examined*
получи́ть	получу́	полу́ч**енн**ый	*obtained*

With consonant changes:

поглоти́ть	поглощу́	поглощ**ённ**ый	*absorbed*
укрепи́ть	укреплю́	укрепл**ённ**ый	*strengthened*

Participles in -жденный derive from verbs in -дить, e.g. убеждённый *convinced* from убеди́ть *to convince*.

Some adjectives, originally past passive participles, are formed from imperfectives by adding -(е)ный; e.g.

ло́маная ли́ния	*broken line*
жжёная и́звесть	*burnt lime*

109. USE OF PASSIVE PARTICIPLES. Present passive participles describe an action still in progress:

Журна́л, чита́емый на́ми, о́чень интере́сный	*The journal being read by us is very interesting*
Зада́ча, реша́емая ва́ми, о́чень легка́	*The problem you are solving is very easy*

Past passive participles describe an action performed in the past and completed, if perfective:

О́пыт, сде́ланный студе́нтом, был уда́чен	*The experiment done by the student was successful*
Докла́ды, полу́ченные вчера́, о́чень интере́сны	*The reports received yesterday are very interesting*

Passive participles have short forms which, when combined with быть, express the passive voice. Short forms of present passive participles are rare:

Профе́ссор (был) уважа́ем все́ми студе́нтами	*The professor is (was) respected by all the students*

This is because the imperfective passive is normally expressed by a verb in -ся:

Заво́д стро́ится (стро́ился)	*The factory is (was) being built*

By contrast short forms of past passive participles are extremely common, being used to express the passive voice of perfectives. In the short forms the suffix -(е)нн- loses one н; e.g. сде́ланный becomes сде́лан, сде́лано, -а, -ы. Thus:

Заво́д постро́ен	*The factory is/has been built*
Заво́д был (бу́дет) постро́ен	*The factory was (will be) built*
Докуме́нты ещё не полу́чены	*The documents have not yet been received*
Э́та кни́га была́ издана́ в Пари́же	*This book was published in Paris*
Все две́ри бы́ли за́перты	*All the doors were locked*

Neuter short forms of past passive participles are used impersonally:

устанóвлено, что	*it has been established that*
подсчи́тано, что	*it has been calculated that*
бы́ло нáйдено, что	*it was found that*
как бýдет покáзано	*as will be shown*

110. PARTICIPLES AS ADJECTIVES AND NOUNS. Many participles are used adjectivally, as in English:

Active	слéдующий примéр	*the following example*
	соответствующие ци́фры	*corresponding figures*
	дви́жущая си́ла	*motive force*
	бы́вшие ученики́	*former pupils*
Passive	ви́димый горизóнт	*the visible horizon*
	желáемые результáты	*the desired results*
	так называ́емый	*so-called*
	откры́тое мóре	*the open sea*
	и́збранные сочинéния	*selected works*
	дáнный moméнт	*a given moment*

By extension some are used as nouns:

начинáющий	*beginner*
учáщийся	*pupil*
дели́мое	*dividend*
дáнные	*data, facts*

Adverbs may be formed from participles used adjectivally:

блестя́ще	*brilliantly*
исчéрпывающе	*exhaustively*
сокращённо	*briefly, for short*

111. WORD-ORDER. Russian word-order is freer than that of English since the relations between words are shown by inflection rather than position. The normal order of a statement, however, is the same in both languages, i.e. subject—verb—object or complement. Thus:

Он пи́шет пи́сьма	*He writes letters*

Usually adjectives precede the noun and adverbs (except the type по-) precede the verb. Objects normally follow the verb, indirect before direct. Thus:

Он ча́сто пи́шет нам дли́нные пи́сьма по-ру́сски	*He often writes us long letters in Russian*

Pronoun-adjectives sometimes follow the noun, especially if it starts a sentence:

Да́нные э́ти ещё не прове́рены	*These facts haven't been checked yet*
Зада́ча на́ша уже́ решена́	*Our problem has already been solved*

Deviations from normal word-order usually express some emphasis or different shade of meaning. Thus inversion, which is fairly common, draws attention to the subject. The same order may be followed in English by making the verb passive:

Объясне́ние даёт учи́тель	*The explanation is given by the teacher*
Э́ту иде́ю впервы́е вы́двинул Ом	*This idea was first put forward by Ohm*
Телегра́мму на́до отпра́вить сего́дня	*The telegram must be dispatched today*

An infinitive and its auxiliary are sometimes inverted:

Реши́ть э́ту зада́чу мы мо́жем так	*We can solve this problem thus*

Numeral subjects often come after the verb, which then agrees in the neuter singular:

Прошло́ три мину́ты	*Three minutes passed*
Оста́лось два рубля́	*There are two roubles left*
Бы́ло рассмо́трено пять образцо́в	*Five specimens were examined*

112. EXTENDED MODIFIERS. A whole adjectival phrase sometimes precedes the noun it qualifies, as in 'a sitting-on-the-fence attitude'. This so-called extended modifier construction, which is quite common in Russian, is usually rendered in English by placing the noun before the qualifying phrase:

ви́димые на Луне́ пя́тна	*the spots visible on the Moon*
все бли́зкие к нам плане́ты	*all the planets close to us*
нераствори́мое в воде́ вещество́	*a substance insoluble in water*
ра́вный ему́ по объёму ка́мень	*a stone equal to it in volume*

This construction often begins with a participle:

де́йствующие на него́ си́лы	*the forces acting on it*
взя́тые на́ми образцы́	*the specimens taken by us*
излучённая Со́лнцем эне́ргия	*the energy radiated by the Sun*
полу́ченное от реа́кции вещество́	*the substance obtained from the reaction*
Он храни́т все получа́емые им пи́сьма	*He keeps all the letters he receives*

EXERCISES A–D

A. Identify and translate the following participles:

свя́зан, и́щущий, сожжён, стёртый, осно́ван, помо́гший, изображён, прише́дший, очи́щенный, промо́кший, заряжённый, вызыва́вший, увлечённый, дви́жущийся, наблюда́емый, пригото́влен, содержа́вший, распа́вшийся, вы́брошенный, разделённый, интересу́ющий, переведённый, привлека́ющий, образу́ющийся, анализи́руемый, освобождённый, применя́вшийся, остана́вливавшийся.

B. Give the participles, in the masculine nominative singular, of the following verbs:

present active—де́лать, стро́ить, тре́бовать, носи́ться
past active—чита́ть, получи́ть, принести́, дости́гнуть
present passive—отража́ть, уноси́ть, издава́ть, испо́льзовать
past passive—отре́зать, взять, откры́ть, постро́ить.

C. Translate:

1. Я не понима́ю зако́на, изло́женного в э́той главе́.
2. Зада́ча, решённая э́тим аспира́нтом, была́ о́чень трудна́.
3. Пе́рвое необходи́мое для жи́зни усло́вие — подходя́щая температу́ра.
4. Он получа́ет журна́л «Нау́ка и жизнь», издава́емый в Москве́.

E

5. Жи́дкое то́пливо мо́жет быть синтезиро́вано из у́гля и водоро́да.
6. Инжене́р, разрабо́тавший но́вый ме́тод построе́ния мосто́в, уе́хал в Кита́й.
7. Для студе́нта, изуча́ющего экономи́ческую геогра́фию, э́тот том бу́дет о́чень поле́зен.
8. Кита́йские тексти́льщики осмотре́ли фа́брику, изготовля́ющую шёлковые тка́ни.
9. Земля́, враща́ющаяся вокру́г свое́й о́си, соверша́ет по́лный оборо́т в су́тки.
10. В техни́ческих журна́лах, полу́ченных на́ми из Герма́нии, бы́ло мно́го интере́сного[1].
11. Ангидри́д — э́то вещество́, содержа́щее кислоро́д и даю́щее при соедине́нии с водо́й кислоту́.
12. Зелёная окра́ска ли́стьев и кра́сная окра́ска кро́ви обусло́влены прису́тствием в органи́змах желе́за.
13. По́сле того́ как была́ изобретена́ парова́я маши́на, ста́ла расти́[2] добы́ча у́гля и вы́плавка мета́ллов.
14. Дока́зано, что иммуните́т живо́тных при инфекцио́нных боле́знях зави́сит от сопротивля́емости микро́бным я́дам.
15. Проводи́мые англи́йскими учёными иссле́дования по а́томной фи́зике о́чень ва́жны для разви́тия мирово́й нау́ки.
16. У́голь и нефть — э́то не что ино́е, как[3] со́лнечная эне́ргия, запасённая расте́ниями мно́го миллио́нов лет тому́ наза́д.
17. Хлеб соде́ржит в себе́ все необходи́мые для челове́ка пита́тельные вещества́, т. е. белки́, жиры́ и углево́ды (крахма́л и са́хар).
18. В нагре́том те́ле для ка́ждой да́нной температу́ры устана́вливается не́которое равнове́сие ме́жду поглоще́нием и излуче́нием све́та.
19. Ионизи́рованный а́том, то есть а́том, потеря́вший часть свои́х электро́нов, уже́ не мо́жет[4] излуча́ть пре́жние спектра́льные ли́нии.
20. Произво́дственная мощь ка́ждой страны́ пря́мо зави́сит от испо́льзуемой е́ю эне́ргии. Без затра́ты эне́ргии ничего́ не произведёшь[5].
21. Хло́ристый водоро́д мо́жет быть полу́чен путём си́нтеза из элеме́нтов, так как водоро́д и хлор непосре́дственно соединя́ются ме́жду собо́й.
22. Челове́ческий глаз о́чень несоверше́нен. Унасле́дованный на́ми от океа́нских пре́дков, он ви́дит далеко́ не[6] все лучи́, посыла́емые нам со́лнцем.
23. А́вторы э́того сбо́рника — гео́графы, гео́логи, архео́логи, био́логи, океано́графы и други́е специали́сты, принима́вшие уча́стие в разли́чных экспеди́циях.

[1] мно́го интере́сного *many interesting things* or *much of interest*.

[2] ста́ла расти́ *began to increase*. Note the inversion in this clause and the agreement of the verb with only the first part of the double subject.

[3] э́то не что ино́е, как *is nothing other than* or *nothing but*.

[4] уже́ не мо́жет *can no longer* (lit. *already cannot*).

[5] ничего́ не произведёшь *you cannot produce anything*. The perfective future has potential force here, and the second person singular, without the pronoun ты, expresses a general *you* (i.e. anyone).

[6] далеко́ не *by no means* (lit. *a long way not*).

24. Ита́к, в ура́не появи́лись не то́лько ба́рий и крипто́н. Там бы́ли на́йдены ра̀диоакти́вные[1] бром, ланта́н, йод, теллу́р и мно́гие други́е элеме́нты.
25. Истори́чески явле́ние магнети́зма бы́ло откры́то ещё в[2] анти́чную эпо́ху, в ви́де магни́тного по́ля так называ́емых есте́ственных постоя́нных магни́тов.
26. Атмосфе́рный кислоро́д принима́ет акти́вное уча́стие та́кже и в окисли́тельных проце́ссах, происходя́щих в по́чве, и тем спосо́бствует повыше́нию её плодоро́дия.
27. Плане́ты Непту́н и Плуто́н бы́ли откры́ты благодаря́ ана́лизу математи́ческих уравне́ний движе́ний други́х плане́т до того́, как астроно́мы уви́дели их в телеско́п.
28. Вся́кое вещество́ состои́т из а́томов. А́том, в свою́ о́чередь, состои́т из положи́тельно заряжённого ядра́, окружённого отрица́тельно заряжёнными части́цами — электро́нами.
29. В э́том пара́графе приво́дятся приме́ры си́нтеза ря́да схем, ча́сто применя́ющихся в цифровы́х вычисли́тельных маши́нах. Для удо́бства чита́телей рассма́триваемые приме́ры разби́ты на не́сколько групп.
30. Колло́ид — вещество́, в растворённом состоя́нии не проходя́щее сквозь живо́тные и расти́тельные перепо́нки. Типи́чными приме́рами колло́ида явля́ются клей и желати́н.

D. Translate the reading passage in Lesson 2, pp. 12–13.

READING

Откры́тие рентге́новских луче́й

Неме́цкий фи́зик Рентге́н иссле́довал сво́йства электри́ческого то́ка, проходя́щего че́рез разрежённые га́зы. Что́бы вы́яснить, как отража́ется на электри́ческом то́ке фо́рма и разме́ры тру́бок, он применя́л разря́дные тру́бки ра́зных форм и разме́ров.

Одна́жды по́здно ве́чером[3] Рентге́н зака́нчивал рабо́ту в лаборато́рии. Он накры́л тру́бку карто́нным футля́ром и потуши́л свет. Пото́м он вы́шел из лаборато́рии, но вспо́мнил, что забы́л вы́ключить ток, иду́щий че́рез тру́бку. Он верну́лся, подошёл в темноте́ к столу́ и хоте́л было[4] вы́ключить ток, как вдруг заме́тил како́й-то я́рко светя́щийся предме́т. Оказа́лось, что э́то свети́лся стоя́щий на столе́ ря́дом с тру́бкой карто́нный экра́н, покры́тый флуоресци́рующим соста́вом. Э́тот соста́в облада́ет тем замеча́тельным сво́йством, что, е́сли на него́ попада́ет свет, он сам начина́ет свети́ться. Но

[1] The adjective, being in the plural, qualifies all four following nouns.
[2] ещё в *back in* or *as early as* (lit. *still in*).
[3] Одна́жды по́здно ве́чером *Late one evening* (lit. *once late in the evening*).
[4] хоте́л было *was about to* or *on the point of*. The word было, as a particle (unstressed), indicates that an action was abandoned or annulled.

была́ ночь. В лаборато́рии не́ было све́та, на экра́н никако́й свет не па́дал, а экра́н всё-таки излуча́л свет. Рентге́н вы́ключил ток в тру́бке — экра́н переста́л свети́ться.

В э́ту ночь Рентге́н так и не ушёл домо́й[1]. Он реши́л вы́яснить, почему́ при пропуска́нии электри́ческого то́ка че́рез разря́дную тру́бку флуоресци́рующая соль на экра́не све́тится. И ско́ро ему́ удало́сь установи́ть причи́ну э́того свече́ния. Оказа́лось, что при доста́точно высо́ком напряже́нии ме́жду электро́дами оди́н из электро́дов разря́дной тру́бки стано́вится исто́чником неви́димых луче́й. Рентге́н назва́л откры́тые им лучи́ *x*-луча́ми[2] (т. е. неизве́стными луча́ми).

[1] так и не ушёл домо́й *didn't go home at all* or *never went home*. The words так и add emphasis here.

[2] Pronounce икс-луча́ми. Names of Latin letters are the same in Russian as in French.

LESSON 15

COMPARATIVE AND SUPERLATIVE

113. COMPARATIVE ADJECTIVES. There are two types of comparative adjective.

(*a*) The compound type consists of the adverb бо́лее *more* and the positive adjective declined in the usual way:

бо́лее интере́сная ле́кция	*a more interesting lecture*
бо́лее дли́нные ли́нии	*longer lines*
бо́лее си́льным микроско́пом	*with a stronger microscope*
в бо́лее тёплых кли́матах	*in warmer climates*

Similarly with ме́нее *less:*

ме́нее ва́жный вопро́с	*a less important question*
в ме́нее опа́сном ме́сте	*in a less dangerous spot*

(*b*) The simple type, which is invariable, is usually formed from the adjective stem by adding the suffix -ее (less often -ей):

бы́стрый	быстре́е	*swifter*
дли́нный	длинне́е	*longer*
интере́сный	интере́снее	*more interesting*

This type is restricted to adjectives which have short forms.

114. COMPARATIVES IN -е. Some simple comparatives end in -е, following a change of final stem consonant(s):

дешё**в**ый	дешё**вл**е	*cheaper*	бога́**т**ый	бога́**ч**е	*richer*
доро**г**о́й	доро́**ж**е	*dearer*	ти́**х**ий	ти́**ш**е	*quieter*
твёр**д**ый	твёр**ж**е	*harder*	пло́**ск**ий	пло́**щ**е	*flatter*
жа́р**к**ий	жа́р**ч**е	*hotter*	чи́**ст**ый	чи́**щ**е	*cleaner*

Some adjectives drop the suffix -к- and change the last consonant of the root:

ре́**д**кий	ре́**ж**е	*rarer*	ни́**з**кий	ни́**ж**е	*lower*
бли́**з**кий	бли́**ж**е	*nearer*	коро́**т**кий	коро́**ч**е	*shorter*

A few lose -ок-:

высо́кий вы́ше *higher* широ́кий ши́ре *wider*

Some comparatives add the suffixes -же, -ше, -ще (all forms of an old suffix -ьш-):

глубо́кий	глу́бже	*deeper*
далёкий	да́льше	*further*
ста́рый	ста́рше	*older*
то́нкий	то́ньше	*thinner*
сла́дкий	сла́ще	*sweeter*

Irregular forms are:

большо́й, вели́кий	бо́льше	*bigger*
ма́ленький, ма́лый	ме́ньше	*smaller*
хоро́ший	лу́чше	*better*
худо́й, плохо́й	ху́же	*worse*

See also the list on pp. 180–1.

115. USE OF COMPARATIVES. The compound comparative is used as an attribute or predicate:

Он живёт в бо́лее ста́ром до́ме	*He lives in an older house*
Э́тот звук бо́лее металли́ческий	*This sound is more metallic*

The simple comparative serves mainly as a predicate:

Но́вый аппара́т лу́чше	*The new apparatus is better*

It may also qualify a direct object:

Он получи́л кни́гу интере́снее	*He received a more interesting book*
У нас нет воды́ холодне́е	*We have no colder water*

The object of comparison may go in the genitive, but only after simple comparatives:

Зо́лото доро́же серебра́	*Gold is dearer than silver*
Сложе́ние ле́гче вычита́ния	*Addition is easier than subtraction*

More usually it is preceded by the conjunction чем (rarely нéжели):

Лунá бли́же к нам, чем Марс	*The Moon is nearer to us than Mars*
Кли́мат хýже, чем в Áнглии	*The climate is worse than in England*
Он бóлее óпытен, чем брат	*He's more experienced than his brother*

Correlative comparisons are expressed by чем..., тем... *the —er . . ., the —er . . .*

Чем лéгче газ, тем бóльше скóрость звýка	*The lighter the gas, the greater the velocity of the sound*

When по- is prefixed to a comparative it signifies *a little*:

побли́же	*a little nearer*

Adverbial intensifiers may be added:

ещё хýже	*still/even worse*
гoрáздо умнéе	*much cleverer*
всё лýчше (и лýчше)	*better and better*

Note that всё is not translated in this use.

116. COMPARATIVES in -ший. Four pairs of adjectives have a second, declinable comparative in -ший. The only true comparatives are:

бóльший *greater*; мéньший *smaller, lesser*

э́то бóльший завóд	*this is a bigger factory*
бóльшей чáстью	*for the greater part, mostly*
по мéньшей мéре	*at least* (lit. *in the lesser measure*)

Many forms of бóльший coincide with those of большóй except for the stress. Compare:

с бóльшим внимáнием	*with greater attention*
с бóльши́м внимáнием	*with great attention*

Either comparative or superlative are:

лу́чший *better, best*; ху́дший *worse, worst*

лу́чший сорт табака́	*the best kind of tobacco*
нет лу́чшего со́рта табака́	*there's no better kind of tobacco*
в ху́дшем слу́чае	*at worst* (lit. *in the worst case*)

Similarly used, but mostly in restricted or figurative senses, are:

вы́сший *higher, highest*; ни́зший *lower, lowest*

вы́сшая матема́тика	*higher mathematics*
вы́сшая то́чка	*highest point, acme*
ни́зший гриб	*lower fungus*
ни́зшая то́чка	*lowest point, nadir*

ста́рший *elder /-est, senior*; мла́дший *younger /-est, junior*

ста́рший брат	*elder/-est brother*
ста́рший врач	*senior physician*
мла́дшая сестра́	*younger/-est sister*
мла́дший хиру́рг	*junior surgeon*

The use of са́мый or the prefix наи- emphasizes the superlative sense:

са́мый лу́чший/наилу́чший тип	*the very best type*
в наивы́сшей сте́пени	*in the very highest degree*

117. SUPERLATIVE ADJECTIVES. There are two main types of superlative adjective.

(*a*) The compound type, which is commoner, consists of са́мый and the long form of the adjective, both of which are declined:

са́мый ва́жный зако́н	*the most important law*
са́мая дли́нная ли́ния	*the longest line*
в са́мых лёгких мета́ллах	*in the lightest metals*

The adverbs наибо́лее *most* and наиме́нее *least* are also used:

наибо́лее поле́зные рабо́ты	*the most useful works*
наиме́нее опа́сный путь	*the least dangerous path*

(*b*) The simple type, formed with the suffix -ейш-, mostly expresses an intensive rather than strict superlative:

длиннéйшая рекá	*the longest/a very long river*
сложнéйший вопрóс	*a most/very complex question*
вернéйшее срéдство	*a most reliable remedy*

The variant -айш- is added to stems ending in г, к, х, which change to ж, ч, ш, respectively:

стрóгий > строжáйший	*strictest, very strict*
тóнкий > тончáйший	*finest, very fine*

The prefix наи- adds emphasis:

наикратчáйший перúод	*the very briefest period*
наисложнéйшая задáча	*an extremely complex problem*

Comparatives with всегó or всех have a superlative sense:

Э́тот океáн глýбже всегó	*This ocean is deeper than anything* (i.e. *the deepest thing*)
Э́тот океáн глýбже всех	*This ocean is the deepest* (i.e. *deepest ocean*)

Those used after возмóжно express an absolute superlative:

до возмóжно бóлее высóких скоростéй	*up to the highest possible speeds*

118. COMPARATIVE AND SUPERLATIVE ADVERBS. Compound comparative adverbs are formed with бóлее and мéнее:

бóлее критúчески	*more critically*
мéнее интенсúвно	*less intensively*

Simple comparative adverbs are the same as the corresponding adjectives:

Он говорúт быстрée	*He speaks more quickly*
Онá поёт лýчше	*She sings better*

The same applies to adverbs used as impersonal expressions:

Сегóдня теплée, чем вчерá	*Today it's warmer than yesterday*
Здесь лýчше, чем там	*It's better here than there*

The following adverbs have alternative forms:

ра́нее, ра́ньше	*earlier*	поздне́е, по́зже	*later*
бо́лее, бо́льше	*more*	ме́нее, ме́ньше	*less*
	да́лее, да́льше	*further*	

Phrases:

бо́лее того́	*moreover, what is more*
тем бо́лее, что	*all the more since, especially as*
тем не ме́нее	*nevertheless, for all that*
и так да́лее (и т. д.)	*and so forth, &c.*

Superlative adverbs are formed with наибо́лее and наиме́нее:

наибо́лее успе́шно	*most successfully*
наиме́нее крити́чески	*least critically*

Adverbial phrases in the instrumental are also used:

са́мым бы́стрым о́бразом	*most quickly*
сильне́йшим о́бразом	*most strongly*
наилу́чшим о́бразом	*in the best way*

Comparatives with всего́ or всех express a superlative:

Он поёт лу́чше всего́	*He sings best of all* (things)
Он поёт лу́чше всех	*He sings best of all* (persons)

Those following возмо́жно or как мо́жно express an absolute superlative:

возмо́жно быстре́е	*as quickly as possible*
как мо́жно ра́ньше	*as early as possible*

EXERCISES A–B

A. Translate:

бо́льшая часть; ча́ще всего́; вы́сший органи́зм; всё вы́ше; ценне́йшие результа́ты; наиме́ньшее сопротивле́ние; кратча́йший путь; наисильне́йшая волна́; бо́лее холо́дная вода́; похолодне́е; ме́нее эффекти́вным ме́тодом; в са́мой дли́нной фа́зе.

B. Translate:

1. Чем бо́льше ма́сса те́ла, тем бо́льше и ине́рция его́.
2. Га́зы стремя́тся заня́ть возмо́жно бо́льший объём.

3. Са́мое сло́жное, что есть на све́те — э́то органи́зм челове́ка.
4.Ферме́нты, и́ли энзи́мы, игра́ют важне́йшую роль в обме́не веще́ств.
5. Дальне́йшие экспериме́нты подтверди́ли вы́сказанную вы́ше[1] гипо́тезу.
6. Тео́рия бесконе́чных величи́н явля́ется разде́лом вы́сшей матема́тики.
7. Си́риус — са́мая я́ркая звезда́ на не́бе, а Вене́ра — са́мая я́ркая плане́та.
8. Вене́ра — ближа́йшая к нам плане́та. На Вене́ре гора́здо жа́рче, чем на Земле́.
9. Э́тот студе́нт умне́е всех на ку́рсе. Он бо́льше всего́ интересу́ется ру́сской исто́рией.
10. Твёрдые металло́иды хру́пки и бо́льшей ча́стью не име́ют металли́ческого бле́ска.
11. Наибо́лее бога́ты перегно́ем чернозёмные по́чвы. Поэ́тому они́ и бо́лее плодоро́дны.
12. Ночно́й труд утоми́тельнее дневно́го, причём пе́рвый[2] даёт ме́ньшую производи́тельность.
13. Стекло́ — оди́н из наибо́лее разносторо́нних материа́лов, испо́льзуемых совреме́нной те́хникой.
14. Изуче́ние хими́ческой приро́ды витами́на B_1 начало́сь ра́ньше изуче́ния[3] всех други́х витами́нов.
15. Хими́ческая промы́шленность явля́ется сейча́с одни́м из наибо́лее кру́пных потреби́телей электри́ческой эне́ргии.
16. В ка́ждом гра́мме па́хотного сло́я по́чвы нахо́дятся миллио́ны мельча́йших, ви́димых то́лько в микроско́п, бакте́рий.
17. Кли́мат Ита́лии вообще́ лу́чше, чем кли́мат[3] А́нглии, но иногда́ в Ри́ме быва́ет холодне́е, чем в Ло́ндоне.
18. По свои́м ка́чествам иску́сственные воло́кна не ху́же есте́ственных, а в не́которых слу́чаях да́же лу́чше.
19. Акаде́мия нау́к СССР ежего́дно присужда́ет пре́мии и́мени Тимиря́зева[4] за лу́чшие рабо́ты по физиоло́гии расте́ний.
20. Велича́йшей заслу́гой англи́йского фи́зика Ма́йкла Фараде́я бы́ло введе́ние соверше́нно но́вого поня́тия — поня́тия[3] электри́ческого по́ля.
21. Са́мая восто́чная то́чка СССР лежи́т в Бе́ринговом проли́ве, а са́мая за́падная — на ю́жном побере́жье Балти́йского мо́ря.
22. Расти́тельность по́сле дождя́ и́ли росы́ отража́ет ме́ньше радиа́ции и, соотве́тствующим о́бразом, бо́льше поглоща́ет све́та и тепла́.
23. Ру́сская равни́на бо́льше, чем кака́я-либо друга́я часть СССР, нахо́дится под де́йствием Атланти́ческого океа́на и его́ тёплого тече́ния Гольфстри́ма.

[1] In references вы́ше (higher) means *above*, and ни́же (lower) means *below*.
[2] причём пе́рвый *in addition to which the former* (lit. *the first*) or *and in addition*.
[3] Translate as (*than*) *that of*. In Russian a noun with a dependent genitive cannot be replaced by a pronoun.
[4] K. A. Timiryazev (1843—1920), a famous Russian botanist.

24. Криста́лл всегда́ чи́ще жи́дкости, из кото́рой он выра́щивается. По э́той причи́не лёд на пове́рхности мо́ря ме́нее солёный, чем морска́я вода́.
25. В матема́тике наибо́льшее значе́ние име́ют так называ́емые числовы́е мно́жества, т. е. мно́жества, элеме́нтами кото́рых явля́ются действи́тельные чи́сла.
26. Сове́тский фи́зик П. А. Черенко́в обнару́жил, что части́цы, распространя́ющиеся в веществе́ со ско́ростью, бо́льшей ско́рости све́та в э́той среде́, излуча́ют.
27. Из о́пыта мы зна́ем, что тела́ одина́кового объёма из ра́зных веще́ств име́ют ра́зный вес. Кусо́к желе́за, наприме́р, тяжеле́е ра́вного ему́ по объёму куска́ де́рева.
28. Грибы́, во́доросли, мхи, инфузо́рии и т. д., то есть органи́змы, принадлежа́щие к числу́[1] са́мых первобы́тных жи́телей земли́, сохрани́лись до на́ших дней.
29. Нет сомне́ния в том, что в э́тих райо́нах есть промы́шленная нефть — не то́лько в ю́рских отложе́ниях, но и в бо́лее глубо́ких пе́рмских и да́же дево́нских отложе́ниях.
30. Челове́к всё бо́льше и бо́льше познаёт окружа́ющий его́ мир. Он опуска́ется в морски́е глуби́ны, поднима́ется на высоча́йшие верши́ны гор, проника́ет в косми́ческое простра́нство, раскрыва́ет та́йны а́тома.

READING

О́зеро Байка́л

В Восто́чной Сиби́ри есть о́зеро Байка́л — глубоча́йшее о́зеро в ми́ре. Его́ пове́рхность нахо́дится над у́ровнем мо́ря, а са́мая глубо́кая часть дна Байка́ла лежи́т гора́здо ни́же у́ровня мо́ря. По пло́щади Байка́л ме́ньше Балти́йского мо́ря, а по коли́честву воды́ бо́льше его́. По объёму воды́ Байка́л уступа́ет то́лько Ка́спию.

Прису́тствие в Байка́ле тако́го колосса́льного коли́чества воды́ объясня́ется тем, что в него́ втека́ет о́чень мно́го больши́х и ма́леньких рек, а вытека́ет из него́ одна́ Ангара́, впада́ющая в Енисе́й под назва́нием Ве́рхней Тунгу́ски. Байка́л замерза́ет по́здно, то́лько в нача́ле января́. Огро́мная ма́сса тёплой воды́ ока́зывает смягча́ющее влия́ние на кли́мат прилега́ющих к нему́ мест[2]. Зимо́й в Прибайка́лье значи́тельно тепле́е, чем на той же широте́ в Верхоле́нске вдали́ от берего́в, а ле́том — прохла́днее.

Байка́л образова́лся в древне́йшие геологи́ческие времена́, бо́лее ты́сячи миллио́нов лет наза́д, когда́ вода́ залила́ опусти́вшуюся часть пове́рхности земно́й коры́. Проце́сс, приве́дший к образова́нию впа́дины Байка́ла, по-ви́димому, ещё не зако́нчен: су́ша в э́том райо́не опуска́ется и сейча́с, здесь нере́дки землетрясе́ния, на берега́х бьют многочи́сленные горя́чие исто́чники.

[1] принадлежа́щие к числу́ *which are amongst* (lit. *belonging to the number of*).

[2] прилега́ющих к нему́ мест *of the places nearby* (lit. *of the adjacent to it places*).

Со всех сторо́н окружа́ют Байка́л высо́кие, леси́стые го́ры, сло́женные из дре́вних кристалли́ческих поро́д. Вокру́г о́зера лежа́т ру́ды ре́дких мета́ллов, а да́льше иду́т[1] райо́ны бога́тые слюдо́й и зо́лотом. На за́пад, по направле́нию к Ура́лу — медь, к восто́ку — свине́ц, цинк, серебро́.

Осо́бенный интере́с представля́ют расти́тельный и живо́тный мир Байка́ла. Из органи́змов, обита́ющих в о́зере, бо́льшая часть встреча́ется то́лько здесь и но́сит отпеча́ток большо́й дре́вности, почему́ Байка́л называ́ют «живы́м зоологи́ческим музе́ем». К э́тим органи́змам отно́сятся разли́чные во́доросли, че́рви, моллю́ски, ры́бы. Отку́да попа́ли в Байка́л э́ти расте́ния и живо́тные — ещё не вы́яснено.

[1] иду́т *there are* (lit. *go*).

LESSON 16

CARDINAL NUMERALS AND THEIR AGREEMENT

119. CARDINAL NUMERALS. All numerals in Russian are declined and they form a separate part of speech. The basic cardinals are:

0 нуль (or ноль)

1 оди́н	*11* оди́ннадцать	*10* де́сять	*100* сто
2 два	*12* двена́дцать	*20* два́дцать	*200* две́сти
3 три	*13* трина́дцать	*30* три́дцать	*300* три́ста
4 четы́ре	*14* четы́рнадцать	*40* со́рок	*400* четы́реста
5 пять	*15* пятна́дцать	*50* пятьдеся́т	*500* пятьсо́т
6 шесть	*16* шестна́дцать	*60* шестьдеся́т	*600* шестьсо́т
7 семь	*17* семна́дцать	*70* се́мьдесят	*700* семьсо́т
8 во́семь	*18* восемна́дцать	*80* во́семьдесят	*800* восемьсо́т
9 де́вять	*19* девятна́дцать	*90* девяно́сто	*900* девятьсо́т

1000 ты́сяча *1 000 000* миллио́н *1 000 000 000* миллиа́рд

The numbers 1–10, 40, 100, and those with noun forms (нуль, ты́сяча, миллио́н, миллиа́рд) are structurally simple. The numbers 11–19 are compounds of digits with -надцать *on ten*, i.e. на+дцать (a contraction of де́сять). Of the tens 20 and 30 are compounded with -дцать and 50–80 with -десят, an old genitive plural. In the hundreds the second part (-сти, -ста, -сот) is a form of сто.

All other cardinals are composite, i.e. made up from other numbers written separately. Thus:

два́дцать пять	*25*
две́сти со́рок три	*243*

Note. Except in four-figure numbers the thousands are separated by spaces or stops, e.g. 36 000 or 36.000.

120. DECLENSION OF CARDINALS. The numeral оди́н *one* has the stem одн- in its other forms and is declined like э́тот. Other cardinals make no gender distinction, except два *two* and полторá $1\frac{1}{2}$, which have the feminine forms две and полторы́.

N.	два, две *2*	три *3*	четы́ре *4*
A.	= N. or G.	= N. or G.	= N. or G.
G. P.	двух	трёх	четырёх
D.	двум	трём	четырём
I.	двумя́	тремя́	четырьмя́

Numerals in -ь decline like feminine nouns of the type часть (with вóсемь having the alternation е/ь). The compound type пятьдеся́т declines both parts in the same way.

N. A.	пять *5*	вóсемь *8*	пятьдеся́т *50*
G. P. D.	пяти́	восьми́	пяти́десяти
I.	пятью́	восьмью́	пятью́десятью

The following have only two forms:

N. A.	полторá, полторы́ $1\frac{1}{2}$	сóрок *40*	сто *100*
G. P. D. I.	полу́тора	сорокá	ста

The hundreds decline both parts:

N. A.	двéсти *200*	три́ста *300*	пятьсóт *500*
G.	двухсóт	трёхсóт	пятисóт
P.	двухстáх	трёхстáх	пятистáх
D.	двумстáм	трёмстáм	пятистáм
I.	двумястáми	тремястáми	пятьюстáми

Declined as пять are 6–20, 30; as пятьдеся́т are 60–80; as сто is 90; as три́ста is 400; as пятьсóт are 600–900.

Numbers with noun forms (нуль, миллиóн, миллиáрд) are declined as such. Note, however, that ты́сяча has two instrumental singular forms: ты́сячью when it is purely numerical, and ты́сячей when used as a noun.

Each part of composite cardinals is declined. Thus:

трёхсóт пяти́десяти двух	*of 352*
тремястáми пятью́десятью двумя́	*with 352*

121. COLLECTIVE AND INDEFINITE NUMERALS. Russian has a limited series of collective numerals to denote a group of two, three, &c. The word óба *both,* which has separate feminine forms, is also collective.

N.	óба	óбе (*f.*)	двóе *2*	чéтверо *4*
A.	= N. or G.		= N. or G.	= N. or G.
G. P.	обóих	обéих	двои́х	четверы́х
D.	обóим	обéим	двои́м	четверы́м
I.	обóими	обéими	двои́ми	четверы́ми

Declined as двóе is трóе *3*; as чéтверо are пя́теро *5*, шéстеро *6*, сéмеро *7*, вóсьмеро *8*, дéвятеро *9*, дéсятеро *10*, though these are all rather rare, especially in the oblique cases.

Several words are classified as indefinite numerals. Such are the pronoun-adverbs скóлько *how many*, нéсколько *several*, and стóлько *as/so many*, which are declined like двóе, i.e. with plural adjective endings. Similarly declined are the plural forms мнóгие *many* and немнóгие *a few*, corresponding to мнóго and немнóго. Thus:

во мнóгих слу́чаях	*in many cases*
в немнóгих словáх	*in a few words*

By contrast мáло *few* and немáло *many* are not declined.

122. CASES IN NUMBER PHRASES. The following rules of agreement apply to numerals used in the nominative (and accusative if the same).

(*a*) With оди́н the whole phrase is in the nominative singular:

однó тёмное пятнó	*one dark spot*

(*b*) With 2, 3, 4, полторá and óба the noun is in the genitive singular, but the adjective in the genitive plural (or nominative plural with feminines):

две ты́сячи	*two thousand*
óба нóвых ти́па	*both new types*
три ру́сских/ру́сские кни́ги	*three Russian books*

(*c*) With other simple and compound numerals, also collective and indefinite, both noun and adjective are in the genitive plural:

семь рáзных ти́пов	*seven different types*
двéсти крáсных ламп	*two hundred red lamps*
трóе нóвых часóв	*three new clocks*

(*d*) With composite numerals the last number determines the agreement:

два́дцать одна́ но́вая кни́га	*twenty-one new books*
сто два хими́ческих элеме́нта	*a hundred and two chemical elements*
со́рок пять но́вых карти́н	*forty-five new pictures*

In oblique cases numerals, like adjectives, agree with the noun (which remains in the singular after forms of оди́н):

сорока́ одно́й ли́нии	*of forty-one lines*
о́коло полу́тора мину́ты	*about $1\frac{1}{2}$ minutes*
к тридцати́ гра́дусам	*towards thirty degrees*
с тремя́ мо́щными мото́рами	*with three powerful motors*

Nouns of number (нуль, миллио́н, &c.) are followed by the genitive plural:

при нуле́ гра́дусов	*at nought degrees*
до ты́сячи ме́тров	*up to a thousand metres*

(i) With nouns denoting humans the numerals 2, 3, 4, but not in composites, have an animate accusative (= genitive). Compare:

Мы при́няли двух кандида́тов	*We accepted two candidates*
Мы при́няли сто два кандида́та	*We accepted 102 candidates*

(ii) Nouns used only in the plural require одни́, дво́е, тро́е to express 1, 2, 3. Thus: одни́ часы́ *one clock*; дво́е очко́в *two pairs of glasses*; тро́е су́ток *three days and nights.*

(iii) Adjectives used as nouns follow the rules for adjectives. Thus: два живо́тных *two animals*, о́бе кривы́х/кривы́е *both curves*.

123. DISTRIBUTIVE NUMBERS. The preposition по is used with numerals to express distribution, i.e. 'so many each'. The cardinals $1\frac{1}{2}$, 2, 3, 4, 90, 100–900, and all collectives, are used in the accusative:

по́ два рубля́	*two roubles each*
по́ сто гра́ммов	*a hundred grams each*
по́ двое но́жниц	*two pairs of scissors each*

Other numerals stand in the dative:

по одному́ рублю́	*one rouble each*
по пяти́ копе́ек	*five copecks each*
по сорока́ фу́нтов	*forty pounds each*

Indefinite numerals here have a dative in -у:

по ско́льку рубле́й	*how many roubles each*
по не́скольку дней	*several days each*
по мно́гу раз	*many times each*

Likewise formed are the adverbs:

понемно́гу	*a little at a time*
ма́ло-пома́лу	*little by little, gradually*

124. EXPRESSIONS OF MEASUREMENT. In expressions of measurement the noun denoting a dimension, weight, &c., is governed by в+accusative, or it stands in the instrumental and the numeral is governed by в+accusative:

ты́сяча ме́тров в длину́	*1,000 metres in length*
длино́й в ты́сячу ме́тров	*1,000 metres long*
Ба́шня име́ет сто ме́тров в высоту́	*The tower is* (lit. *has*) *100 metres in height*
Здесь река́ два киломе́тра в ширину́	*Here the river is 2 kilometres wide*
во́лны длино́й в де́вять ме́тров	*waves 9 metres long*
брус толщино́й в семь дю́ймов	*a beam 7 inches thick*
груз ве́сом в то́нну	*a load weighing a ton*
генера́тор мо́щностью в две́сти ты́сяч килова́тт	*a generator with an output of 200,000 kilowatts, a 200,000 KW generator*

In attributive expressions of measurement в corresponds to *of*:

температу́ра в пять гра́дусов	*a temperature of 5 degrees*
пло́щадь в три́ста гекта́ров	*an area of 300 hectares*

населе́ние в миллио́н челове́к	*a population of a million*
ток в три ампе́ра	*a current of 3 amperes*
ме́сто в четы́ре рубля́	*a seat costing 4 roubles, a 4-rouble seat*

In expressing overall dimensions на corresponds to *by*:

три ме́тра (в длину́) на́ два (в ширину́)	*3 metres (long) by 2 (wide)*

Age is expressed by the dative of the subject with the numeral in the nominative:

Ско́лько ему́ лет?	*How old is he?*
Ему́ два́дцать три го́да	*He is twenty-three*
Ей бы́ло три́дцать лет	*She was thirty*

Attributively the genitive is used:

студе́нт двадцати́ лет	*a student of twenty*

EXERCISES A–B

A. Give the meaning and case of:

двумя́; четырём; шестисо́т; семьюста́ми; ты́сячей; сорока́ трём; двадцатью́ пятью́; пяти́ книг; обо́им студе́нтам; в ста ме́трах; по одно́й кни́ге, часо́в че́рез восемь.

B. Translate:

1. Прямá я ли́ния есть кратча́йшее расстоя́ние ме́жду двумя́ то́чками.
2. За́ ночь температу́ра не опуска́лась ни́же —7° [ми́нус семи́ гра́дусов].
3. Су́мма угло́в треуго́льника равня́ется 180° [ста восьми́десяти гра́дусам].
4. Ско́рость све́та равна́ 300 000 *км* [трёмста́м ты́сячам киломе́тров] в секу́нду.
5. О́ба го́рных о́зера име́ют постоя́нную температу́ру +9° [плюс де́вять гра́дусов].
6. Ка́ждый час оди́н грамм ра́дия выделя́ет 136 [сто три́дцать шесть] кало́рий тепла́.
7. Водоро́д отлича́ется от други́х элеме́нтов тем, что его́ а́томы име́ют лишь по одному́ электро́ну.
8. Вес всей земно́й атмосфе́ры ра́вен 5 000 000 млрд. *т* [пяти́ миллио́нам миллиа́рдов тонн].

9. Э́тим пла́менем мо́жно ре́зать стальну́ю броню́ толщино́й бо́лее чем в 50 *мм* [пятьдеся́т миллиме́тров].
10. Реше́ние о́чень мно́гих зада́ч мо́жет быть приведено́ к реше́нию систе́мы двух уравне́ний с двумя́ неизве́стными.
11. Изве́стно, что ка́ждый день в атмосфе́ре на́шей плане́ты сгора́ет 5—10 млн. [пять—де́сять миллио́нов] метео́ров.
12. Плея́ды, звёздное скопле́ние в созве́здии Тельца́, состоя́т из шести́ я́рких звёзд и до двухсо́т бо́лее сла́бых.
13. При давле́нии в пять ты́сяч атмосфе́р то́нна водоро́да занима́ет объём всего́ лишь де́вять кубоме́тров.
14. Пло́щадь э́той ко́мнаты — 20 $м^2$ [два́дцать квадра́тных ме́тров], а высота́ её — 3 *м* [три ме́тра].
15. В Моско́вском госуда́рственном университе́те (МГУ) двена́дцать факульте́тов и бо́лее двухсо́т ка́федр.
16. А́томный вес три́тия ра́вен трём, так как в его́ ядре́ име́ется оди́н прото́н и два нейтро́на.
17. Изото́пы изве́стны почти́ для ка́ждого элеме́нта. Кро́ме того́, мно́гие элеме́нты име́ют по не́скольку изото́пов.
18. То́нна есть вес 1 $м^3$ [одного́ куби́ческого ме́тра] чи́стой воды́ при 4° С [четырёх гра́дусах по Це́льсию[1]].
19. Все атмосфе́рные оса́дки: дождь, снег, град заключа́ют в раство́ре не ме́ньше трёх аммиа́чных соле́й.
20. Мы узна́ли, что существу́ет четы́ре основны́х кла́сса хими́ческих соедине́ний: о́кислы, кисло́ты, основа́ния и со́ли.
21. В лаборато́рных усло́виях удало́сь получи́ть температу́ру 55 000° С [пятьдеся́т пять ты́сяч гра́дусов по Це́льсию[1]].
22. Длина́ Во́лго-Донско́го кана́ла — 101 *км* [сто оди́н киломе́тр]. На кана́ле трина́дцать шлю́зов и три насо́сные ста́нции.
23. Меркýрий обега́ет Со́лнце в 88 [во́семьдесят во́семь] дней, Ура́н — в 84 [во́семьдесят четы́ре] го́да, Непту́н — в 165 [сто шестьдеся́т пять] лет.
24. В субтропи́ческом по́ясе лежи́т то́лько 4% [четы́ре проце́нта] всей террито́рии Сове́тского Сою́за, а в холо́дном по́ясе — 16% [шестна́дцать проце́нтов].
25. В настоя́щее вре́мя име́ются самолёты с реакти́вными дви́гателями, развива́ющие ско́рость в 1200 *км/ч* [ты́сячу две́сти киломе́тров в час] и вы́ше.
26. Мо́щность реа́ктора а́томного ледоко́ла «Ле́нин» равна́ мо́щности электроста́нции го́рода с населе́нием в 500 тыс. [пятьсо́т ты́сяч] челове́к.
27. Сове́тский Сою́з состои́т из 15 [пятна́дцати] респу́блик; са́мая больша́я из них — Росси́йская Сове́тская Федерати́вная Социалисти́ческая Респу́блика (РСФСР).
28. Нера́венство отда́чи обо́их кана́лов устрани́ть по́лностью гора́здо трудне́е, тем бо́лее, что э́то нера́венство мо́жет меня́ться в тече́ние дня уже́ всле́дствие колеба́ний температу́ры.

[1] по Це́льсию *centigrade* (lit. *according to Celsius*).

29. Согла́сно ква́нтовой тео́рии, перехо́д а́тома из состоя́ния с бо́льшей эне́ргией в состоя́ние с ме́ньшей эне́ргией сопровожда́ется излуче́нием ква́нта эне́ргии, величина́ кото́рого равна́ ра́зности эне́ргии а́тома в э́тих двух состоя́ниях.
30. Любо́е, да́же са́мое незначи́тельное коли́чество вещества́ соде́ржит огро́мное число́ а́томов. Так, наприме́р, число́ а́томов в одно́м гра́мме водоро́да выража́ется ци́фрой шесть с двадцатью́ тремя́ нуля́ми.

READING

Д. И. Менделе́ев (1834—1907)

Вели́кий ру́сский учёный Дми́трий Ива́нович Менделе́ев роди́лся в го́роде Тобо́льске[1]. В э́том же го́роде он получи́л сре́днее образова́ние. По оконча́нии шко́лы он поступи́л на фи̇зико-математи́ческое отделе́ние Гла́вного педагоги́ческого институ́та в Петербу́рге[2], где изуча́л хи́мию.

По оконча́нии институ́та Менделе́ев пое́хал рабо́тать на юг, а пото́м за грани́цу. В Ге́йдельберге он устро́ил в свое́й кварти́ре лаборато́рию и провёл ряд иссле́дований по физи́ческой хи́мии. Когда́ он возврати́лся в Росси́ю, Менделе́ев чита́л ле́кции в Петербу́ргском университе́те и опубликова́л труд «Органи́ческая хи́мия» (э́то был пе́рвый ру́сский уче́бник органи́ческой хи́мии). Четы́ре го́да спустя́ он защи́тил до́кторскую диссерта́цию на те́му «О соедине́ниях спи́рта с водо́ю».

Нау́чные откры́тия Менделе́ева охва́тывают са́мые разли́чные о́трасли зна́ний. Оксфо́рдский, Ке́мбриджский и други́е европе́йские университе́ты присво́или ему́ почётные учёные сте́пени. Его́ избра́ли чле́ном Ло́ндонского короле́вского о́бщества.

Важне́йшим достиже́нием Менделе́ева бы́ло откры́тие периоди́ческого зако́на и созда́ние периоди́ческой систе́мы элеме́нтов. В то вре́мя бы́ло изве́стно то́лько шестьдеся́т три хими́ческих элеме́нта, поэ́тому Менделе́еву пришло́сь оста́вить в свое́й табли́це не́сколько пусты́х мест. На основа́нии теорети́ческих расчётов он испра́вил а́томные веса́ девяти́ элеме́нтов, в том числе́ и ура́на. Вме́сте с тем он предсказа́л существова́ние не́скольких ещё не откры́тых элеме́нтов. Бо́лее того́, он описа́л фи̇зико-хими́ческие сво́йства трёх из них так то́чно, как бу́дто он сам их иссле́довал.

Че́рез не́которое вре́мя весь нау́чный мир был взволно́ван изве́стием, что на́йден оди́н из предска́занных Менделе́евым элеме́нтов. Францу́зский учёный Леко́к де Буабодра́н[3] из минера́ла, добы́того в Пирене́ях, вы́делил но́вый элеме́нт, кото́рый он назва́л га́ллием. Зате́м бы́ли откры́ты ска́ндий и герма́ний: их сво́йства и а́томные веса́ вполне́ соотве́тствовали предсказа́ниям Менделе́ева.

1 Tobolsk, a town in the Omsk region of W. Siberia.
2 Petersburg, now Leningrad, was at that time the capital of Russia.
3 Lecoq de Boisbaudran (1838–1912).

LESSON 17

ORDINAL NUMERALS AND FRACTIONS

125. DIFFERENCES IN MEASUREMENT. A difference in size, age, &c., is expressed by на+accusative, or, less often, by the instrumental case of the number and noun:

Э́тот брус на́ три ме́тра (or тремя́ ме́трами) длинне́е того́	*This beam is three metres longer than that one*
Сего́дня на́ пять гра́дусов (or пятью́ гра́дусами) тепле́е	*Today it is five degrees warmer*
Он на́ два го́да (or двумя́ года́ми) ста́рше вас	*He is two years older than you*
Населе́ние увели́чилось на миллио́н	*The population increased by a million*
Температу́ра понижа́ется на́ шесть гра́дусов	*The temperature drops (by) 6 degrees*
ко́роток на дюйм	*short by an inch, an inch short*

A time difference is always expressed by на+accusative:

на́ два го́да ра́ньше	*two years earlier*
на́ три дня по́зже	*three days later*
Он опозда́л на пять мину́т	*He was five minutes late*

A point of time before an event is expressed by за+accusative, and after an event by че́рез+accusative:

за́ год до войны́	*a year before the war*
че́рез два го́да по́сле войны́	*two years after the war*

A distance away from a place is expressed by в+prepositional or за+accusative:

Пласт нахо́дится в ста ме́трах от пове́рхности	*The seam is situated 100 metres from the surface*

Музе́й нахо́дится в трёх ми́лях отсю́да	*The museum is 3 miles from here*
Он живёт за́ пять киломе́тров от го́рода	*He lives 5 kilometres away from the town*

When the name of the dimension is used it is governed by на+prepositional:

на глубине́ ты́сячи ме́тров	*at a depth of 1,000 metres*
на расстоя́нии пяти́ ме́тров	*at a distance of 5 metres*

Note that in most of the above expressions there is no preposition before the numeral in English.

126. MULTIPLICATIVE NUMERALS. To express multiplication or frequency Russian has two limited series of adverbs. One has the suffix -жды:

оди́ножды, два́жды	*once, twice*
три́жды, четы́режды	*three times, four times*

The other, used only in arithmetic, consists of the cardinals 5–10, 20, 30 in the instrumental, but with the stress on the first syllable:

пя́тью, де́сятью	*five times, ten times*
два́дцатью	*twenty times*

The commonest type of multiplicative, however, consists of the accusative of a cardinal followed by раз:

три ра́за, сто раз	*three times, a hundred times*
ты́сячу раз	*a thousand times*

In comparisons the latter are preceded by в:

в два ра́за бо́льше	*two times larger, twice as big*
в два ра́за ме́ньше	*half as big, half the size*
в ты́сячу раз скоре́е	*a thousand times faster/as fast*

or a collective is prefixed with в-:

Э́то те́ло втро́е тяжеле́е того́	*This body is three times heavier than that*

127. ARITHMETICAL OPERATIONS. The following are examples of the 'four rules'.

Сложе́ние *addition*:

Два и пять — семь	*Two and five are seven*
Пять плюс три равно́/равня́ется восьми́	*Five plus three equals eight*
К трём приба́вить семь, бу́дет де́сять	*Add seven to three and you get ten*

Вычита́ние *subtraction*:

Оди́н из двух — оди́н	*One from two is one*
Семь ми́нус пять равно́ двум	*Seven minus five equals two*
От десяти́ отня́ть семь, бу́дет три	*Subtract seven from ten and you get three*

Умноже́ние *multiplication*:

Два́жды три — шесть	*Twice three is six*
Пя́тью шесть — три́дцать	*Five times six is thirty*
Два помно́женное на́ пять равня́ется десяти́	*Two multiplied by five equals ten*

Деле́ние *division*:

Де́сять (по)делённое на́ два равня́ется пяти́	*Ten divided by two equals five*
Со́рок два раздели́ть на́ семь, бу́дет шесть	*Divide forty-two by seven and you get six*

128. ORDINAL NUMERALS. Russian ordinals are adjectives derived for the most part from the stems of the corresponding cardinals, sometimes in a modified form. Thus:

0th нулево́й

1st	пе́рвый	*6th*	шесто́й	*40th*	сороково́й
2nd	второ́й	*7th*	седьмо́й	*50th*	пятидеся́тый
3rd	тре́тий	*8th*	восьмо́й	*90th*	девяно́стый
4th	четвёртый	*9th*	девя́тый	*100th*	со́тый
5th	пя́тый	*10th*	деся́тый	*200th*	двухсо́тый

1,000th ты́сячный *1,000,000th* миллио́нный

The ordinals from 11th to 20th and 30th are formed like деся́тый, i.e. by replacing -ь of the cardinal with -ый: hence двена́дцатый *12th*, тридца́тый *30th*. Ordinals from 60th to 80th and 300th to 900th are formed like пятидеся́тый and двухсо́тый respectively, i.e. by adding -деся́тый and -со́тый to the genitive form of the cardinal: thus шестидеся́тый *60th*, семисо́тый *700th*. Ordinals of the thousands and millions are similarly compounded with -ты́сячный and -миллио́нный, except that 90 and 100 remain unchanged in the first part: thus двухты́сячный *2,000th*, пятимиллио́нный *5 millionth*, сто̀ты́сячный *100,000th*.

The remaining ordinals are composite, only their last number being ordinal: thus два́дцать пя́тый *25th*, сто со́рок пе́рвый *141st*.

All ordinals are declined as hard adjectives except тре́тий *3rd*, which declines like relative adjectives, i.e. тре́тья, тре́тье, тре́тьи, &c. (see § 96, note).

Composite ordinals decline only the last number, e.g.

три́ста пятьдеся́т второ́й год	*the 352nd year*
три́ста пятьдеся́т второ́го го́да	*of the 352nd year*

Abbreviated forms consist of figures and the last part of the ending:

1-й день	*1st day*
2-я часть	*2nd part*
10-го го́да	*of the 10th year*

129. USE OF ORDINALS. The date is expressed by an ordinal in the neuter, agreeing with the word число́ understood:

Како́е сего́дня число́?	*What is the date today?*
деся́тое (10-е) ма́я	*the 10th of May*
два́дцать пе́рвое (21-е) ию́ля	*the 21st of July*

'On a certain date' is expressed in the genitive:

деся́того (10-го) ма́я	*on the 10th of May*
два́дцать тре́тьего (23-го) ма́рта	*on the 23rd of March*

The year is expressed by a composite ordinal:

ты́сяча девятьсо́т шестидеся́тый год	*the year 1960* (lit. *the 1960th year*)

'In a certain year' is expressed by в+prepositional:

в ты́сяча девятьсо́т шестидеся́том году́ (1960 г. or 1960)	*in (the year) 1960*

If a month or date is specified the year stands in the genitive:

в ма́рте 1962 го́да	*in March 1962*
пя́того ма́я 1962 го́да	*on the 5th of May 1962*

Ordinals are written as Roman numerals in certain uses, e.g. when designating a century:

двадца́тый век (XX в.)	*the 20th century*

In Russian ordinals are used to indicate the number of a volume, page, room, &c., where English has cardinals:

том тре́тий (т. III)	*volume three*
глава́ шеста́я (гл. VI)	*chapter six*
в табли́це деся́той (табл. 10)	*in table 10*
на со́рок второ́й страни́це (стр. 42)	*on page 42*

Enumerative adverbs are formed from в(о) and the prepositional plural of ordinals:

во-пе́рвых	*firstly*
во-вторы́х	*secondly*
в-тре́тьих	*thirdly*

130. FRACTIONS AND DECIMALS. The fractions полови́на $\frac{1}{2}$, треть $\frac{1}{3}$, and че́тверть $\frac{1}{4}$ are declined as feminine nouns. In other fractions the denominator is an ordinal in the feminine, the word до́ля or часть being understood: thus одна́ пя́тая $\frac{1}{5}$; одна́ седьма́я $\frac{1}{7}$. When the numerator exceeds one the denominator is in the genitive plural: thus пять шесты́х $\frac{5}{6}$. All fractions decline in accordance with the rules for number phrases.

N.	одна́ пя́тая $\frac{1}{5}$	две тре́ти $\frac{2}{3}$	пять шесты́х $\frac{5}{6}$
A.	одну́ пя́тую	две тре́ти	пять шесты́х
G.	одно́й пя́той	двух трете́й	пяти́ шесты́х
P.	одно́й пя́той	двух третя́х	пяти́ шесты́х

D.	одно́й пя́той	двум третя́м	пяти́ шесты́м
I.	одно́й пя́той	двумя́ третя́ми	пятью́ шесты́ми

Три чéтверти $\frac{3}{4}$ is declined like $\frac{2}{3}$; fractions with the numerator 1 are declined like $\frac{1}{5}$; the rest like $\frac{5}{6}$. Nouns governed by fractions are in the genitive singular:

одна́ седьма́я ли́тра (л)	$\frac{1}{7}$ *litre*
две пя́тых ме́тра (м)	$\frac{2}{5}$ *metre*
трёх пя́тых гра́мма (г)	*of* $\frac{3}{5}$ *gram*

Mixed numbers, apart from полтора́ $1\frac{1}{2}$, are composite forms whose second part is linked by с in the case of $\frac{1}{2}$, $\frac{1}{4}$, otherwise by и:

два с полови́ной рубля́ (р.)	$2\frac{1}{2}$ *roubles*
пять с че́твертью копе́ек (к.)	$5\frac{1}{4}$ *copecks*
два и три пя́тых сантиме́тра (см)	$2\frac{3}{5}$ *centimetre*

When read as figures the и is omitted and the integers precede a form of це́лая:

одна́ це́лая, пять шесты́х	$1\frac{5}{6}$
две це́лых, одна́ пя́тая	$2\frac{1}{5}$

Decimals, which have a comma instead of a point, are read in the same way:

нуль це́лых, шесть деся́тых (0,6)	*0·6*
две це́лых, три со́тых (2,03)	*2·03*

Nouns governed by a decimal number are in the genitive singular:

оди́н и шесть деся́тых гра́дуса	*1·6°*
пять и две деся́тых проце́нта	*5·2%*

EXERCISES A–B

A. Write out or pronounce in full:

в 4 ми́лях отсю́да; в 1000 раз бо́льше; 1-е ма́я; 12-го февраля́; 5200; 1920 год; в 1965 году́; XVIII век; $\frac{7}{8}$; $3\frac{1}{4}$; 5,06; 22,9.

B. Translate:

1. В земно́й коре́ тита́на в шесть раз бо́льше, чем ма́рганца.
2. 3^2 [три в квадра́те] — де́вять, а 3^3 [три в ку́бе] — два́дцать семь.
3. Э́та тексти́льная фа́брика нахо́дится в пяти́ киломе́трах от це́нтра го́рода.
4. Пе́рвые сосу́ды из цветно́го стекла́ отно́сятся ко 2-й [второ́й] полови́не XV в. [пятна́дцатого ве́ка].
5. На трёх четвертя́х террито́рии СССР сре́дняя температу́ра в январе́ достига́ет 40° [сорока́ гра́дусов] моро́за.
6. По́сле мно́гих часо́в кипе́ния после́довательно в ра́зных кисло́тах криста́ллы промыва́ются два́жды дистиллиро́ванной водо́й.
7. Нефть — о́чень це́нное то́пливо. Она́ даёт в полтора́ ра́за бо́льше тепла́, чем ка́менный у́голь[1], и в три ра́за бо́льше, чем торф.
8. Замеча́тельным успе́хом бы́ло созда́ние со́лнечных батаре́й, пита́ющих эне́ргией ра̀диопереда́тчик тре́тьего сове́тского спу́тника Земли́.
9. Мерку́рий почти́ в три ра́за бли́же к Со́лнцу, чем Земля́, а Плуто́н в со́рок раз да́льше от него́, чем Земля́ (рис. 5) [рису́нок пя́тый].
10. Обыкнове́нным сери́йным микро́метром, кото́рый мы выпуска́ем, мо́жно изме́рить дета́ль с то́чностью до $\frac{1}{100}$ *мм* [одно́й со́той миллиме́тра].
11. 1 *а* [оди́н ампе́р] в тече́ние секу́нды осажда́ет 1,18 *мг* [оди́н и восемна́дцать со́тых миллигра́мма] серебра́ из во́дного раство́ра азо̀тноки́слого серебра́.
12. Зaура́новый элеме́нт № 102 [но́мер сто два] был полу́чен в 1957 г. [ты́сяча девятьсо́т пятьдеся́т седьмо́м году́] гру́ппой шве́дских, америка́нских и англи́йских учёных.
13. То́чные измере́ния показа́ли, что диа́метр Земли́, кото́рый соединя́ет два её по́люса, приблизи́тельно на 43 *км* [со́рок три киломе́тра] коро́че диа́метра земно́го эква́тора.
14. Существова́ние на Вене́ре пло́тной атмосфе́ры бы́ло откры́то в 1761 [ты́сяча семьсо́т шестьдеся́т пе́рвом году́] М. В. Ломоно́совым. Ему́ тогда́ бы́ло пятьдеся́т лет.
15. В 1950 г. [ты́сяча девятьсо́т пятидеся́том году́] в СССР был постро́ен пе́рвый в ми́ре автомати́ческий заво́д, изготовля́ющий по́ршни для дви́гателей вну́треннего сгора́ния.
16. Эвкли́д о́коло 300 г. [трёхсо́того го́да] до н. э.[2] [на́шей э́ры] написа́л кни́гу «Нача́ла», кото́рая явля́ется одно́й из са́мых замеча́тельных во всей математи́ческой литерату́ре.
17. Мы получи́ли во́лны длино́й от 0,1 [одно́й деся́той] до 0,2 [двух деся́тых] миллиме́тра, значи́тельно бо́лее коро́ткие, чем наибо́лее дли́нные и̇нфракра́сные во́лны опти́ческого спе́ктра.
18. Невооружённым гла́зом мо́жно ви́деть предме́ты разме́ром до не́скольких деся́тых доле́й миллиме́тра, т. е. до не́скольких со́тен микро́н. Микро́н в со́рок раз то́ньше челове́ческого во́лоса.

[1] ка́менный у́голь (lit. *stone coal*) is often used to distinguish ordinary coal from бу́рый у́голь *brown coal* and древе́сный у́голь *charcoal*.

[2] до на́шей э́ры *B.C.* (lit. *before our era*).

19. СССР занима́ет полови́ну Евро́пы и треть А́зии. Пло́щадь СССР превыша́ет 22 млн. кв. км [два́дцать два миллио́на квадра́тных киломе́тров]. Э́то шеста́я часть всей обита́емой су́ши.
20. В январе́ 1954 г. [ты́сяча девятьсо́т пятьдеся́т четвёртого го́да] в Нью-Йо́рке состоя́лась пе́рвая публи́чная демонстра́ция маши́нного перево́да с ру́сского языка́ на англи́йский.
21. Пе́рвый гальвани́ческий элеме́нт был со́здан италья́нским фи́зиком Во́льта в нача́ле XIX в. [девятна́дцатого ве́ка]. Он состои́т из ме́дной и ци́нковой пласти́нок, опу́щенных в раство́р се́рной кислоты́.
22. От са́мой кра́йней восто́чной то́чки СССР до за́падной грани́цы о́коло 10 000 км [десяти́ ты́сяч киломе́тров]. На восто́чной грани́це со́лнце всхо́дит и захо́дит на оди́ннадцать часо́в ра́ньше, чем на за́падной.
23. На ста́нции «Восто́к» в Антаркти́де 25-го [два́дцать пя́того] а́вгуста 1958 г. [ты́сяча девятьсо́т пятьдеся́т восьмо́го го́да] была́ зарегистри́рована са́мая ни́зкая температу́ра на пове́рхности на́шей плане́ты — ми́нус 87,4° [во́семьдесят семь и четы́ре деся́тых гра́дуса].
24. Явле́ние парамагни́тного резона́нса бы́ло откры́то в 1944 [ты́сяча девятьсо́т со́рок четвёртом году́] сове́тским учёным Е. К. Заво́йским. В после́днее вре́мя парамагни́тный резона́нс приобрета́ет практи́ческое значе́ние в я́дерной фи́зике для получе́ния так называ́емых поляризо́ванных я́дер.
25. Из то́пливных исто́чников эне́ргии наибо́лее ста́рым явля́ются дрова́. Ка́менный у́голь стал применя́ться с XVIII в. [восемна́дцатого ве́ка], а нефть вошла́ в широ́кое употребле́ние лишь с 70-х гг. [семидеся́тых годо́в[1]] про́шлого ве́ка, по́сле того́ как была́ осво́ена те́хника буре́ния.

READING

Луна́

Луна́ — са́мое бли́зкое к нам небе́сное те́ло. Диа́метр Луны́ ра́вен 3476 км, т. е. он лишь вче́тверо ме́ньше земно́го. По объёму же Луна́ ме́ньше Земли́ раз в пятьдеся́т. Ма́сса Луны́ почти́ в 82 ра́за ме́ньше земно́й, а сре́дняя её пло́тность составля́ет 0,6 [шесть деся́тых] пло́тности Земли́. При ме́ньшем ра́диусе и ма́ссе Луна́[2] ока́зывает притяже́ние в 6 раз ме́ньше, чем Земля́.

Измене́ние фаз Луны́ объясня́ется двумя́ причи́нами: во-пе́рвых, Луна́ — тёмный, непрозра́чный шар, освеща́емый Со́лнцем, и, во-вторы́х, она́ обраща́ется вокру́г на́шей плане́ты. Луна́ дви́жется вокру́г Земли́ не по кру́гу, а по э́ллипсу, поэ́тому её расстоя́ние от нас не остаётся постоя́нным. В сре́днем оно́ составля́ет 384 400 км. От Луны́ до Земли́ свет идёт $1\frac{1}{4}$ сек. [одну́ с че́твертью секу́нду].[3]

[1] с семидеся́тых годо́в *since the seventies.* The genitive plural of год is normally лет, but in denoting decades the form годо́в is used.

[2] При ме́ньшем ра́диусе и ма́ссе Луна́ *The Moon, with its smaller radius and mass.* The adjective qualifies both nouns, but agrees only with the first.

[3] свет идёт $1\frac{1}{4}$ сек. *light takes $1\frac{1}{4}$ sec. to travel.*

По́лный свой оборо́т вокру́г Земли́ Луна́ соверша́ет в 27 дней и 8 часо́в. За э́то вре́мя она́ прохо́дит путь в 2 414 000 км. Зна́чит, сре́дняя ско́рость Луны́ превыша́ет 1 км/сек [оди́н киломе́тр в секу́нду].

У Луны́ нет заме́тной атмосфе́ры. Поэ́тому на ней нет ни зари́, ни су́мерек, и никаки́х явле́ний пого́ды (ве́тер, дождь, тума́н). Там постоя́нно безо́блачное чёрное не́бо, на кото́ром и при я́рком Со́лнце блиста́ют звёзды. Температу́ра на лу́нном эква́торе в середи́не до́лгого лу́нного дня равна́ + 120°, а но́чью па́дает до —160°. Таки́м о́бразом, при существу́ющих усло́виях органи́ческая жизнь на Луне́ невозмо́жна.

На Луне́ ви́дны тёмные пя́тна. Пе́рвые наблюда́тели, рассма́тривавшие Луну́ в телеско́п, при́няли их за водоёмы и назва́ли моря́ми. Но в э́тих «моря́х» нет ни ка́пли воды́. Э́то обши́рные ро́вные ни́зменности, покрыва́ющие о́коло 40% пло́щади лу́нного ди́ска. Совреме́нные телеско́пы позволя́ют рассмотре́ть на Луне́ дета́ли разме́ром[1] до 50 м.

[1] разме́ром *in size* or *measuring*.

LESSON 18

CONDITIONAL-SUBJUNCTIVE; GERUNDS

131. CONDITIONAL SENTENCES. Conditions are of two kinds: real and unreal.

(*a*) Real conditions are capable of fulfilment, i.e. not contrary to fact.

Éсли он там, мы егó уви́дим	*If he's there we shall see him*
Он не мóжет игрáть, éсли он бóлен	*He cannot play if he's ill*

When the main clause comes second it is often introduced by то (= *then*):

Éсли он бóлен, то он не мóжет игрáть	*If he's ill* (*then*) *he cannot play*

(*b*) Unreal conditions are unfulfilled or hypothetical, i.e. contrary to fact. These are expressed by putting the verb in both clauses in the conditional, which consists of the past tense and the particle бы. In the *if*-clause бы follows straight after éсли.

Он сказáл бы вам, éсли бы он знал	*He would tell you if he knew* or *He would have told you if he knew*
Éсли бы у меня́ бы́ли дéньги, я бы купи́л дом	*If I had the money I should buy a house* or *If I had had the money I should have bought a house*

Since the past tense has no temporal value when used in the conditional, only the context can indicate the correct translation of the verb (*would* or *would have*, &c.).

N.B. An infinitive following éсли has a generalized sense:

Éсли зажéчь сéру, то онá сгори́т	*If one ignites sulphur it will burn*

Éсли бы взорвáть все бóмбы, то...	*If one were to explode all the bombs, then . . .*

132. SUBJUNCTIVE MOOD. In Russian the subjunctive has the same form as the conditional. The subjunctive, which expresses something desirable, uncertain, or impossible, is used as follows:

(*a*) In purpose clauses introduced by чтóбы *in order that, so that,* sometimes preceded by для тогó or с тем:

Он говори́л грóмко, чтóбы мы слы́шали егó	*He spoke loudly so that we should hear him*
Я мáзал маши́ну (для тогó), чтóбы онá рабóтала лýчше	*I lubricated the machine in order that it should work better*

But note that чтóбы is followed by an infinitive if the subject of both clauses is the same:

Я встал рáно, чтóбы кóнчить рабóту	*I got up early in order to finish the work*

(*b*) After verbs of demanding and wishing (referring to someone other than the subject):

Мы трéбовали, чтóбы он извини́лся	*We demanded that he should apologize*
Он хóчет, чтóбы мы кóнчили óпыт	*He wants us to finish the experiment*

Compare:

Он хóчет кóнчить óпыт	*He wants to finish the experiment*

(*c*) After impersonal expressions of necessity, impossibility, desirability, &c.:

Нýжно, чтóбы он пришёл сегóдня	*It's necessary that he should come today*
Невозмóжно, чтóбы э́то бы́ло так	*It's impossible that this should be so*
Желáтельно, чтóбы больнóй остáлся здесь	*It's desirable that the patient should stay here*
Не трéбуется, чтóбы студéнты пришли́ на лéкцию	*Students are not required to attend the lecture*

(*d*) In concessive clauses with бы following a pronoun or adverb and the verb preceded by the particle ни, here emphatic (= *-ever*):

что бы ни случи́лось	*whatever may happen/have happened*
где бы он ни́ был	*wherever he may be/have been*
как бы то ни́ было	*however that may be, at all events*

Note that in such clauses the verb may also be indicative:

что он ни де́лает	*whatever he does*

The particle бы adds a hypothetical flavour to expressions of necessity or obligation,

Нам на́до бы навести́ть больно́го	*We ought to visit the patient*

and to an adverb or conjunction:

как бы	*as it were, a kind of*
хотя́ бы	*even if, at least*

133. TENSES IN DEPENDENT CLAUSES. The use of tenses in dependent clauses is entirely logical in Russian. In temporal and conditional clauses future actions are expressed in the future, where English has the present.

Я его́ встре́чу, е́сли (когда́) он придёт	*I shall meet him if* (*when*) *he comes* (lit. *will come*)
Я вам позвоню́, как то́лько прие́ду	*I shall ring you as soon as I arrive*
Я ничего́ не сде́лаю, пока́ он не придёт	*I shall do nothing until he comes*

Similarly, the tense used in a reported statement is the same as that used in the original direct statement. It does not depend, as in English, on the tense of the verb in the main clause, i.e. there is no sequence of tenses.

Он сказа́л, что он зна́ет э́то	*He said that he knew* (lit. *knows*) *this*

F

Он не знал, что я здесь	*He didn't know that I was* (lit. *am*) *here*
Мы зна́ли, что он умрёт	*We knew that he would* (lit. *will*) *die*

Likewise in indirect questions:

Он спроси́л меня́, где я живу́	*He asked me where I lived*
Я спроси́л, е́дет ли он в Пари́ж	*I asked whether he was going to Paris*
Мы не зна́ли, до́ктор ли он	*We didn't know if he was a doctor*

134. PRESENT GERUNDS. In Russian the gerund is not a verbal noun, as in English, but an adverbial (i.e. invariable) participle. It has no passive forms.

Present gerunds are formed from the 3rd plural present by replacing the ending with the suffix -я (-а after ж, ч, ш, щ):

знать	зна́ют	зна́**я**	*knowing*
стро́ить	стро́ят	стро́**я**	*building*
тре́бовать	тре́буют	тре́бу**я**	*demanding*
держа́ть	де́ржат	держ**а́**	*holding*

Reflexives end in -сь:

боя́ться	боя́тся	бо**я́**сь	*fearing*

Verbs in -ава́ть keep the suffix -ва́-:

дава́ть	дава́**я**	*giving*
узнава́ть	узнава́**я**	*recognizing*

The present gerund of быть is бу́дучи *being*.

Phrases:

стро́го (со́бственно) говоря́	*strictly* (*properly*) *speaking*
ина́че говоря́	*in other words* (lit. *otherwise speaking*)
не говоря́ уже́ о+prep.	*not to mention, quite apart from*

135. PAST GERUNDS. These are formed, almost exclusively from perfectives, by replacing -л of the masculine past with the suffix -в (rarely -вши):

написа́ть	написа́л	написа́**в(ши)**	*having written*
откры́ть	откры́л	откры́**в**	*having opened*
получи́ть	получи́л	получи́**в**	*having received*

Reflexives end in -вшись:

закры́ться	закры́лся	закры́**вши**сь	*having closed*

Consonantal stems mostly add -ши:

сжечь	сжёг	сжёг**ши**	*having burned*
привле́чь	привлёк	привлёк**ши**	*having attracted*

Alternative forms occur with verbs in -ереть and those in -нуть which lose the -ну-:

запере́ть	за́пер	запере́**в**/за́пер**ши**	*having locked*
прони́кнуть	прони́к	прони́кну**в**/прони́к**ши**	*having penetrated*

Many verbs in -ти, mostly compound verbs of motion, and all in -честь add the suffix -я to the future stem, i.e. follow the method used for present gerunds:

войти́	войду́т	войд**я́**	*having entered*
принести́	принесу́т	принес**я́**	*having brought*
изобрести́	изобрету́т	изобрет**я́**	*having invented*
счесть	сочту́т	сочт**я́**	*having counted*

136. USE OF GERUNDS. Gerunds are used to express an action secondary to that of the main verb, performed by the same subject. Like adjectival participles gerunds indicate not tense as such, but relative time. Present gerunds describe an action accompanying that of the main verb, whatever its tense or aspect:

Си́дя за столо́м, он чита́л (чита́ет, бу́дет чита́ть) письмо́	*Sitting at the table he was* (*is, will be*) *reading a letter*

Past gerunds describe an action preceding that of the main verb:

Прочита́в письмо́, он сжёг (сжига́ет, сожжёт) его́	*Having read the letter he burnt* (*burns, will burn*) *it*

Gerunds introduce adverbial clauses of time, cause, or condition. In translation they are rendered by a participle, often preceded in English by a preposition (*by —ing, after —ing*, &c.) or by a conjunction and finite verb:

Слу́шая ле́кцию, я засну́л	*While/as I was listening to the lecture I fell asleep*
Око́нчив рабо́ту, он пошёл домо́й	*Having finished/after finishing the work he went home*
Жела́я получи́ть дипло́м, я поступи́л в университе́т	*Wishing/as I wished to obtain a degree I entered the university*
По́льзуясь логари́фмами, мо́жно бы́стро реши́ть зада́чу	*By using/if one uses logarithms one can quickly solve the problem*

Negated gerunds are usually translated as *without —ing*:

Он сел, не замеча́я ничего́	*He sat down without noticing anything*

Some gerunds are used as prepositions:

су́дя по+dat.	*judging by*
начина́я с+gen.	*beginning with, from*
конча́я+inst.	*ending with, until*
несмотря́ на+acc.	*notwithstanding, despite*

EXERCISES A–B

A. Translate the following gerunds:

меня́я, узна́в, сове́туя, помо́гши, нагре́в, унеся́, испо́льзуя, уча́сь, запусти́в, уме́рши, передава́я, приобретя́, поста́вив, отклоня́ясь, останови́вшись.

B. Translate:

1. Вся́кое те́ло, как бы мало́ оно́ ни́ было, облада́ет ве́сом.
2. Лабора́нт дал нам микроско́п, что́бы мы рассмотре́ли бакте́рии.
3. Е́сли бы вы изучи́ли э́ту главу́, вы по́няли бы второ́й зако́н тѐрмодина́мики.
4. Е́сли опусти́ть в э́ти раство́ры си́нюю ла́кмусовую бума́гу, то она́ покрасне́ет.

5. По́льзуясь логарифми́ческой лине́йкой, мо́жно бы́стро и легко́ производи́ть расчёт.
6. Разме́ры метеори́тов разли́чны: начина́я с «косми́ческой пы́ли» и конча́я огро́мными ма́ссами.
7. Мы уже́ зна́ли из свойств азо́тной кислоты́, что в ней то́лько оди́н а́том водоро́да и оди́н а́том азо́та.
8. При нагрева́нии на во́здухе ма́гний легко́ загора́ется и окисля́ется, испуска́я ослепи́тельный бе́лый свет.
9. Проанализи́ровав жи́дкость в проби́рке, учени́к сказа́л, что э́то не смесь, а соедине́ние, но он оши́бся.
10. Существу́ет ли ме́тод, с по́мощью кото́рого мо́жно бы́ло бы зара́нее вы́числить, ско́лько эне́ргии соде́ржится в любо́м те́ле?
11. Все зaура́новые элеме́нты ра̀диоакти́вны, так как все тяжёлые я́дра, начина́я с я́дер элеме́нта № 84 — поло́ния, вообще́ неусто́йчивы.
12. В результа́те дли́тельных наблюде́ний за со́лнечными пя́тнами[1] заме́чено, что они́ как бы передвига́ются от одного́ кра́я ди́ска к друго́му.
13. Сло́вом, приро́дные ресу́рсы СССР, бу́дучи чрезвыча́йно разнообра́зными, явля́ются превосхо́дной ба́зой для созда́ния мо́щной экономи́ческой систе́мы.
14. Для возникнове́ния усло́вного рефле́кса необходи́мо, что́бы в коре́ головно́го мо́зга образова́лась связь ме́жду двумя́ раздраже́ниями — усло́вным и безусло́вным.
15. Изуча́я рабо́ту слю́нных желёз, Па́влов заме́тил, что соба́ка выделя́ет слюну́ не то́лько при ви́де пи́щи, но и е́сли услы́шит шаги́ челове́ка, несу́щего ей пи́щу.
16. Зооло́гия была́ введена́ в програ́мму институ́та для того́, что́бы подгото́вить студе́нтов к изуче́нию палеонтоло́гии, специа́льного предме́та на вы́сших ку́рсах.
17. Найдя́ в кабине́те отца́ два ку́рса астроно́мии, я о́чень заинтересова́лся э́тим предме́том и прочёл о́бе кни́ги, хотя́ и не по́нял их математи́ческой ча́сти.
18. Ита́к, во всех предме́тах, каки́ми бы неподви́жными они́ ни каза́лись, соде́ржатся мириа́ды мельча́йших части́ц, кото́рые беспреста́нно дви́гаются, изменя́я своё положе́ние.
19. К. Э. Циолко́вский в свои́х рабо́тах подро́бно рассмотре́л, как бу́дет происходи́ть мѐжплане́тный полёт, и вы́двинул це́лый ряд ва́жных и интере́сных иде́й.
20. Несмотря́ на огро́мные уси́лия ты́сяч учёных, приро́да злока́чественных о́пухолей ещё не разга́дана. Э́то одна́ из са́мых сло́жных пробле́м совреме́нной биоло́гии и медици́ны.
21. Рабо́тая с жи́дким ге́лием, П. Л. Ка́пица откры́л в нём при не́которых усло́виях, вблизи́ абсолю́тного нуля́ температу́ры, соверше́нно но́вое сво́йство — свѐрхтеку́честь, почти́ по́лное отсу́тствие вя́зкости.

[1] наблюде́ний за со́лнечными пя́тнами *observations of sunspots*. The construction required by a verb is often copied by the noun associated with it. Here the noun construction is based on наблюда́ть за+inst.

22. Непра́вильно бы́ло бы предположи́ть, что ме́жду хру́пкими и пласти́ческими тела́ми нет ничего́ о́бщего[1]. Е́сли не́которые хру́пкие материа́лы деформи́ровать ме́дленно, то они́ веду́т себя́ как пласти́ческие.
23. Зелёные ча́сти расте́ний, е́сли их бро́сить в кре́пкий спирт, начина́ют бledне́ть, тогда́ как спирт, напро́тив, бы́стро зелене́ет. Э́тот проце́сс обесцве́чивания ли́стьев вы́зван тем, что хлорофи́лл растворя́ется в спирту́.
24. Э́ти но́вые наблюде́ния, подтверди́в, что места́ми рожде́ния но́вых гала́ктик явля́ются це́нтры ста́рых, опрове́ргли тео́рию «ста́лкивающихся гала́ктик» и послужи́ли осно́вой совреме́нной тео́рии эволю́ции Вселе́нной.
25. В дальне́йшем Нью́тон отказа́лся от поня́тия эфи́ра, ука́зывая, что предположе́ние о его́ существова́нии противоре́чит, в ча́стности, фа́кту движе́ния плане́т, не испы́тывающих на своём пути́ сопротивле́ния среды́.

READING

А. Эйнште́йн (1879—1955)

Альбе́рт Эйнште́йн, гениа́льный неме́цкий учёный, роди́лся в го́роде У́льме в семье́ инжене́ра. В пе́рвые го́ды на́шего ве́ка он со́здал специа́льную тео́рию относи́тельности, ква́нтовую конце́пцию све́та, и рабо́тал по тео́рии бро́уновского движе́ния.

В 1905 Эйнште́йн опубликова́л в нау́чном журна́ле две коро́ткие статьи́, посвящённые со́зданной им тео́рии относи́тельности. Во второ́й статье́, занима́вшей ме́нее двух страни́ц, Эйнште́йн сформули́ровал ва́жный зако́н взаимосвя́зи ма́ссы и эне́ргии. Су́щность э́того зако́на состои́т в том, что эне́ргия, кото́рой облада́ет вся́кое те́ло, пря́мо пропорциона́льна ма́ссе э́того те́ла. Коэффицие́нтом пропорциона́льности ме́жду ма́ссой и эне́ргией явля́ется ско́рость све́та, возведённая в квадра́т. Фо́рмула Эйнште́йна выража́ется так:

$$E = mc^2,$$

где E — по́лный запа́с эне́ргии в те́ле (в э́ргах),
m — ма́сса те́ла (в гра́ммах),
c — ско́рость све́та (ра́вная $3 \cdot 10^{10}$ *см/сек*).

Ина́че говоря́, е́сли ма́сса одного́ те́ла в не́сколько раз бо́льше ма́ссы друго́го, то и эне́ргия пе́рвого те́ла то́чно во сто́лько же раз бо́льше, чем эне́ргия второ́го. Из э́того зако́на вытека́ет и друго́й вы́вод. Поско́льку эне́ргия те́ла мо́жет изменя́ться, то соотве́тственно должна́ изменя́ться и ма́сса его́.

В 1907—16 Эйнште́йн со́здал о́бщую тео́рию относи́тельности и тем заверши́л труд, соста́вивший основно́е содержа́ние его́ нау́чного тво́рчества. В э́тот же пери́од своей де́ятельности он развива́л да́лее ква́нтовую тео́рию све́та. За заслу́ги в о́бласти теорети́ческой фи́зики и осо́бенно за откры́тие

[1] ме́жду хру́пкими и пласти́ческими тела́ми нет ничего́ о́бщего *brittle and plastic bodies have nothing in common.*

зако́на фо̀тоэффе́кта Эйнште́йн получи́л Но́белевскую пре́мию в 1921. Поздне́е, в 1933, Эйнште́йн поки́нул Герма́нию и перее́хал в При́нстон (США), где он жил вплоть до свое́й сме́рти. Тут он занима́лся гла́вным о́бразом дальне́йшим обобще́нием тео́рии относи́тельности (еди́ная тео́рия по́ля, вопро́сы космоло́гии и т. д.).

LESSON 19

IMPERATIVE; COMPOUND WORDS

137. IMPERATIVE MOOD. The imperative or command forms of the verb do not occur often in scientific writing, except in setting problems, giving instructions, &c. The imperative singular is formed from the stem of the 3rd plural present (or future perfective) by adding -й after vowels, -ь after a single consonant if the stem is stressed, and elsewhere -и, which is stressed if the infinitive is end-stressed. In the plural -те is added.

Examples:

		Singular	*Plural*	
	чита́ть	чита́**й**	чита́**йте**	*read!*
	оста́вить	оста́в**ь**	оста́в**ьте**	*leave!*
	говори́ть	говор**и́**	говор**и́те**	*speak!*
	ко́нчить	ко́нч**и**	ко́нч**ите**	*finish!*
Reflexive	стара́ться	стара́**й**ся	стара́**йте**сь	*try!*

Verbs with the root alternation и/ь change the ь to е:

пить	пе**й**	пе́**йте**	*drink!*
вы́лить	вы́ле**й**	вы́ле**йте**	*pour out!*

Verbs in -ва́ть use the infinitive stem:

вствава́ть	встава́**й**	встава́**йте**	*get up!*

Irregular imperatives are formed from быть, дать and their compounds:

быть	будь	бу́дьте	*be!*
дать	дай	да́йте	*give!*
отда́ть	отда́й	отда́йте	*give back!*

N.B. Infinitives may be used with imperative force:

Не кури́ть	*No smoking* (lit. *not to smoke*)
Определи́ть объём га́за	*Determine the volume of the gas*

138. FIRST AND THIRD PERSON IMPERATIVES. The 1st person plural of the future, without мы, is used as an imperative:

Допу́стим, что э́то так	*Let us assume that this is so*
Возьмём друго́й приме́р	*Let us take another example*
Тепе́рь бу́дем рабо́тать	*Now let us work*
Не забу́дем, что...	*Let us not forget that . . .*

The same forms, or an imperfective infinitive, may follow дава́й(те) in colloquial style:

Дава́йте пойдём в кино́	*Let's go to the cinema*
Дава́й бу́дем рабо́тать вме́сте	*Let's work together*
Дава́йте игра́ть в ша́хматы	*Let's play chess*

3rd person imperatives consist of пусть or пуска́й and the present or future perfective, with the pronoun usually omitted:

Пусть (он) начина́ет о́пыт	*Let him begin the experiment*
Пуска́й (они́) напи́шут фо́рмулу	*Let them write the formula*

Пусть also means *let* (*us suppose that*):

Пусть x ра́вен y	*Let* x *equal* y

139. COMPOUND NOUNS. Russian is rich in compound nouns. These are formed from two or more stems, usually joined by the link-vowel о or е, and often have a secondary stress.

желѐзобето́н *ferro-concrete*	гро̀мкоговори́тель *loud-speaker*
пылесо́с *vacuum-cleaner*	огнетуши́тель *fire-extinguisher*

Hybrids are formed with a foreign first element:

мѝкроволна́ *microwave*	амѝнокислота́ *amino-acid*

The last part of a compound, if repeated, may be replaced by a hyphen:

ша̀рико- и ро̀ликоподши́пники	*ball- and roller-bearings*

Direct composition occurs chiefly where two nouns in apposition are hyphenated, as in 'learner-driver'. Usually both parts are declined.

пила́-ры́ба *saw-fish*
инжене́р-хи́мик *chemical engineer*
Москва́-река́ *Moscow River*
при́зма-отража́тель *reflecting prism*

Appositional compounds denoting units of measurement or with a foreign first element decline only the last part:

во́льт-ампе́р (pl. во́льт-ампе́ры) *volt-ampere*
килова́тт-ча́с (pl. килова́тт-часы́) *kilowatt-hour*
бе́та-части́ца (pl. бе́та-части́цы) *beta-particle*

140. COMPOUND ADJECTIVES. The link-vowels о and е are also used to form compound adjectives:

шарови́дный *spherical*
огнеупо́рный *fireproof*
центробе́жный *centrifugal*
нефтено́сный *oil-bearing*

In many such forms a hyphen is used:

тёмно-кра́сный *dark red*
вы̀пукло-во́гнутый *convexo-concave*
сѐверо-за́падный *north-western*
фѝзико-хими́ческий *physico-chemical*

The second element may be a participle:

мета̀ллоре́жущий *metal-cutting*
бы̀строде́йствующий *quick-acting*
вòдоотта́лкивающий *water-repellent*
сла̀босвя́занный *loosely combined*

If the compound ends in -содержа́ший the use of the link-vowel is optional:

азо̀т(о)содержа́щий *nitrogen-containing*

Some adjectival compounds serve as nouns, especially plural names for species of plants and animals:

члѐнистоно́гие *arthropoda*
живородя́щие *viviparidae*
толстоко́жие *pachydermata*

141. NUMERALS IN COMPOUNDS. Cardinal numbers used in compounds are usually in the genitive form:

двухчасово́й *two-hour* трёха́томный *triatomic*
пятигра́нник *pentahedron* десятиле́тний *ten-year*(*-old*)

The numeral 2 sometimes appears as дву-, двое-, and 3 as тре-, трое-:

двучле́н *binomial* двоебра́чие *bigamy*
треуго́льник *triangle* троекра́тный *triple*

Not in the genitive form are одно-, девяносто-, сто-, тысяче-:

однoо́сный *monoaxial* девяно̀столе́тний *90-year*(*-old*)
сто̀граммо́вый *100-gram* тысячеле́тие *millennium*

Figures often replace the numeral part:

3-дне́вный *3-day* 20-гра́дусный *20-degree*

Greek and Latin numerals are similarly used, for example, in names of metric units:

наносеку́нда *nanosecond* миллимикро́н *millimicron*
сантигра́мм *centigram* килокало́рия *kilocalorie*

The numeral $\frac{1}{2}$ appears either as полу-,

полукру́г *semicircle* полужи́дкий *semi-liquid*

or as пол- (+gen. sg.), which becomes полу- in declension:

полчаса́ (pl. получасы́) *half an hour*
по̀лме́тра (pl. полуме́тры) *half a metre*

N.B. Семи- (from семь) means *seven-*, not *semi-*:

семиле́тний *seven-year*(*-old*)

142. CONTRACTED COMPOUNDS. Many compound nouns are formed by contracting one or more of their parts. The three main types consist of:

(a) The first part of an adjective added to a noun:

ветвра́ч = ветерина́рный врач *veterinary surgeon*

автосва́рка	= автоге́нная сва́рка	*autogenous welding*
биоста́нция	= биологи́ческая ста́нция	*biological station*

(*b*) The first part of each word:

медфа́к	= медици́нский факульте́т	*medical faculty*
техре́д	= техни́ческий реда́ктор	*technical editor*
сопрома́т	= сопротивле́ние материа́лов	*resistance of materials*

(*c*) The initials of each word:

США	= Соединённые Шта́ты Аме́рики	*United States of America*
КПСС	= Коммунисти́ческая па́ртия Сове́тского Сою́за	*Communist Party of the Soviet Union*
вуз	= вы́сшее учёбное заведе́ние	*institution of higher education*

Most initial-words are read as letter-names (see § 93). Some, however, form pronounceable words, which are usually declined if they end in a consonant. Thus вуз has gen. sg. ву́за, nom. pl. ву́зы, &c.

EXERCISES A–C

A. Translate the following imperatives:

да́йте, сравни́, возьми́те, отме́тим, объясни́, нале́йте, закро́йте, вернёмся, напиши́те, регули́руйте.

B. Find two different meanings for each of the following:

моя, уже, тем, еду, мыла, вожу, суше, угле, дорог, займу, серой, семью, белка, нашей, стали, строя, начало, издали, нагрев, узнает, знаком, железу, физики, парами, большую, уважаем, стоящий, механику, смотрите, достигнут.

C. Translate:

1. В сове́тских ву́зах зи́мние кани́кулы продолжа́ются с 24-го января́ по 7-е февраля́[1].
2. Око́нчив университе́т, я на́чал рабо́тать нау́чным сотру́дником в лаборато́рии мѝкробиоло́гии.

[1] по 7-е февраля́ *up to and including* (American *through*) *7th February.*

3. Дава́йте побли́же рассмо́трим иллю́зии, кото́рые действи́тельно возника́ют в на́шем восприя́тии.
4. Изыска́ния показа́ли, что неиспо́льзованные нефтено́сные пласты́ нахо́дятся под морски́м дном.
5. Га̀зообме́н — э́то поглоще́ние органи́змом кислоро́да и выделе́ние у̀глекислоты́ посре́дством дыха́ния.
6. При́месь в мета́лле да́же небольшо́го коли́чества посторо́нних веще́ств мо́жет пони́зить элѐктро- и тѐплопрово́дность мета́лла.
7. В заме́тных коли́чествах озо́н прису́тствует в ве́рхних слоя́х атмосфе́ры, где, очеви́дно, он образу́ется под де́йствием у̀льтрафиоле́товых луче́й Со́лнца.
8. Так, наприме́р, эне́ргия, выделя́ющаяся при по́лном испо́льзовании 1 *кг* ура́на, равна́ приблизи́тельно 20 млн. *квт-ч* [двадцати́ миллио́нам килова́тт-часо́в].
9. Га̀зотурби́нные устано́вки не тре́буют для рабо́ты большо́го коли́чества воды́, име́ют небольши́е разме́ры и облада́ют высо́ким коэффицие́нтом поле́зного де́йствия (кпд).
10. Для промы́шленного произво́дства жа̀роупо́рной кера́мики применя́ется устано́вка с зе́ркалом диа́метром бо́лее 12 *м*. С его́ по́мощью получа́ют температу́ры до 3000°.
11. Оказа́лось, что синтети́ческие иони́ты соединя́ют интенси́вный ио̀нообме́н с ещё двумя́[1] ва́жными ка́чествами — высо́кой механи́ческой про́чностью и хими́ческой сто́йкостью.
12. Де́ло в том, что необходи́мо постепе́нно перейти́ от автоматиза́ции отде́льных маши́н к ко́мплексной автоматиза́ции произво́дственных проце́ссов в энерге́тике, металлу́ргии и маши̇̀ностро́ении.
13. Спу́тник был вы́веден на орби́ту вокру́г Земли́ при по́мощи многоступе́нчатой раке́ты. Её после́дняя ступе́нь несла́ спу́тник и поэ́тому называ́ется раке́той-носи́телем.
14. Не́которые лёгкие элеме́нты (бор, ли́тий), захва́тывая нейтро́ны, испуска́ют а́льфа-части́цы. Зна́чит, наполня́я счётчики бо̀рсодержа́щим га́зом, мо́жно зарегистри́ровать нейтро́нное излуче́ние.
15. Сле́дует заме́тить, что существова́ние нейтри́но внача́ле бы́ло предска́зано фи́зиками-теоре́тиками и то́лько впосле́дствии дока́зано на о́пыте в результа́те сло́жных и то́нких иссле́дований.
16. Обзо́р патологи́ческих явле́ний у иглоко́жих и черве́й показа́л нам, что не́которые из э́тих живо́тных реаги́руют гла́вным о́бразом о́чень бы́строй регенера́цией повреждённых часте́й.
17. Акаде́мику А. Н. Тере́нину принадлежи́т откры́тие диссоциа́ции двуха́томных моле́кул под де́йствием све́та, а та́кже весьма́ перспекти́вные результа́ты в о́бласти сло́жных соедине́ний.
18. На блю́дце с водо́й[2] поста́вьте опроки́нутый горя́чий стака́н. Понаблюда́йте не́которое вре́мя, следя́ за у́ровнем воды́ в обо́их сосу́дах. Да́йте чертёж и объясни́те результа́т экспериме́нта.
19. Водоро́дные свя́зи легко́ обнару́живаются при иссле́довании воды́ и̇̀нфракра́сным спектро́графом. Водоро́дная связь, как мы

[1] с ещё двумя́ *with two more/other.*
[2] блю́дце с водо́й *a saucer of water.*

установи́ли, сильне́е всего́ поглоща́ет лучи́ с длино́й волны́ о́коло трёх микро́н.

20. Подъёмный кран (см. рис. 3 на стр. 9) передвига́ется по горизонта́ли на 6 *м*. В то же вре́мя переноси́мый груз опуска́ется на 4 *м*. Определи́ть путь сло́жного движе́ния гру́за графи́чески.

21. У вы́сших позвоно́чных о́бщий круг кровообраще́ния постепе́нно разделя́ется на два: большо́й круг и ма́лый. В большо́м кру́ге кровь дви́жется от се́рдца к голове́, к пове́рхности те́ла, ко всем его́ о́рганам. В ма́лом кру́ге кровь дви́жется ме́жду се́рдцем и лёгкими.

22. Для приме́ра возьмём ли́тий. Э́то о́чень лёгкий, мя́гкий, горю́чий мета́лл. Он так бы́стро соединя́ется с кислоро́дом, что е́сли его́ бро́сить в во́ду, то он неме́дленно разлага́ет во́ду на водоро́д и кислоро́д. При э́том он окисля́ется, и образу́ется щёлочь.

23. Пластма́ссы ста́ли незамени́мым материа́лом для реше́ния мно́гих сло́жных зада́ч совреме́нной те́хники. Всё бо́лее широ́кое примене́ние нахо́дят пласти́ческие ма́ссы в изготовле́нии ширпотре́ба[1]: холоди́льников, ра̀диоприёмников, телеви́зоров, пылесо́сов, стира́льных маши́н и други́х.

24. Молодо́й фи́зик П. А. Черенко́в обнару́жил но́вое опти́ческое явле́ние. Е́сли освеща́ть любу́ю чи́стую жи́дкость, во́ду, се́рную кислоту́, глицери́н и т. д. га̀мма- и́ли бѐта-луча́ми, исходя́щими из ра́дия, то возника́ет сла́бое ви́димое свече́ние, облада́ющее удиви́тельными сво́йствами.

25. По́льзуясь э́тими ме́тодами, Ре́зерфорд установи́л зако́ны рассе́яния α-луче́й а́томами разли́чных элеме́нтов, что привело́ к обнару́жению существова́ния в а́томах ядра́ с диа́метром поря́дка 10^{-12} *см* [десяти́ в сте́пени ми́нус двена́дцать сантиме́тров]. Э́то откры́тие соверше́нно измени́ло представле́ние о структу́ре а́тома, при́нятое в то вре́мя.

READING

И. П. Па́влов (1849—1936)

Ива́н Петро́вич Па́влов, вели́кий ру́сский физио́лог, роди́лся в 1849 в го́роде Ряза́ни[2]. Увлёкшись в мо́лодости есте́ственными нау́ками, он поступи́л в Петербу́ргский университе́т, где учи́лся на фѝзико-математи́ческом факульте́те. Око́нчив университе́т в 1875, Ива́н Петро́вич заверши́л своё образова́ние в Мѐдико-хирурги́ческой акаде́мии[3]. Пото́м он рабо́тал не́которое вре́мя у знамени́того ме́дика С. П. Бо́ткина.

В 1890 Па́влов стал профе́ссором в акаде́мии, тепе́рь называ́вшейся Воѐнно-медици́нской. В э́том же году́ был организо́ван Институ́т экспери-

[1] ширпотре́б = предме́ты широ́кого потребле́ния *consumer goods*, (lit. *objects of wide use*).

[2] The town of Ryazan (Ряза́нь) is situated south-east of Moscow near the right bank of the River Oka.

[3] *The Academy of Medicine and Surgery*. This was reorganized in 1881 and its name changed to Воѐнно-медици́нская акаде́мия *The Military Academy of Medicine*, as stated later in the passage.

мента́льной медици́ны, и Па́влов был назна́чен заве́дующим его́ физиологи́ческого отделе́ния. Здесь сложи́лась его́ физиологи́ческая шко́ла.

Па́влов оста́вил по́сле себя́ класси́ческие рабо́ты в о́бласти физиоло́гии се́рдца, кровообраще́ния, пищеваре́ния и головно́го мо́зга. Он со́здал но́вые ме́тоды иссле́дования, осно́ванные на изуче́нии де́ятельности норма́льного органи́зма в связи́ со средо́й. Гла́вным достиже́нием Па́влова бы́ло откры́тие и изуче́ние усло́вных рефле́ксов, лежа́щих в осно́ве вы́сшей не́рвной де́ятельности.

Па́влов был и́збран почётным чле́ном многочи́сленных нау́чных учрежде́ний ми́ра (он име́л о́коло 150 дипло́мов иностра́нных акаде́мий и университе́тов). В 1935 на XV Междунаро́дном конгре́ссе физио́логов он был при́знан «старе́йшиной физио́логов всего́ ми́ра» (princeps physiologorum mundi).

У́мер Па́влов в 1936. Незадо́лго до сме́рти он написа́л в откры́том письме́ сове́тской молодёжи:

«Что бы я хоте́л пожела́ть молодёжи мое́й ро́дины, посвяти́вшей себя́ нау́ке?

Пре́жде всего́ — после́довательности. Изучи́те азы́ нау́ки[1], пре́жде чем пыта́ться взойти́ на её верши́ны. Изуча́йте, сопоставля́йте, накопля́йте фа́кты. Но, изуча́я, эксперименти́руя, наблюда́я, стара́йтесь не остава́ться у пове́рхности фа́ктов.

Второ́е — э́то скро́мность. Никогда́ не ду́майте, что вы уже́ всё зна́ете. И как бы высоко́ ни оце́нивали вас, всегда́ име́йте му́жество сказа́ть себе́: я неве́жда.

Тре́тье — э́то страсть. По́мните, что нау́ка тре́бует от челове́ка всей его́ жи́зни. И е́сли у вас бы́ло бы две жи́зни, то и их бы не хвати́ло вам».

[1] азы́ нау́ки *the rudiments of science*. Аз was the name of the letter *A* in the old Slavonic alphabet.

LESSON 20

SUFFIXES AND ROOTS

143. CONCRETE NOUN SUFFIXES. The following are the commonest suffixes used to form concrete nouns, especially those denoting an 'agent' or 'doer'. Feminine equivalents are given where they exist.

-ец, fem. **-ка**

испа́нец, испа́нка	*Spanish man, — woman*

-ик, and its extended forms **-ник, -чик, -щик,** with feminines in **-ица**

хи́мик	*chemist* (man or woman)
чертёжник, чертёжница	*draughtsman, -woman*
лётчик, лётчица	*airman, -woman*
набо́рщик, набо́рщица	*compositor*

-тель, fem. **-тельница**

учи́тель, учи́тельница	*teacher, woman teacher*

The same suffixes are sometimes also used in nouns denoting objects:

резе́ц	*cutter*
проводни́к	*conductor*
ме́льница	*mill*
двигатель	*engine*

The suffix -тель is used in mathematical terms such as:

дели́тель	*divisor*
мно́житель	*multiplier, factor*

The suffix **-лка** is used for names of machines, tools, &c.:

горе́лка	*burner*
молоти́лка	*threshing-machine*
бето̀номеша́лка	*concrete-mixer*

144. ABSTRACT NOUN SUFFIXES. The main suffixes used to form abstract nouns are:

-ка

чи́стка *cleaning* | стро́йка *construction*
вы́ставка *exhibition* | подгото́вка *preparation*

-ние, -ение

зажига́ние *ignition* | иссле́дование *investigation*
уравне́ние *equation* | примене́ние *application*

-ость, -есть

ско́рость *velocity* | ги́бкость *flexibility*
живу́честь *vitality* | теку́честь *fluidity*

-ота, -ета

высота́ *height* | краснота́ *redness*
частота́ *frequency* | нищета́ *poverty*

-ство, -ество

бога́тство *wealth* | чу́вство *feeling*
произво́дство *production* | вещество́ *substance*

-тие, -тьё

откры́тие *discovery* | разви́тие *development*
мытьё *washing* | бритьё *shaving*

The same suffixes sometimes denote objects:

устано́вка	(*industrial*) *plant*
расте́ние	(*living*) *plant*
тума́нность	*nebula*
кислота́	*acid*
устро́йство	*device*

The last three suffixes sometimes have a collective meaning:

беднота́	*the poor*
крестья́нство	*the peasants*
литьё	*castings, mouldings*

145. DIMINUTIVE NOUNS. Certain suffixes are used in Russian to form diminutive nouns. Such nouns either denote something small or have specialized meanings; in conversational Russian they also express various subjective attitudes, such as affection, dislike, &c. The suffixes often have a mobile vowel and may be preceded by the consonant change г > ж, к/ц > ч, or х > ш, e.g. кружо́к from круг *circle.*

-ик, -ок

гво́здик *tack* (гвоздь *nail*)

узело́к *nodule* (у́зел *knot, node*)

-ка

ре́чка *rivulet* (река́ *river*)

ка́пелька *droplet* (ка́пля *drop*)

-це, -ышко

те́льце *corpuscle* (те́ло *body*)

зёрнышко *granule* (зерно́ *grain*)

The suffix -чк- is also used, especially to form 'second-degree' diminutives:

-очек

кусо́чек *morsel* (кусо́к *piece*)

листо́чек *thin leaf* (лист — листо́к *leaf*)

-очка, -ечка

кле́точка *cellule* (клеть — кле́тка *cell, cage*)

кни́жечка *booklet* (кни́га — кни́жка *book*)

Diminutives are not always listed in dictionaries, and when given they often appear under the parent word. This applies even when the 'diminutive' has a separate meaning, e.g.

го́рлышко *neck* (*of a bottle*), from го́рло *throat*

146. ADJECTIVAL SUFFIXES. Apart from -ическ(ий), which is used to render foreign adjectives into Russian, the main suffixes appear below. Of these -н- and -еск- may be preceded by the same consonant changes as are found in diminutives, e.g. нау́чный *scientific*, from нау́ка *science*.

-ист-

гли́нистый *clayey* (гли́на *clay*)

серебри́стый *silvery* (серебро́ *silver*)

-к-

ло́мкий *fragile* (лома́ть *to break*)

ре́зкий *sharp, pungent* (ре́зать *to cut*)

-н-

желе́зный *ferrous* (желе́зо *iron*)

основно́й *basic* (осно́ва *basis*)

-ов-, ев-

боково́й *lateral* (бок *side*)

осево́й *axial* (ось *axis*)

-ск-, -еск-

морско́й *marine* (мо́ре *sea*)

челове́ческий *human* (челове́к *man*)

-ян-, -ан-

кровяно́й *(of) blood* (кровь *blood*)

ко́жаный *(of) leather* (ко́жа *leather*)

Compound suffixes are also used, e.g. -оват- (-еват), equivalent to *-ish*:

белова́тый *whitish*　　синева́тый *bluish*

N.B. In chemical terminology -истый denotes the lower valency (*-ous*) and -ный the higher (*-ic*). Compare:

азо́тистая кислота́　*nitrous acid*
азо́тная кислота́　*nitric acid*

147. RUSSIAN ROOTS. The number of common roots in Russian is quite small—a few hundred at most. Thus, by learning to recognize some of these, the student will be able to enlarge his vocabulary in a systematic, economical way. The root of a word provides the chief clue to its meaning, but must be considered together with any affixes. And, since the exact meaning cannot always be deduced by analysis, a dictionary should be consulted in addition.

The following are examples of word-families based on the same root:

кис- *sour*

ки́слый *sour, acid*	ки́снуть *to turn sour*
кислота́ (*an*) *acid*	кислоро́д *oxygen*

Note that за́кись = lower or -ous oxide, and о́кись = higher or -ic oxide:

за́кись азо́та	*nitrous oxide*
о́кись азо́та	*nitric oxide*

The word о́кисел is a general term for oxides of any kind.

след- *track*

след *track, trace*	следи́ть за *to keep track of*
сле́довать *to follow*	иссле́довать *to investigate*
сле́дствие *consequence*	насле́дство *inheritance*

Sometimes secondary or derivative roots are formed:

-раз- *strike*

отрази́ть *to repel, reflect*	зара́за *infection*

Secondary root **образ-** ($<$ об + раз) *form, image:*

образова́ние *formation*	воображе́ние *imagination*
преобрази́ть *to transform*	крестообра́зный *cross-shaped*

A list of roots is given on pp. 171–3.

148. CHURCH SLAVONIC FORMS. Until early in the eighteenth century the literary language of Russia was Church Slavonic, based on a dialect of Old Bulgarian. Many words and forms of Church Slavonic origin survive in modern Russian and they can often be recognized by certain phonetic features, such as the following consonant changes.

Russian	*Church Slavonic*
д > ж	д > жд
т > ч	т > щ

e.g.		
водить *to lead*	вожу́ *I lead*	вождь *leader*
свет *light*	свеча́ *candle*	освеще́ние *illumination*

Note also the following alternations, which occur between consonants:

Russian		*Church Slavonic*
-оло-	/	-ла- (-ле-)
-оро-	/	-ра-
-ере-	/	-ре-

Compare:

молодо́й *young*	мла́дший *youngest*
здоро́вье *health*	здра́вница *sanatorium*
середи́на *middle*	среда́ *milieu*

The shorter Church Slavonic forms are often used in word-formation, sometimes occurring only in derivatives and compounds. Thus го́род *town* = Church Slavonic град, as in Ленингра́д, градострои́тельство *town-building*, and граждани́н *citizen*. Similarly молоко́ *milk* = Church Slavonic мле́ко, as in млекопита́ющее *mammal* (lit. *milk-feeding*) and Мле́чный Путь *Milky Way*.

Where doublets exist the Church Slavonic form is usually more abstract or learned. Compare:

голова́ *head*	глава́ *chapter*
хорони́ть *to bury*	храни́ть *to preserve*

EXERCISES A–C

A. Find the parent forms and meanings of the following diminutives:

се́тка, ви́нтик, па́лочка, ветеро́к, стру́йка, коле́чко, сосу́дик, пя́тнышко, батаре́йка, волоко́нце, желу́дочек, про́волочка.

B. Using the list of roots on pp. 171–3, try to infer the meaning of the following words:

перенóс, отрéзок, продли́ть, испытáть, подвóдный, отбрóсить, расши́рить, подчини́ть, теплообмéн, бесси́льный, растя́гивать, перестрóйка, углубля́ться, вòдоочи́стка, бесконéчность, гàзоохлади́тель, самостоя́тельный, элèктродви́жущий, человèкообрáзный, свèтопропускáемость.

C. Translate:

1. Э́тот тóпливный элемéнт даёт энéргию для питáния нéскольких электри́ческих лáмпочек.
2. Цéлый лист состои́т из семи́, девяти́ и́ли бóлее листóчков. Э́то так назывáемый слóжный лист.
3. Си́риус В — слáбая звёздочка восьмóй-девя́той величины́, но мáсса её весьмá внуши́тельна, почти́ 0,8 мáссы нáшего Сóлнца.
4. Части́чки, летя́щие от Сóлнца, несýт с собóй электри́ческие заря́ды и повинýются воздéйствию магни́тных пóлюсов земнóго шáра.
5. Когдá кусóк желéза помещён в магни́тном пóле, напряжéние э́того пóля ориенти́рует все молекуля́рные магни́тики определённым óбразом.
6. Пикнóметр — э́то небольшóй сосýдик, на дли́нном, ýзком гóрлышке котóрого нанесенá мéтка, котóрая позволя́ет тóчно отмéривать объём.
7. Плáвающие в атмосфéре облакá, состоя́щие из водяны́х кáпелек и ледяны́х кристáлликов, вызывáют диффрáкцию, преломлéние и отражéние свéта.
8. Éсли бы мы могли́ рассмотрéть áтом, то, вероя́тнее всегó, он покaзáлся бы нам похóжим на пульси́рующее, меня́ющее своé фóрму и размéры óблачко.
9. Миллиóны стекля́нных кóлбочек для электри́ческих ламп изготовля́ет в сýтки однá маши́на. Человéк не мóжет уследи́ть за скóростью такóй маши́ны, но э́то легкó дéлают прибóры.
10. Для измерéния световóго давлéния П. Н. Лéбедев сконструи́ровал крóшечные вертýшки, котóрые представля́ли собóй тóнкие металли́ческие кры́лышки, подвéшенные на тонча́йших ни́тях.
11. При разложéнии известнякá $CaCO_3$ [кáльций-це-о-три[1]] получáются два óкисла: óкись кáльция CaO [кáльций-о] — жжёная и́звесть, и двуóкись углерóда CO_2 [це-о-два] — углекислотá.
12. В крови́ óчень мнóго крáсных тéлец, имéющих фóрму кружóчков, и значи́тельно мéньше бéлых тéлец. Пéрвые разнóсят кислорóд в нáшем тéле, а послéдние защищáют егó от микрóбов.
13. Что касáется γ-лучéй[2], то с ни́ми дéло обстои́т совсéм прóсто[3]. Они́

[1] Symbols for chemical elements are read with their Russian name if this is the same as or similar to the Latin, otherwise the Latin letters or names are used, e.g. H [аш], S [эс], Cu [кýпрум].

[2] Что касáется γ-лучéй *as far as γ-rays are concerned.*

[3] то с ни́ми дéло обстои́т совсéм прóсто *it is quite a straightforward matter* (*with them*).

выбива́ют из сте́нок любы́х счётных устро́йств электро́ны, кото́рые зате́м регистри́руются опи́санными вы́ше спо́собами.

14. Линне́й установи́л, что осно́вой для классифика́ции расте́ний явля́ется их пол, так как о́рганы размноже́ния — тычи́нки и пе́стики — явля́ются са́мыми суще́ственными и постоя́нными частя́ми расте́ний.
15. Осо́бенно интере́сны мы́сли Линне́я о ро́ли полово́го отбо́ра у млекопита́ющих, о борьбе́ за существова́ние в живо́тном ми́ре, о кристаллиза́ции и оса́дочных поро́дах, о лече́бных расте́ниях и т. д.
16. Само́ Со́лнце вхо́дит в соста́в гига́нтской систе́мы, кото́рая состои́т из полу́тораста миллиа́рдов звёзд — скопле́ния, называ́емого Мле́чным Путём. Среди́ звёзд Мле́чного Пути́ есть мёртвые, обледене́лые звёзды.
17. Е́сли прижа́ть металли́ческую про́волочку к по́люсам электри́ческой батаре́и, части́чки электро́нного га́за подхва́тываются электри́ческим по́лем и устремля́ются к положи́тельному по́люсу. По мета́ллу начина́ет течь электри́ческий ток.
18. Совреме́нные аппара́ты даю́т возмо́жность печа́тать текст с по́мощью кла́виш, как на пи́шущей маши́нке. Бу̀квопеча́тающий аппара́т принима́ет сигна́лы и печа́тает их сра́зу в ви́де букв на телегра́фную ле́нту.
19. В лаборато́риях мо́жно уви́деть мно́жество цилиндри́ческих коло́нок из органи́ческого стекла́, напо́лненных иони́товым «песко́м». Здесь иони́ты чёрные и бе́лые, кори́чневые и ро́зовые, краснова́тые, ора́нжевые и золотѝсто-жёлтые.
20. Се́ра гори́т я́рким си̇не-фиоле́товым пла́менем, образу́я газ с ре́зким за́пахом — серни́стый газ SO_2 [эс-о-два]. Фо́сфор гори́т ослепи́тельно-бе́лым пла́менем, образу́я бе́лый дым твёрдого о́кисла — фо́сфорного ангидри́да P_2O_5 [пэ-два-о-пять].
21. Е́сли взбива́ть в таре́лке яи́чный бело́к, то дово́льно ско́ро он вспе́нится и си́льно увели́чится в объёме. Прозра́чный зеленова́тый бело́к, кото́рый то́нкой плёнкой[1] растека́лся по таре́лке, исче́знет, и таре́лка напо́лнится бе́лой, о́чень лёгкой пе́ной.
22. Кле́тки о́чень разли́чны по свое́й фо́рме, величине́ и сво́йствам. Да́же в одно́й тка́ни, кле́тки мо́гут отлича́ться друг от дру́га по строе́нию и фу́нкциям. Но как бы си́льно ни отлича́лись разли́чные кле́тки, они́ всегда́ состоя́т из протопла́змы и ядра́ (рис. 1).
23. Пло́тность «я́дерной мате́рии» колосса́льна. Ша́рик объёмом в 1 куб. см, напо́лненный е́ю, име́л бы ма́ссу приме́рно в 120 млн. т. Э́то свиде́тельствует об огро́мной си́ле внутрия́дерных свя́зей, спосо́бных сжать «я́дерную мате́рию» до таки́х пло́тностей.
24. Отре́жьте листо́к фильтрова́льной бума́ги. Пригото́вьте фильтр и вложи́те его́ в воро́нку. Вста́вьте воро́нку в кольцо́ штати́ва. Фильтру́йте по́чвенную во́ду в подста́вленную скля́нку. Вы́парьте на жестяно́й пласти́нке ка́плю фильтра́та. Отве́тьте, име́ются ли со́ли в по́чвенной воде́.

[1] то́нкой плёнкой *in a thin film.* This is an instrumental of manner.

25. Ле́бедев со́здал миниатю́рные зе́ркальца для иссле́дования и отраже́ния коро́тких ра̀диово́лн и при́змочки из се́ры и смолы́ для их преломле́ния. Они́ бы́ли так малы́, что их мо́жно бы́ло спря́тать в карма́не. До Ле́бедева же эксперимента́торам приходи́лось по́льзова́ться при́змами ве́сом в не́сколько пудо́в[1].

READING

Электро́нные вычисли́тельные маши́ны

Разнообра́зен мир маши́н и прибо́ров, со́зданных челове́ком. Каку́ю бы о́бласть труда́ мы ни взя́ли, везде́ уча́ствуют маши́ны. Они́ ро́ют зе́млю, пла́вят мета́лл, выраба́тывают электроэне́ргию, шьют оде́жду, гото́вят пи́щу, печа́тают кни́ги. Они́ победи́ли расстоя́ние и вре́мя, прони́кли глубоко́ в зе́млю и подняли́сь за атмосфе́ру.

Тепе́рь постро́ены маши́ны, кото́рые помога́ют челове́ку не то́лько в физи́ческом, но и в у́мственном труде́. Наприме́р, маши́ны анализи́руют строе́ние криста́ллов, учи́тывают кни́ги в библиоте́ках, подбира́ют спра́вочный материа́л, управля́ют станка́ми, сло́жными агрега́тами и да́же це́лыми заво́дами. Кро́ме того́, существу́ют маши́ны, кото́рые произво́дят сложне́йшие математи́ческие вычисле́ния, перево́дят с одного́ языка́ на друго́й, игра́ют в ша́хматы и т. п. Э́ти маши́ны появи́лись совсе́м неда́вно и соверше́нствуются с порази́тельной быстрото́й.

Ра́ньше други́х была́ создана́ электро́нная вычисли́тельная маши́на. Э́то выдаю́щееся достиже́ние совреме́нной ра̀диоэлектро́ники. Вычисли́тельная маши́на — э́то набо́р механи́змов и электро́нных элеме́нтов, кото́рый де́йствует стро́го по зако́нам матема́тики и ло́гики, по зара́нее за́данному[2] алгори́тму. Э́та систе́ма универса́льна. Она́ спосо́бна автомати́чески реализова́ть любо́й проце́сс перерабо́тки информа́ции, для кото́рого на́йден алгори́тм и соста́влена програ́мма. Весь проце́сс вычисле́ний по́лностью автоматизи́рован. Чи́сла, над кото́рыми произво́дятся де́йствия, результа́ты промежу́точных вычисле́ний, а та́кже кома́нды храня́тся в осо́бом «запомина́ющем устро́йстве».

Арифмети́ческие и логи́ческие де́йствия выполня́ются электро́нными схе́мами с большо́й то́чностью и с грома́дной ско́ростью. Бы́стродействующая электро́нная счётная маши́на («БЭСМ») Акаде́мии нау́к СССР в секу́нду соверша́ет 7—8 ты́сяч арифмети́ческих де́йствий. Да́же са́мый о́пытный вычисли́тель, по́льзуясь арифмо́метром, потра́тит на таку́ю рабо́ту не́сколько дней. Запомина́ющее устро́йство маши́ны «БЭСМ» храни́т свы́ше ты́сячи чи́сел, и́ли кома́нд. Вы́бор ну́жного числа́ и за́пись результа́та занима́ет всего́ лишь двена́дцать миллио́нных доле́й секу́нды. Сложе́ние чи́сел «БЭСМ» произво́дит за три миллио́нные до́ли секу́нды, а умноже́ние — за 192 миллио́нные до́ли секу́нды.

[1] The pood (пуд) is an old measure equivalent to 36·1 lb.

[2] зара́нее за́данному *predetermined* (lit. *assigned beforehand*).

Однáко большúе вычислúтельные машúны дóроги, слóжны, трéбуют óчень тщáтельного ухóда и к томý же чрезмéрно громóздки. Поэ́тому в нáши дни появúлось мнóжество разнообрáзных, бóлее экономúчных машúн срéдних размéров. Онú значúтельно дешéвле, прóще, компáктнее и, несмотря́ на э́то, пригóдны для решéния óчень мнóгих задáч.

SUPPLEMENT

1. RUSSIAN ROOTS

The list below contains many of the commoner roots of Russian words. Each root appears under a head-form, followed by its variants, if any, and its chief meanings. Secondary or derivative roots, which have mostly evolved different meanings, are given immediately below the primary root. Unrelated roots which have common forms are numbered (1) and (2).

Apart from the phonetic changes given in §§ 19 and 148 the following also occur in roots.

CONSONANTS

б, д, т may become с before т (e.g. сесть from сед+ть).

д, т are dropped before -л in the past (e.g. сел from сед+л).

б, д, г, к, п, т may disappear before the suffix -ну- (e.g. дви́нуть from двиг+нуть).

в may disappear after the prefix об- (e.g. обяза́ть from об+вяза́ть).

In the above cases letters adjacent to the root, and not part of it, are put in brackets, e.g. сес(т)-, се(л)-, дви(н)-, (об)яз-.

Note also that в and н sometimes appear as infixes before a vowel, e.g. отвыка́ть, where вык- is a variant of ук-, and снима́ть, where ним- is a variant of им-.

VOWELS

е/и/о	отберу́, отбира́ю, отбо́р	(root бр-)
у/ы/о	за́суха, засыха́ть, засо́х	(root сух-)
у/я	туго́й, тя́га	(root туг-)
ин(им)/а(я)	начина́ть, нача́ть	(root чин-)

ROOTS

бел- *white*

близ- ближ- *near, proxim-*

боль- (1) *big, more* (2) *ill, pain*

бр- бер- бир- бор- *take, -lect*

брос- брош- брас- *throw, -ject*

буд- бы- *be, exist*

вед- вес(т)-
(1) ве(л)- вод- вож- *lead-, -duce*
(2) вет- вещ- *know, inform*

вер- *believe, sure*

верт- вер(н)- (об)ерт- ворот- врат- вращ- *turn, -vert*

вид- виж- *see, vision*

вис- виш- *hang, -pend*
вес- веш- *weigh*

влад- влас(т)- (об)лад- *rule, possess*

влек- влеч- влак- волок- волоч- *draw, pull, -tract*

вод- (1) see вед- (1)
(2) вож- *water, hydro-*
вык- выч- see ук-
вяз- вяж- see уз-
глав- голов- *head, chief*
глуб- *deep*
готов- готав- *ready, prepare*
гр- гор- гар- жар- *burn, heat*
горк- горьк- горч- *bitter*
да- *give*
двиг- движ- дви(н)- *move, motion*
де- дей- дел- дея- *do, make, act*
дел- (1) see де-
(2) дол- *divide, share*
держ- *hold, -tain*
дл- дол- дал- *long, far*
ед- (1) ес(т)- *eat, food*
(2) езд- езж- ех- *travel*
един- один- одн- *one, uni-*
ем- see им-
жар- see гр-
жив- жи- *life, animal*
зна- *know*
знак- знач- *sign, meaning*
ид- йд- ыд- *go, walk*
им- ым- *have, possess*
ем- йм- ьм- ним- ня- *take, -ceive*
иск- ищ- ыск- ыщ- *seek, search*
каз- каж- *show, seem*
кис- *sour, acid, oxy-*
клад- клас(т)- кла(л)- *put, -pose*
ключ- *source, switch, -clude*
кон- кан- *end, law*
чин- чн- ча- *beginning, cause*
крат- кращ- корот- короч- *short*
круг- круж- *round, circle*
кры- кро- *cover, conceal*
лег- (1) леж- леч- ляг- ляж- *lie*
лог- лож- лаг- *lay, put, -pose*
(2) *light, easy*
лет- леч- *fly*
ли- ль- лей- *pour*
лом- лам- *break, fract-*
мал- *small*
мен- (1) *less, minor*
(2) *change*
мер- *measure, size*
мест- мещ- *place, locate*
мех- мес- меш- *mix, meddle, hinder*
мног- множ- *many, multi-*
мог- мож- моч- мощ- *able, power, might*
нес- нос- нош- *carry, -fer*
ним- ня- see им-
нов- *new*
образ- ображ- see раз-
общ- *common, general*
один- одн- see един-
пад- пас(т)- па(л)- *fall*
пис- пиш- *write, -scribe*
полн- *fill, full*
прав- *right, rule, rect-*
пруг- пруж- пряг- пряж- пряч- *yoke, spring, tension*
пуск- пуст- пущ- *let, release, empty*
пыт- *test, try*
работ- рабоч- *work*
равн- ровн- *level, equal*
раз- раж- *strike, -flict*
образ- ображ- *form, image*
рез- реж- *cut, sharp*
род- рож- рожд- *birth, nature, gen-*
рос- рост- раст- ращ- *grow*
ряд- ряж- *row, rank, -charge*
свет- свеч- свещ- *light*
сед- сес(т)- се(л)- сид- сиж- сяд- *sit, set, settle*
сил- *force, strength*
сл- сол- сыл- шл- *send*
след- слеж- *track, follow, seque-*
смотр- сматр- *look, spect-*
сред- серд- серед- *middle, heart, medi-*
ста- сто- *stand, stay, become*
степ- стоп- ступ- *step, grade, degree*
стр- стер- стир- стор- *stretch, extend, space*
стран- сторон- *side, country*
строй-стро- стра- *order, build*
сух- суш- сох- сых- *dry*
тек- теч- ток- точ- *flow, flux, whet*
теп- топ- тап- *heat, fuel*
тр- тер- тир- *rub, friction*
туг- туж- тяг- тяж- тя(н)- *tight, strain, pull, traction*
уз- уж- юз- *narrow, knot, union*
вяз- вяж- (об)яз- *bind, knit*
ук- уч- *teach, learn*
вык- выч- (об)ык- (об)ыч- *habit*
хлад- хлажд- холод- *cold*
ход- хож- хожд- шед- ше(л)- *go, walk*
чин- (1) *order, rank*
(2) see кон-
чист- чищ- *clean, pure*
чт- чет- чес(т)- чит- *count, read*
числ- *number*
шед- шел- see ход-

шир- *wide*
шл- (1) see сл-
(2) see ход-
ык- ыч- see ук-
ьм- see им-
юз- see уз-
я- see им-
яв- *appear*
яз- see уз-
яс- *clear, bright*

2. TABLE OF LAST LETTERS

Abbreviations: act. = active part. = participle
imp. = imperative pass. = passive

	Nouns		*Adjectives and Pronouns*		*Verbs*	
	Sg.	*Pl.*	*Adj.*	*Pron.*	*Pres.-Fut.*	*Other forms*
Consonant	Nom.-Acc. m.	Gen.-Acc. f. Gen. n.	Short m.	..	..	(Past m.)
-а	Nom. f. Gen.-Acc. m. Gen. n.	Nom.-Acc. n. (Nom.-Acc. m.)	Short f.	Nom. f.	..	Pres. gerund
-ам	..	Dat.	..	..	..	..
-ами	..	Inst.	..	..	..	..
-ат	..	..	..	..	3rd pl.	..
-ах	..	Prep.	..	..	..	..
-ая	..	..	Nom. f.	..	..	..
-вш(и)	..	..	..	..	..	Past gerund
-вший	..	..	..	..	..	Past act. part
-е	Nom.-Acc. n. Prep. m. f. n. Dat. f.	(Nom. m.)	Short n.	Nom.-Acc. n.	..	..
-ев	..	Gen.-Acc. m. (Gen. n.)	..	..	..	..
-его	..	..	Gen.-Acc. m. Gen. n.		..	..
-ее	..	..	Nom.-Acc. n. Comparative	..	..	..
-ей	Inst. f.	Gen.-Acc. m. f. Gen. n.	Gen. Prep. Dat. Inst. f.		..	..
-ем	Inst. m.n.	..	Prep. m. n.		1st pl.	..

	Nouns		*Adjectives and Pronouns*		*Verbs*	
	Sg.	*Pl.*	*Adj.*	*Pron.*	*Pres.-Fut.*	*Other forms*
-ему	..	..	Dat. m. n.		..	..
-ени	Gen. Prep. Dat. n.	..	..	..	..	..
-ет	..	..	..	..	3rd sg.	..
-ете	..	..	..	..	2nd pl.	..
-ешь	..	..	..	..	2nd sg.	..
-ею	Inst. f.	..	Inst. f.		..	..
-и	Gen. Prep. Dat. f.	Nom.-Acc. m. f. (Nom.-Acc. n.)	Short pl.	Nom.-Acc. pl.	..	Imp. sg.
-ие	Nom.-Acc. n.	..	Nom.-Acc. pl.	..	..	..
-ии	Prep. m. f. n. Gen. Dat. f.	Nom.-Acc. m. f.	..	..	..	..
-ий	Nom.-Acc. m.	Gen.-Acc. f. Gen. n.	Nom.-Acc. m.	..	..	..
-им	..	..	Inst. m. n. Dat. pl.		1st pl.	..
-ими	..	..	Inst. pl.		..	..
-ит	..	..	..	..	3rd sg.	..
-ите	..	..	..	..	2nd pl.	Imp. pl.
-их	..	..	Gen.-Acc. pl. Prep. pl.		..	..
-ишь	..	..	..	..	2nd sg.	..
-ия	Nom. f.	Nom.-Acc. n.	..	..	..	..
-й	Nom.-Acc. m.	Gen.-Acc. f.	..	..	..	Imp. sg.
-йте	..	..	..	..	..	Imp. pl.
-л	..	..	..	..	..	Past m.
-ла	..	..	..	..	..	Past f.
-ли	..	..	..	..	..	Past pl.
-ло	..	..	..	..	..	Past n.
-мый	..	..	..	..	..	Pres. pass. part.
-мя	Nom.-Acc. n.	..	..	..	..	..
-нный	..	..	..	..	..	Past pass. part.
-о	Nom.-Acc. n.	..	Short n.	Nom.-Acc. n.	..	..
-ов	..	Gen.-Acc. m. (Gen. n.)	..	..	..	..

	Nouns		*Adjectives and Pronouns*		*Verbs*	
	Sg.	*Pl.*	*Adj.*	*Pron.*	*Pres.-Fut.*	*Other forms*
-ого	..	..	Gen.-Acc. m. Gen. n.		..	..
-ое	..	..	Nom.-Acc. n.	..	..	..
-ой	Inst. f.	..	Nom.-Acc. m. Gen. Prep. Dat. Inst. f.		..	..
-ом	Inst. m. n.	..	Prep. m. n.		..	..
-ому	..	..	Dat. m. n.		..	..
-ою	Inst. f.	..	Inst. f.		..	..
-сь	..	..	..	..	Reflexive or intransitive	
-ся	..	..	..	..		
-ти	..	..	..	..	..	Infinitive
-тый	..	..	..	..	..	Past pass. part.
-ть	..	..	..	..	..	Infinitive
-у	Acc. f. Dat. m. n. (Prep. m.)	..	..	Acc. f.	1st sg.	..
-ут	..	..	..	..	3rd pl.	..
-ую	..	..	Acc. f.	..	..	..
-чь	..	..	..	..	..	Infinitive
-ши	..	..	..	..	..	Past gerund
-ший	..	..	..	..	..	Past act. part.
-щий	..	..	..	..	..	Pres. act. part.
-ы	Gen. f.	Nom. Acc. m. f.	Short pl.			..
-ые	..	..	Nom.-Acc. pl.	..	..	..
-ый	..	..	Nom.-Acc. m.	..	..	..
-ым	..	..	Inst. m. n. Dat. pl.	..	..	..
-ыми	..	..	Inst. pl.	..	..	..
-ых	..	..	Gen.-Acc. pl. Prep. pl.	..	..	..
-ь	Nom.-Acc. m. Nom.-Acc. f.	Gen.-Acc. f.	..	..	..	Imp. sg.
-ьми	..	(Inst.)	..	..	..	..
-ьте	..	..	..	..	..	Imp. pl.
-ью	Inst. f.	..	Acc. f.	..	..	..

	Nouns		*Adjectives and Pronouns*		*Verbs*	
	Sg.	*Pl.*	*Adj.*	*Pron.*	*Pres.-Fut.*	*Other forms*
-ю	Acc. f. Dat. m. n. (Prep. m.)	..	..	Acc. f.	1st sg.	..
-ют	..	..	..	..	3rd pl.	..
-юю	..	..	Acc. f.	..	..	..
-я	Nom. f. Gen.-Acc. m. Gen. n.	Nom.-Acc. n. (Nom.-Acc. m.)	Short f.	Nom. f.	..	Pres. gerund (Past gerund)
-ям	..	Dat.	..	..	..	..
-ями	..	Inst.	..	..	..	..
-ят	..	..	..	..	3rd pl.	..
-ях	..	Prep.	..	..	..	..
-яя	..	..	Nom. f.	..	..	..

(i) Adjective and pronoun indications are singular unless the plural (pl.) is specified.
(ii) Adjective indications, other than short forms, include participles and ordinals.
(iii) Gen.-Acc. denotes Genitive and Accusative animate.
Nom.-Acc. denotes Nominative and Accusative inanimate.
(iv) Pres.-Fut. denotes Present imperfective or Future perfective.
(v) Bracketed forms are special or irregular.

3. DECLENSION TABLES

a. NOUNS

MASCULINE

	consonant	-й	-ь	-ий
N.	вид *aspect*	музе́й *museum*	стиль *style*	ра́дий *radium*
A.	вид	музе́й	стиль	as музе́й exc.
G.	ви́д**а**	музе́**я**	сти́л**я**	
P.	ви́д**е**	музе́**е**	сти́л**е**	ра́ди**и**
D.	ви́д**у**	музе́**ю**	сти́л**ю**	
I.	ви́д**ом**	музе́**ем**	сти́л**ем**	
		Plural		
N.	ви́д**ы**	музе́**и**	сти́л**и**	
A.	ви́д**ы**	музе́**и**	сти́л**и**	
G.	ви́д**ов**	музе́**ев**	сти́л**ей**	
P.	ви́д**ах**	музе́**ях**	сти́л**ях**	
D.	ви́д**ам**	музе́**ям**	сти́л**ям**	
I.	ви́д**ами**	музе́**ями**	сти́л**ями**	

NEUTER

	-о	-е	-мя	-ие
N.	те́ло *body*	по́ле *field*	и́мя *name*	зда́ние *building*
A.	те́ло	по́ле	и́мя	as по́ле exc.
G.	те́ла	по́ля	и́мени	
P.	те́ле	по́ле	и́мени	зда́нии
D.	те́лу	по́лю	и́мени	
I.	те́лом	по́лем	и́менем	

Plural

N.	тела́	поля́	имена́	
A.	тела́	поля́	имена́	
G.	тел	поле́й	имён	зда́ний
P.	тела́х	поля́х	имена́х	
D.	тела́м	поля́м	имена́м	
I.	тела́ми	поля́ми	имена́ми	

FEMININE

	-а	-я	-ь	-ия
N.	си́ла *force*	бу́ря *storm*	цель *aim*	ли́ния *line*
A.	си́лу	бу́рю	цель	as бу́ря exc.
G.	си́лы	бу́ри	це́ли	
P.	си́ле	бу́ре	це́ли	ли́нии
D.	си́ле	бу́ре	це́ли	ли́нии
I.	си́лой/-ою	бу́рей/-ею	це́лью	

Plural

N.	си́лы	бу́ри	це́ли	
A.	си́лы	бу́ри	це́ли	
G.	сил	бурь	це́лей	ли́ний
P.	си́лах	бу́рях	це́лях	
D.	си́лам	бу́рям	це́лям	
I.	си́лами	бу́рями	це́лями	

(i) All nouns above are inanimate.
(ii) Masculine animate nouns have A. = G. in the singular.
(iii) All animate nouns have A. = G. in the plural.
(iv) The following spelling rules apply:

	ы > и		я > а		unstressed о > е	
	N.sg.	N. pl.	N. sg.	D. pl.	N. sg.	I. sg.
	вид	ви́ды	цель	це́лям	кольцо́	кольцо́м
but	звук	зву́ки	ночь	ноча́м	со́лнце	со́лнцем

b. PRONOUNS

PERSONAL

N.	я *I*	ты *thou*	мы *we*	вы *you*
A. G.	меня́	тебя́	нас	вас
P.	мне	тебе́	нас	вас
D.	мне	тебе́	нам	вам
I.	мной/-о́ю	тобо́й/-о́ю	на́ми	ва́ми

N.	он *he*	оно́ *it*	она́ *she*	они́ *they*
A. G.	его́		её	их
P.	нём		ней	них
D.	ему́		ей	им
I.	им		ей/е́ю	и́ми

The reflexive pronoun себя́ *oneself* follows the pattern of ты in the oblique cases, i.e. prep., dat. себе́, inst. собо́й/-о́ю.

Third person pronouns governed by a preposition begin with н- e.g. у него́, к ним. The prepositional forms are always н-prefixed since they are never used without a preposition.

INTERROGATIVE-RELATIVE

N.	кто *who*	что *what*
A.	кого́	что
G.	кого́	чего́
P.	ком	чём
D.	кому́	чему́
I.	кем	чем

The negative pronouns никто́ *no one* and ничто́ *nothing* decline likewise but are separated by a governing preposition, e.g.

gen.	никого́	but	ни у кого́
dat.	ничему́	but	ни к чему́

POSSESSIVE

	m.	n.	f.	pl.
N.	мой *my*	моё	моя́	мои́
A.	= N./G.	моё	мою́	= N./G.
G.	мо**его́**		мо**е́й**	мо**и́х**
P.	мо**ём**		мо**е́й**	мо**и́х**
D.	мо**ему́**		мо**е́й**	мо**и́м**
I.	мо**и́м**		мо**е́й/-е́ю**	мо**и́ми**
N.	наш *our*	на́ш**е**	на́ш**а**	на́ш**и**
A.	= N./G.	на́ш**е**	на́ш**у**	= N./G.
G.	на́ш**его**		на́ш**ей**	на́ш**их**
P.	на́ш**ем**		на́ш**ей**	на́ш**их**
D.	на́ш**ему**		на́ш**ей**	на́ш**им**
I.	на́ш**им**		на́ш**ей/-ею**	на́ш**ими**

Твой *thy* and свой *one's own* are declined like мой, and ваш *your* like наш.

DEMONSTRATIVE

	m.	n.	f.	pl.
N.	э́тот *this*	э́т**о**	э́т**а**	э́т**и**
A.	= N./G.	э́т**о**	э́т**у**	= N./G.
G.	э́т**ого**		э́т**ой**	э́т**их**
P.	э́т**ом**		э́т**ой**	э́т**их**
D.	э́т**ому**		э́т**ой**	э́т**им**
I.	э́т**им**		э́т**ой/-ою**	э́т**ими**

	m.	n.	f.	pl.
N.	тот *that*	то	та	те
A.	= N./G.	то	ту	= N./G.
G.	того́		той	тех
P.	том		той	тех
D.	тому́		той	тем
I.	тем		той/-о́ю	те́ми

The emphatic pronoun сам *-self* is declined like э́тот, except that its feminine acc. sg. may be саму́ or самоё.

QUANTITATIVE

	m.	n.	f.	pl.
N.	весь *all*	всё	вся	все
A.	= N./G.	всё	всю	= N./G.
G.	всего́		всей	всех
P.	всём		всей	всех
D.	всему́		всей	всем
I.	всем		всей/-е́ю	все́ми

N.	ско́лько *how much/many*
A.	= N./G.
G.	ско́льких
P.	ско́льких
D.	ско́льким
I.	ско́лькими

Не́сколько *several* and сто́лько *so much/many* are declined like ско́лько. After по, used in a distributive sense, their dat. ending is -у, e.g. по ско́льку рубле́й *how many roubles each.*

C. ADJECTIVES

Hard: -ый, -о́й

	m.	n.	f.	pl.
N.	но́вый *new*	но́вое	но́вая	но́вые
A.	= N./G.	но́вое	но́вую	= N./G.
G.	но́вого		но́вой	но́вых
P.	но́вом		но́вой	но́вых
D.	но́вому		но́вой	но́вым
I.	но́вым		но́вой/-ою	но́выми

Soft: -ний

	m.	n.	f.	pl.
N.	си́ний *blue*	си́нее	си́няя	си́ние
A.	= N./G.	си́нее	си́нюю	= N./G.
G.	си́него		си́ней	си́них
P.	си́нем		си́ней	си́них
D.	си́нему		си́ней	си́ним
I.	си́ним		си́ней/-ею	си́ними

Possessive: -ин, -ов

	m.	n.	f.	pl.
N.	вóльтов *voltaic*	вóльтов**о**	вóльтов**а**	вóльтов**ы**
A.	= N./G.	вóльтов**о**	вóльтов**у**	= N./G.
G.	вóльтов**а**		вóльтов**ой**	вóльтов**ых**
P.	вóльтов**ом**		вóльтов**ой**	вóльтов**ых**
D.	вóльтов**у**		вóльтов**ой**	вóльтов**ым**
I.	вóльтов**ым**		вóльтов**ой**/**-ою**	вóльтов**ыми**

(i) Adjectives in -ой decline like нóвый, but have stressed endings, e.g. пустóй, пустóе, пустáя, пусты́е, &c.

(ii) Mixed adjectives, whose stems end in г, к, х, ж, ч, ш, щ, ц, have hard endings except where the spelling rules require a soft vowel, e.g.

	ы > и		unstressed о > е	
	f. sg.	m. sg.	f. sg.	n. sg.
	нóвая	нóвый	нóвая	нóвое
but	рýсская	рýсский	хорóшая	хорóшее

(iii) Relative adjectives in -ий are formed from names of animals and persons, e.g. ли́сий *fox's*. The nominative forms are ли́сье, ли́сья, ли́сьи, and the f. acc. ли́сью. The other forms have soft endings preceded by ь, e.g. ли́сьего, ли́сьем, ли́сьему, &c. The ordinal трéтий *third* declines likewise.

(iv) Possessive adjectives are formed from names of persons. Those in -ин may also take normal adjective endings in the m. n. gen. and dat., e.g. венéрин волосóк *maidenhair*, gen. венéрина/-ого волоскá.

4. COMPARATIVES

The following is a list of stem-changing and irregular comparatives. Asterisked forms are only adverbs, while the rest are both adjectives and adverbs.

Comparative	Positive	
бли́же	бли́зкий	*near*
богáче	богáтый	*rich*
бóлее*	мнóго	*much*
бóльше	большóй	*big*; мнóго *much*
вы́ше	высóкий	*high*
ги́бче	ги́бкий	*flexible*
глáже	глáдкий	*smooth*
глýбже	глубóкий	*deep*
гóрче	гóрький	*bitter*
грóмче	грóмкий	*loud*
гýще	густóй	*thick, dense*
дáлее*	далекó	*far off*
дáльше	далёкий	*distant*
дешéвле	дешёвый	*cheap*

Comparative	Positive	
до́лее*	до́лго	*a long time*
до́льше	до́лгий	*long*
доро́же	дорого́й	*dear*
жа́рче	жа́ркий	*hot*
жёстче	жёсткий	*hard, tough*
жи́же	жи́дкий	*thin, runny*
зво́нче	зво́нкий	*ringing*
коро́че	коро́ткий	*short*
кре́пче	кре́пкий	*strong, firm*
кру́че	круто́й	*steep*
ле́гче	лёгкий	*light, easy*
лу́чше	хоро́ший	*good*
ме́льче	ме́лкий	*fine; shallow*
ме́нее*	ма́ло	*little*
ме́ньше	ма́ленький	*small*; ма́ло *little*
моло́же	молодо́й	*young*
мя́гче	мя́гкий	*soft*
ни́же	ни́зкий	*low*
пло́ще	пло́ский	*flat*
по́зже*	по́здно	*late*
про́ще	просто́й	*simple*
ра́ньше*	ра́но	*early*
ре́же	ре́дкий	*rare*
ре́зче	ре́зкий	*sharp*
сла́ще	сла́дкий	*sweet*
ста́рше	ста́рый	*old*
стро́же	стро́гий	*strict*
су́ше	сухо́й	*dry*
твёрже	твёрдый	*hard, solid*
ти́ше	ти́хий	*quiet*
то́лще	то́лстый	*thick, fat*
то́ньше	то́нкий	*thin, fine*
ту́же	туго́й	*tight*
у́же	у́зкий	*narrow*
ху́же	худо́й	*bad*
ча́ще	ча́стый	*frequent*
чи́ще	чи́стый	*pure, clean*
ши́ре	широ́кий	*wide*
я́рче	я́ркий	*bright*

Note also the regular forms:

поздне́е = по́зже		старе́е	*older* (of things)
ра́нее = ра́ньше		худе́е	*thinner* (of people)

5. TABLE OF VERBS

The following table gives a list of difficult verbs, including many with stem changes, those with infinitives in -сть, -ти, -чь, and the few irregular verbs (marked *). It is in alphabetical order for column 1, which gives the present (or future perfective) in the 3rd persons singular and plural, and more fully where necessary. Forms preceded by a hyphen occur only in compounds (i.e. with prefixes), while most other forms may be found either as they are or in compounds.

Column 2 gives the masculine past tense form and, where this differs from the other three forms (in lacking -л or having a mobile е), the plural is also cited. A few pasts are also reduplicated at their alphabetical place in this column, with a reference to the corresponding present tense under column 1.

Column 3 gives the past passive participle which, for most verbs, is more likely to occur with a prefix than without.

Column 4 gives the infinitive, normally imperfective, with which the forms in columns 1–3 are associated. In the case of compound verbs columns 4 and 5 give the corresponding perfective and imperfective infinitives, e.g. **при**бежáть is perfective and **при**бегáть its corresponding imperfective. Where the infinitive in column 4 is marked perfective, the corresponding imperfective, if different from the form in column 5, is coupled with it in a bracket.

The stress is shown only for the particular forms cited or, where a form is preceded by a hyphen, only if it always falls on the syllable indicated (except after вы-, which is always stressed in perfectives).

The meaning given in column 6 for each verb is not necessarily the only one, and in the case of compounds a dictionary should always be consulted.

Use of Table

A verb form not given in the dictionary should be looked up in the table and referred to its imperfective infinitive. If the word cannot be found as it stands it should be stripped of its prefix(es) and reflexive suffix, if any, then the resulting form should be sought and traced to the imperfective infinitive. Finally the deleted parts should be replaced, with spelling adjustments if required (see below), and the new infinitive looked up in a dictionary.

Examples:

(*a*) **займёт**: delete за-, look up -имёт in column 1. Turn to column 5, find -нима́ть. Replace за-; look up занима́ть in dictionary and find meaning *occupy*. Hence займёт, being pf. = *will occupy*.

(*b*) **разольётся**: delete разо- and -ся, look up льёт in column 1. Turn to column 5, find -лива́ть. Replace разо- (as раз-) and -ся; look up разлива́ться in dictionary and find meaning *overflow*. Hence разольётся (pf.) = *will overflow*.

(*c*) **произошло́**: delete про- and изо-, look up шло (under шёл, шли) in column 2. Turn to column 5, find -ходи́ть. Replace про- and изо- (as ис- before х); look up происходи́ть in dictionary and find meaning *occur*. Hence произошло́ (pf.) = *has/had occurred*.

VERB PREFIXES

Uniform	Variable			
	before	-йти compounds, cons.+ь, many cons. groups	е, ю, я	к, п, с, т, ф, х, ц, ч, ш, ш
вы-	в-	во-	въ-	
до-	вз-, воз-	взо-	взъ-	вос-, вс-
за-	из-	изо-	изъ-	ис-
на-	над-	надо-	надъ-	
пере-	о-, об-	обо-	объ-	
по-	от-	ото-	отъ-	
пре-	под-	подо-	подъ-	
при-	пред-	предо-	предъ-	
про-	раз-	разо-	разъ-	рас-
у-	с-	со-	съ-	

N.B. Prefixes may occur in combination, e.g. воспри-, предпо-, произ-. Не- may precede до-, e.g. недоста́ть.

1	2	3
Present or Future (pf.)	*Past*	*Past Passive Participle*
бежи́т, бегу́т	бежа́л	—
бережёт, берегу́т	берёг, берегли́	бережённый
берёт, беру́т	брал	-бранный
бле́щет, бле́щут[1]	блесте́л	—
бре́ет, бре́ют	брил	бри́тый
бу́дет, бу́дут *fut.*	был	-бы́тый
бьёт, бьют	бил	би́тый
ведёт, веду́т	вёл	ведённый
везёт, везу́т	вёз, везли́	везённый
-ве́ргнет, -ве́ргнут	-ве́рг(нул), -ве́ргли	-ве́ргнутый and -ве́рженный
влечёт, влеку́т	влёк, влекли́	влечённый
возьмёт, возьму́т	взял	взя́тый
встаёт, встаю́т	встава́л	—
вста́нет, вста́нут	встал	—
-вы́кнет, -вы́кнут	-вы́к, -вы́кли	—
вьёт, вьют	вил	ви́тый
вя́жет, вя́жут	вяза́л	вя́занный
вя́нет, вя́нут	вя́(ну)л, вя́ли	—
га́снет, га́снут	га́с(нул), га́сли	—
ги́бнет, ги́бнут	ги́б(нул), ги́бли	—
го́нит, го́нят	гнал	-гнанный
гребёт, гребу́т	грёб, гребли́	-гребённый
даёт, даю́т	дава́л	—
дам, даст, дади́м, даду́т	дал	да́нный
дви́жет, дви́жут[2]	дви́гал	—
де́нет, де́нут	дел	де́тый
дерёт, деру́т	драл	-дра́нный
дости́гнет, дости́гнут	дости́г(нул), дости́гли	дости́гнутый
е́дет, е́дут	е́хал	—
ем, ест, еди́м, едя́т	ел	-е́денный
жжёт, жгут	жёг, жгли	-жжённый
живёт, живу́т	жил	-житый
жмёт, жмут	жал	жа́тый
жнёт, жнут	жал	жа́тый
жуёт, жую́т	жева́л	жёванный
зовёт, зову́т	звал	зва́нный
идёт, иду́т	шёл, шли	—

[1] Also regular блести́т, блестя́т (2nd conj.).

[2] But regular дви́гает, дви́гают in the sense *move* (= *shift*).

4	5	6
Infinitive	*Compounds* (*ipf.*)	*Meaning*
бежа́ть*	-бега́ть	run
бере́чь	-берега́ть	keep, preserve
брать	-бира́ть	take
блесте́ть	—	shine, sparkle
брить	-брива́ть	shave
быть*	-быва́ть	be
бить	-бива́ть	strike, hit
вести́	-води́ть	lead
везти́	-вози́ть	transport
-ве́ргнуть *pf.*	-верга́ть	'cast', '-ject'
влечь	-влека́ть	draw, '-tract'
{ взять *pf.*	—	take
{ брать		
{ встава́ть	—	rise
{ встать *pf.*		
-вы́кнуть *pf.*	-выќать	'get accustomed'
вить	-вива́ть	twist, twine
вяза́ть	-вя́зывать	bind, tie
вя́нуть	-вяда́ть	fade
га́снуть	-гаса́ть	die out
ги́бнуть	-гиба́ть	perish
гнать	-гоня́ть	drive, chase
грести́	-греба́ть	rake
дава́ть	—	give
дать *pf.**	-дава́ть	give
дви́гать	—	move, propel
деть *pf.*	-дева́ть	put
драть	-дира́ть	tear, rip
{ дости́гнуть and дости́чь *pf.*	—	reach
{ достига́ть		
е́хать	-езжа́ть	ride, go
есть*	-еда́ть	eat
жечь	-жига́ть	burn
жить	-жива́ть	live
жать	-жима́ть	press, squeeze
жать	-жина́ть	reap
жева́ть	-жёвывать	chew
звать	-зыва́ть	call, name
идти́	—	go, walk

1	2	3
Present or Future (pf.)	*Past*	*Past Passive Participle*
исче́знет, исче́знут	исче́з, исче́зли	—
и́щет, и́щут	иска́л	и́сканный
-йдёт, -йду́т	-шёл, -шли́	-йденный
-ймёт, -йму́т	-нял	-нятый
-ка́жет, -ка́жут	-каза́л	-ка́занный
кладёт, кладу́т	клал	—
кро́ет, кро́ют	крыл	кры́тый
куёт, кую́т	кова́л	ко́ванный
-ло́жит, -ло́жат	-ложи́л	-ло́женный
льёт, льют	лил	ли́тый
ля́жет, ля́гут	лёг, легли́	—
ма́жет, ма́жут	ма́зал	ма́занный
ме́лет, ме́лют	моло́л	мо́лотый
мёрзнет, мёрзнут	мёрз(нул), мёрзли	—
мнёт, мнут	мял	мя́тый
мо́ет, мо́ют	мыл	мы́тый
мо́жет, мо́гут	мог, могли́	—
начнёт, начну́т	на́чал	на́чатый
несёт, несу́т	нёс, несли́	несённый
-ни́кнет, -ни́кнут	-ни́к, -ни́кли	-ни́кнутый
-ни́мет, -ни́мут	-нял	-нятый
обретёт, обрету́т	обрёл	обретённый
падёт, паду́т	пал	—
па́хнет, па́хнут	па́х(нул), па́хли	—
печёт, пеку́т	пёк, пекли́	печённый
пи́шет, пи́шут	писа́л	пи́санный
плетёт, плету́т	плёл	-плетённый
плывёт, плыву́т	плыл	—
поёт, пою́т	пел	пе́тый
поймёт, пойму́т	по́нял	по́нятый
помо́жет, помо́гут	помо́г, помогли́	—
-прёт, -пру́т	-пер, -перли	-пертый
при́мет, при́мут	при́нял	при́нятый
прядёт, пряду́т	прял	пря́денный
пьёт, пьют	пил	пи́тый

4	5	6
Infinitive	*Compounds* (*ipf.*)	*Meaning*
{исчéзнуть *pf.* {исчезáть	—	vanish
искáть	-и́скивать and -ы́скивать	seek
-йти́ *pf.*	-ходи́ть	go, come
-ня́ть *pf.*	-нимáть	take
-казáть *pf.*	-кáзывать	'show'; 'say'
класть	-клáдывать	put, lay
крыть	-крывáть	cover
ковáть	-кóвывать	forge
-ложи́ть *pf.*	-клáдывать and -лагáть	'put', '-pose'
лить	-ливáть	pour
{лечь *pf.* {ложи́ться	-легáть	lie down
мáзать	-мáзывать	grease, smear
молóть	-мáлывать	grind
мёрзнуть	-мерзáть	freeze
мять	-минáть	crush, crumple
мыть	-мывáть	wash
мочь	-могáть	be able
{начáть *pf.* {начинáть	—	begin
нести́	-носи́ть	carry
-ни́кнуть *pf.*	-никáть	'thrust'
-ня́ть *pf.*	-нимáть	'take'
обрести́ *pf.*	-обретáть	'find'
{пасть *pf.* {пáдать	-падáть	fall
пáхнуть	—	smell
печь	-пекáть	bake
писáть	-пи́сывать	write
плести́	-плетáть	plait, weave
плыть	-плывáть	swim, sail
петь	-певáть	sing
{поня́ть *pf.* {понимáть	—	understand
{помóчь *pf.* {помогáть	—	help
-перéть *pf.*	-пирáть	'push', 'lean'
{приня́ть *pf.* {принимáть	—	accept
прясть	-прядáть	spin
пить	-пивáть	drink

1 *Present or Future (pf.)*	2 *Past*	3 *Past Passive Participle*
растёт, растýт	рос, рослú	—
рéжет, рéжут	рéзал	рéзанный
рóет, рóют	рыл	рытый
сечёт, секýт	сек, секлú	-сечённый
(see сядет)	сел	—
скребёт, скребýт	скрёб, скреблú	-скребённый
создаёт, создаю́т	создавáл	—
создáст, создадýт (see дам)	сóздал	сóзданный
сóхнет, сóхнут	сóх(нул), сóхли	—
спасёт, спасýт	спас, спаслú	спасённый
-стаёт, -стаю́т	-ставáл	—
стáнет, стáнут	стал	—
стéлет, стéлют	стлал	-стланный
суёт, сую́т	совáл	—
сы́плет, сы́плют	сы́пал	сы́панный
ся́дет, ся́дут	сел	—
течёт, текýт	тёк, теклú	—
толчёт, толкýт	толóк, толклú	толчённый
трёт, трут	тёр, тёрли	тёртый
трясёт, трясýт	тряс, тряслú	-трясённый
умрёт, умрýт	ýмер, ýмерли	—
хочý, хóчет, хотúм, хотя́т	хотéл	—
цветёт, цветýт	цвёл	—
чéшет, чéшут	чесáл	чёсанный
-чтёт, -чтýт	-чёл, -члú	-чтённый
(see идёт, -йдёт)	шёл, шли	—
-шибёт, -шибýт	-шúб, -шúбли	-шúбленный
шлёт, шлют	слал	-сланный
шьёт, шьют	шил	шúтый
-ы́щет, -ы́щут	-ыскáл	-ы́сканный

4	5	6
Infinitive	*Compounds* (*ipf.*)	*Meaning*
расти́	-раста́ть	grow
ре́зать	-реза́ть and -ре́зывать	cut
рыть	-рыва́ть	dig
сечь	-сека́ть	chop, cut
—	—	—
скрести́	-скреба́ть	scrape
создава́ть созда́ть *pf.**	—	create
со́хнуть	-сыха́ть	go dry
спасти́ *pf.*	-спаса́ть	save
-става́ть	—	
стать *pf.* станови́ться	-става́ть	stand, become
стлать	-стила́ть	spread
сова́ть	-со́вывать	shove
сы́пать	-сыпа́ть	scatter
сесть *pf.* сади́ться	-седа́ть and -са́живаться	sit
течь	-converted	flow
толо́чь	—	crush, pound
тере́ть	-тира́ть	rub, wipe
трясти́	-тряса́ть	shake
умере́ть *pf.* умира́ть	—	die
хоте́ть*	—	wish, want
цвести́	-цвета́ть	bloom
чеса́ть	-чёсывать	scratch, comb
-че́сть *pf.*	-чита́ть and -чи́тывать	'reckon', 'read'
-шиби́ть	-шиба́ть	'hit'
слать	-сыла́ть	send
шить	-шива́ть	sew
-ыска́ть *pf.*	-ы́скивать	seek

6. HANDWRITING

Letter: name		*Written*	*Letter: name*		*Written*
А	а	*А а*	Р	эр	*Р р*
Б	бэ	*Б б*	С	эс	*С с*
В	вэ	*В в*	Т	тэ	*Т т*
Г	гэ	*Г г*	У	у	*У у*
Д	дэ	*Д д*	Ф	эф	*Ф ф*
Е	е	*Е е*	Х	ха	*Х х*
Ж	же	*Ж ж*	Ц	це	*Ц ц*
З	зэ	*З з*	Ч	че	*Ч ч*
И	и	*И и*	Щ	ща	*Ш ш*
Й	и кра́ткое	*Й й*	Ш	ша	*Щ щ*
К	ка	*К к*	Ъ	твёрдый знак	– *ъ*
Л	эл	*Л л*	Ы	ы	– *ы*
М	эм	*М м*	Ь	мя́гкий знак	– *ь*
Н	эн	*Н н*	Э	э	*Э э*
О	о	*О о*	Ю	ю	*Ю ю*
П	пэ	*П п*	Я	я	*Я я*

Alternative forms: д *∂*, з *ʒ*, т *т*.

A bar is sometimes written above т (*т̄*) and below ш (*ш̲*) to avoid confusion.

Note especially: *в* not *ъ*, *ж* not *ж*, *к* not *k*, *м* not *м*, *ш* not *w*.

Joining letters: *л м я* are joined to the previous letter with a hook, e.g. *или ум имя*, but not joined to a preceding *о*, e.g. *ом*. A letter following *б* starts at its base, e.g. *база*.

Practice:

вы тоже цех фаза дверь поэт миля
быть счёт долги щука чугун съесть
жёлчь урожай хорошую Бор Тула Гейгер
Пекин Фарадей Эдинбург Советский Союз

7. METRIC–ENGLISH EQUIVALENTS

LENGTH

1 сантиме́тр (*см*)	0·3937 in.
1 метр (*м*)	1·0936 yds.
1 киломе́тр (*км*)	0·6214 mile

AREA

1 квадра́тный сантиме́тр (*см*²)	0·1550 sq. in.
1 квадра́тный метр (*м*³)	1·1960 sq. yds.
1 ар (*а*)	0·0247 acre
1 гекта́р (*га*)	2·4710 acres
1 квадра́тный киломе́тр (*км*²)	0·3861 sq. mile

VOLUME

1 куби́ческий сантиме́тр (*см*³)	0·0610 cu. in.
1 куби́ческий метр (*м*³)	1·3079 cu. yds.

CAPACITY

1 сантили́тр (*сл*)	0·3520 fl. oz.
1 литр (*л*)	1·7598 pints
1 гектоли́тр (*гл*)	21·9975 gals.

WEIGHT

1 сантигра́мм (*сг*)	0·1543 grain
1 грамм (*г*)	0·0353 oz.
1 килогра́мм (*кг*)	2·2046 lb.
1 це́нтнер (*ц*)	1·9684 cwt.
1 то́нна (*т*)	0·9842 ton

PRESSURE

1 килогра́мм на кв. сантиме́тр (*кг*/*см*²)	14·2233 lb./sq. in.
1 атмосфе́ра (*ат*)	14·6960 lb./sq. in.
1 килогра́мм на кв. метр (*кг*/*м*²)	0·2048 lb./sq. ft.

DENSITY

1 грамм на куб. сантиме́тр (*г*/*см*³)	0·0361 lb./cu. in.
1 килогра́мм на куб. метр (*кг*/*м*³)	0·0624 lb./cu. ft.

CONCENTRATION

1 грамм на литр (*г/л*)	0·1603 oz./gal.
1 килогра́мм на литр (*кг/л*)	10·0209 lb./gal.

FORCE

1 ди́на (*дн*)	0·00007 poundal
1 грамм-си́ла (*гс*)	0·0709 poundal
1 килогра́мм-си́ла (*кгс*)	70·932 poundals

WORK, POWER

1 джо́уль (*дж*)	0·7376 ft.-lb.
1 килогра̀ммоме́тр (*кгм*)	7·2327 ft.-lb.
1 килокало́рия (*ккал*)	3·9683 B.T.U.
1 лошади́ная си́ла (*л.с.*)	0·9863 h.p.
1 килова́тт (*квт*)	1·3418 h.p.
1 килова́тт-ча́с (*квт-ч*)	0·0341 therm

Non-metric measures sometimes used are:

1 дюйм (дм.) = 1 in. 1 пуд (п.) = 36·11 lb.

8. RUSSIAN ABBREVIATIONS

This list excludes abbreviations given in the table of metric–English equivalents as well as readily intelligible ones such as сек. *sec.*, проф. *Prof.*, Мэв *Mev.*

а	ампе́р *amp.*
АН	Акаде́мия нау́к *Acad. Sci.*
ат. в.	а́томный вес *at. wt.*
а-ч	ампе́р-ча́с *Ah*
б. или м.	бо́лее и́ли ме́нее *more or less*
б-ка	библиоте́ка *lib.*
БСЭ	Больша́я сове́тская энциклопе́дия *Gr. Sov. Encycl.*
б. ч.	бо́льшей ча́стью *mostly*
в	вольт *V*
в.	век *cent.*
в-во	вещество́ *mat., subst.*
вм.	вме́сто *instead of*
вт	ватт *W*
втуз	вы́сшее техни́ческое учёбное заведе́ние *CAT, Tech. Coll.*
в т. ч.	в том числе́ *incl.*
вуз	вы́сшее учёбное заведе́ние *Univ., Coll.*
вып.	вы́пуск *iss.*
г.	год *yr.*; го́род *tn.*
гл.	глава́ *ch.*
гл. обр.	гла́вным о́бразом *mainly*
гн	ге́нри *H*
гц	герц *cps*
ДАН	Докла́ды Акаде́мии нау́к *Proc. Acad. Sci.*
д. б.	должно́ быть *prob.*
до н. э.	до на́шей э́ры *B.C.*
д-р	до́ктор *Dr.*
ед.	едини́ца *u.*
Ж.	Журна́л *Jl.*
ж. д.	желе́зная доро́га *rly.*
и др.	и други́е *et al.*
избр. соч.	и́збранные сочине́ния *sel. wks.*

Изв.	Изве́стия *Proc., Trans.*
изд.	изда́ние *edn.*
изд-во	изда́тельство *Pub. Ho.*
им.	и́мени *named after*
ин-т	институ́т *Inst.*
и пр.	и про́чее *etc.*
и т. д.	и так да́лее *etc.*
и т. п.	и тому́ подо́бное *etc.*
к.	копе́йка *cop.*
к-во	коли́чество *amt., qnty.*
кн.	кни́га *bk.*
кпд	коэффицие́нт поле́зного де́йствия *eff.*
к-т	комите́т *c'tee*
к-та	кислота́ *a.*
Л.	Ленингра́д *Len.*
М.	Москва́ *Mosc.*
м. б.	мо́жет быть *perh.*
мгвт	мегава́тт *MW*
мггц	мегаге́рц *Mc/sec*
МГУ	Моско́вский госуда́рственный университе́т *Mosc. Univ.*
мкс	ма́ксвелл *mx.*
мкф	микрофара́да *mf*
млн.	миллио́н *m.*
млрд.	миллиа́рд *bill.* (*Am.*)
мол. в.	молекуля́рный вес *mol. wt.*
м. пр.	ме́жду про́чим *inter alia*
напр.	наприме́р *e.g.*
н. э.	на́шей э́ры *A.D.*
об/мин	оборо́тов в мину́ту *rpm*
о-во	о́бщество *Soc., Assoc.*
ок.	о́коло *nr., abt.*
о. н. д.	о́бщий наибо́льший дели́тель *g.c.d.*
о. н. к.	о́бщее наиме́ньшее кра́тное *l.c.m.*
оп.	о́пыт *exp.*
особ.	осо́бенно *esp.*
прибл.	приблизи́тельно *approx.*
п. ч.	потому́ что *bec.*
р.	река́ *R.*; рубль *roub.*
ред.	реда́ктор *Ed.*
рис.	рису́нок *diag., fig.*
род.	роди́лся *b.*
след. обр.	сле́дующим о́бразом *as fols.*
см.	смотри́ *see*
ср.	сравни́ *cf.*
СССР	Сою́з Сове́тских Социалисти́ческих Респу́блик *USSR*
стр.	страни́ца *p.*
с. х.	се́льское хозя́йство *agric.*
США	Соединённые Шта́ты Аме́рики *USA*
т.	том *vol.*
табл.	табли́ца *tab.*
т. е.	то есть *i.e.*
т. заст.	температу́ра застыва́ния *f.p.*
т. кип.	температу́ра кипе́ния *b.p.*
т. н.	так называ́емый *so-called*
т. о.	таки́м о́бразом *thus*
т. пл.	температу́ра плавле́ния *m.p.*
т-ра	температу́ра *temp.*
тыс.	ты́сяча *thou.*
уд. в.	уде́льный вес *sp. gr.*
ук. соч.	ука́занное сочине́ние *op. cit.*
ун-т	университе́т *Univ.*
ур-ие	уравне́ние *eq.*
ф-ия	функция *f.*
ф-ла	фо́рмула *for.*
х. ч.	хими́чески чи́стый *c.p.*
ч.	час *hr.*; часть *pt.*
ч. и т. д.	что и тре́бовалось доказа́ть *q.e.d.*
эдс	элѐктродви́жущая си́ла *emf*
экв.	эквивале́нт *equiv.*

(i) Simple abbreviations, when doubled, are plural. Thus гг. = го́ды *yrs.*

(ii) Abbreviations of the type в-во change their endings.

GENERAL VOCABULARY

The vocabulary includes all words requiring translation and many proper names, especially those whose English equivalents may not be obvious. Inflected words are given only in their basic or dictionary forms.

Irregular plurals of nouns are given, and nouns which are used only or mainly in the plural are marked *pl.* Gender is shown for masculines in -ь and a few others.

Adverbs and impersonal expressions formed regularly from adjectives are as a rule given in the adjectival form.

Verbs are cited in both aspects, where they exist in pairs. The imperfective infinitive is given first, followed by the perfective, which is abbreviated where possible, e.g. де́лать, с-; получа́ть, -и́ть. Verbs given alone are imperfective unless otherwise indicated. Verbs with two imperfective forms are given in the order: indefinite, definite, perfective, e.g. лета́ть; лете́ть, по-. Verbs in -ать, -ять belonging to the second conjugation are marked (2).

ABBREVIATIONS

comp.	comparative	*indecl.*	indeclinable
conj.	conjunction	*intr.*	intransitive
dim.	diminutive	*nn.*	noun
impers.	impersonal	*pcle.*	particle

In phrases the head-word of an entry, or its first part, is replaced by the sign ~

A

а and, but, while
абсолю́тный absolute
а́вгуст August
авиа́ция aviation
авитамино́з avitaminosis
А́встрия Austria
авто- auto-, self-
автоматиза́ция automation
автоматизи́ровать *ipf.* & *pf.* automate
автома́тика automation
автомати́ческий automatic, automated
автомоби́ль *m.* automobile, car
а́втор author
авторите́т authority
агрега́т aggregate, assembly, unit, plant
а́дрес, *pl.* **~а́,** address
А́зия Asia
азо́т nitrogen
азо̀тноки́слый nitrate of; **~ свине́ц** lead nitrate; **~ое серебро́** silver nitrate
азо́тный nitric
азы́ *pl.* rudiments, ABC
акаде́мик academician
акаде́мия academy
акти́вный active
а́лгебра algebra
алгори́тм algorithm
Алексе́й Alexis
Алёша *dim. of* **Алексе́й**
алкого́ль *m.* alcohol

áльфа-части́ца alpha-particle
алюми́ниевый aluminium (*adj.*)
алюми́ний aluminium
Амéрика America
америкáнец American
америкáнский American (*adj.*)
аммиáчный ammonium (*adj.*)
ампéр ampere; **~-чáс** ampere-hour
анáлиз analysis
анализи́ровать, про- analyse
анатóмия anatomy
ангидри́д anhydride
англи́йский English
англичáнин, *pl.* **~áне,** Englishman
Áнглия England
анеми́я anaemia
Антаркти́да Antarctica
анти́чный ancient, classical
антраци́т anthracite
аппарáт apparatus, equipment
ар are (100 sq. m.)
арифмéтика arithmetic
арифмети́ческий arithmetical
арифмóметр arithmometer, adding machine
áрмия army
археóлог archaeologist
архитектýра architecture
аспирáнт post-graduate/research student
áстма asthma
астронóм astronomer
астрономи́ческий astronomical
астронóмия astronomy
астрофи́зик astrophysicist
асфи́ксия asphyxia
атланти́ческий Atlantic
атмосфéра atmosphere
атмосфéрный atmospheric
áтом atom
áтомный atomic
ацетилéн acetylene

Б

бáза base, basis
бактéрия bacterium
балалáйка balalaika (Russian string instrument)
балти́йский Baltic
бáрий barium
батарéйка small/torch battery
батарéя battery
бéгать; бежáть, по- run
без+*G.* without
без-, бес- un-, in-, -less
безóблачный cloudless
безуслóвный unconditioned
бéлка squirrel
белóк albumen, protein; **яи́чный ~** white of egg
бéлый white
бензи́н petrol, gasoline
бéрег, *pl.* **~á,** bank, shore
бéрингов Bering (*adj.*)
бесконéчность infinity
бесконéчный endless, infinite
беспрестáнный incessant, continual
бесси́льный powerless, impotent
бесцвéтный colourless
бéта-лучи́ *pl.* beta-rays
библиотéка library
биóлог biologist
биолóгия biology
бить hit; gush (out/up)
благодаря́+*D.* thanks to, owing to
бледнéть, по- turn pale
блеск shine, lustre
блестя́щий shiny, brilliant
бли́же nearer, closer
бли́зкий near, close
блистáть shine
блю́дце saucer
богáтый (+*I.*) rich (in)
бокси́т bauxite
бóлее more; **~ тогó** and what is more; **тем ~, что** especially as
болéзнь illness, disease
больнóй sick, ill; *as nn.* sick person, patient
бóльше bigger, greater, more; **~ всегó** most of all
бóльший greater, larger
большинствó majority
большóй big, large
бóмба bomb
бомбардировáть bombard
бор boron
бòрсодержáщий boron-containing
борьбá struggle
боя́ться (2) be afraid
брат, *pl.* **~ья,** brother
брать, взять take
бром bromine
броня́ armour
бросáть, брóсить throw

бро́уновский Brownian
бу́дто *and* **как ~** as if, as though
бу́ду, бу́дет *fut. of* **быть**
бу́ква letter
бу̀квопеча́тающий letter-printing; **~ аппара́т** teleprinter
бума́га paper
бума́жный paper (*adj.*)
буре́ние boring, drilling
бы *conditional-subjunctive pcle.* (would, might)
быва́ть be, happen
бы̀стродействующий high-speed
быстрота́ rapidity, velocity
бы́стрый fast, rapid, quick
быть be
бюро́ *indecl.* bureau, office

В

в, во+*A.* in(to), to, at, per; +*P.* in, at
ва́жный important
ва́куум vacuum
вакци́на vaccine
вана́дий vanadium
ва́нная bathroom
ватт watt
ваш, ~а, ~е, *pl.* **~и,** your, yours
вблизи́+*G.* close to
введе́ние introduction
вводи́ть, ввести́ introduce
вдали́ a long way (off)
вдруг suddenly; **как ~** when suddenly
ведь for, after all
везде́ everywhere
век, *pl.* **~а́,** century, age
вели́кий great
величина́ magnitude, size, value
Вене́ра Venus
верну́ться *pf.* return
вероя́тный probable, likely; **~ее всего́** most probably
верту́шка vane, blade
ве́рхний upper
верши́на summit, peak
вес, *pl.* **~а́,** weight; **уде́льный ~** specific gravity
весна́ spring(time); **~о́й** in spring
вести́ *see* **води́ть; ~ себя́** behave, act
весь, вся, всё, *pl.* **все,** all, whole
весьма́ very, highly
ве́тер wind
ветеро́к breeze
ве́чер, *pl.* **~а́,** evening; **~ом** in the evening
вещество́ substance, matter
взаимо- inter-, mutually
взаимосвя́зь interconnection, correlation
взбива́ть, взбить beat up, whisk
взволнова́ть *see* **волнова́ть**
взойти́ *see* **всходи́ть**
взять *see* **брать**
вид aspect, form, species, type; **при ~е**+*G.* at the sight of
ви́деть, у- see
ви́димый visible
ви́дный visible
визуа́льный visual
винт screw
ви́нтик *dim.* small screw
ви́рус virus
витами́н vitamin
ви́шня cherry(-tree), cherries
вкла́дывать, вложи́ть put, insert (into)
вкус taste, flavour
вла́жность humidity
влива́ть, влить pour (into)
влия́ние influence
вложи́ть *see* **вкла́дывать**
вме́сте together; **~ с тем** at the same time
вме́сто+*G.* instead of
внача́ле at first
вне́шний external, outer
внима́ние attention
вну́тренний internal
внутри- intra-
внутрия́дерный intra-nuclear, inside the nucleus
внуши́тельный impressive
во-вторы́х secondly
вода́ water
води́ть; вести́, по- lead, conduct, drive (a vehicle)
во́дный aqueous
водоём reservoir, basin
во̀доочи́стка water purification
водоро́д hydrogen
водоро́дный hydrogen (*adj.*)
во́доросль water-plant, alga
водяно́й water (*adj.*)
вое́нный military

возводи́ть, возвести́ raise; **~ в квадра́т** square
возвраща́ться, возрати́ться return
возде́йствие influence, force
во́здух air; **на ~е** in (the) air
вози́ть; везти́, по- convey, transport
возмо́жно+*comp.* as . . . as possible; **~ бо́льший** greatest possible, maximum
возмо́жность possibility, chance; **дава́ть ~** make possible, enable
возника́ть, возни́кнуть arise, appear
возникнове́ние rise, emergence, beginning
во́зраст age
возраста́ть, возрасти́ grow, increase
возьму́, возьмёт *see* **взять**
война́ war
войти́ *see* **входи́ть**
вокру́г+*G.* around; **~ свое́й о́си** on its axis
Во́лго-Донско́й Volga–Don (*adj.*)
волна́ wave
волнова́ть, вз- agitate, excite, stir
волново́й wave (*adj.*)
волокно́ fibre, filament
волоко́нце thin fibre, fibril
во́лос hair
вольт volt
вольта́ж voltage
во́льтов voltaic
вообще́ in general, on the whole
во-пе́рвых firstly, in the first place
вопреки́+*D.* despite, regardless of
вопро́с question, problem
воро́нка funnel
восемна́дцатый eighteenth
восемна́дцать eighteen
во́семь eight
во́семьдесят eighty
восемьсо́т eight hundred
восприя́тие perception
восстана́вливаться, восстанови́ться be restored, reduced
восто́к east
восто́чный eastern, easterly
восьмо́й eighth
вот here is/are
впада́ть, впасть flow, discharge (into)
впа́дина depression, hollow, basin
впервы́е first, for the first time
вплоть до+*G.* (right) up to, until
вполне́ fully, entirely
впосле́дствии later, subsequently
врач doctor, physician
враща́ться revolve, rotate, turn (*intr.*)
вре́мя, *G. sg.* **~ени** time; **~ го́да** season; **во ~**+*G.* during
все *pl.* all, everybody
всё all, everything; *adv.* continually, all the time; **всё вы́ше** higher and higher; **всё бо́лее широ́кий** ever wider
всегда́ always
всего́ in all, altogether
вселе́нная universe
всеми́рный universal
всё-таки still, nevertheless
вско́ре soon (after), shortly
всле́дствие+*G.* as a result of; **~ того́, что** owing to the fact that, because
вспе́ниваться, вспе́ниться foam, froth
вспомина́ть, вспо́мнить recall, remember
вспы́шка flare
встава́ть, вста̀ть get up, rise
вставля́ть, вста́вить place (inside), insert
встреча́ться, встре́титься be encountered, found
всходи́ть, взойти́ rise, ascend
вся́кий each, every, any
втека́ть, втечь flow (into)
вто́рник Tuesday
второ́й second
вуз institution of higher education (university or college)
вулка́н volcano
вулканиза́ция vulcanization
входи́ть, войти́ enter, go/come in
вчера́ yesterday
вче́тверо four times; **~ ме́ньше** one quarter
вы you
выбива́ть, вы́бить knock out, dislodge
вы́бор selection
выбра́сывать, вы́бросить throw out, eject
вы́вести *see* **выводи́ть**

вы́вод deduction, conclusion; **сде́лать ~** draw a conclusion
выводи́ть, вы́вести bring out, raise, hatch; deduce; **~ на орби́ту** place in orbit
выдаю́щийся outstanding, notable
выдвига́ть, вы́двинуть, put forward, suggest
выделе́ние release, discharge, emission
выделя́ть, вы́делить release, emit, give off, secrete, isolate; **~ся** be released
вызыва́ть, вы́звать call forth, produce, cause
вы́йти *see* **выходи́ть**
выключа́ть, вы́ключить switch/turn off
вылива́ть, вы́лить pour out, cast
выпа́ривать, вы́парить evaporate
вы́плавка smelting
выполня́ться, вы́полниться be carried out, performed
вы́пуск issue, number (of journal)
выпуска́ть, вы́пустить turn out, produce, market
вырабáтывать, вы́работать produce, generate
выража́ться, вы́разиться be expressed
выраста́ть, вы́расти grow, increase
выра́щивать, вы́растить grow, cultivate; **~ся** be developed (of crystals)
выска́зывать, вы́сказать state, express
высо́кий high, tall
высота́ height
вы́сший higher, highest, advanced (of courses, classes)
вытека́ть, вы́течь flow out, result, follow
выходи́ть, вы́йти go/come out
вычисле́ние calculation
вычисли́тель *m.* calculator
вычисли́тельный calculating; **~ая маши́на** computer
вычисля́ть, вы́числить calculate, work out
вы́ше higher, above
выясня́ть, вы́яснить elucidate, find out
вя́зкость viscosity

Г

газ gas
газе́та newspaper
газифика́ция gasification
га́зовый gas (*adj.*)
га̀зообме́н gas exchange, interchange of gases
га̀зоохлади́тель *m.* gas cooler
га̀зотурби́нный gas turbine (*adj.*)
гала́ктика galaxy
га́ллий gallium
гальвани́ческий galvanic
га́мма-лучи́ *pl.* gamma-rays
га́снуть, по- die out, fade
где where
гекта́р hectare
гектоли́тр hectolitre
ге́лий helium
гемоглоби́н haemoglobin
гениа́льный of genius, great, brilliant
ге́нри *indecl. m.* henry
гео́граф geographer
геогра́фия geography
гео́лог geologist
геологи́ческий geological
геоло́гия geology
геометри́ческий geometrical
геоме́трия geometry
геофи́зик geophysicist
герма́ний germanium
Герма́ния Germany
герц cycle per second
гибри́д hybrid
гига́нтский gigantic
гигие́на hygiene
гидра́влика hydraulics
ги̇̀дроо́кись hydroxide
гипо́теза hypothesis
гипотену́за hypotenuse
гироско́п gyroscope
глава́ chapter
гла́вный chief, main; **~ое** the main thing
глаз, *pl.* **~а́,** eye
глицери́н glycerine
глубина́ depth
глубо́кий deep
говори́ть, по- speak, talk; *pf.* **сказа́ть** say, tell
год year
голова́ head
головно́й head (*adj.*)

Гольфстри́м Gulf Stream
гора́ mountain
гора́здо+*comp.* much, far (. . . er)
горе́ть burn (*intr.*)
горизонта́ль horizontal (line); **по ~и** horizontally
го́рлышко neck, mouth (of vessel)
го́рный mountain (*adj.*)
го́род, *pl.* **~а́,** town, city
городско́й (of the) town, urban
горю́чий combustible; **~ее** fuel
горя́чий hot
госуда́рственный state (*adj.*)
гото́вить, при- prepare, cook
град hail
гра́дус degree
грамм gram; **~-си́ла** gram-force
грани́ца border, frontier; **за ~у** abroad
графи́чески graphically, in graph form
грек Greek
Гренла́ндия Greenland
Гре́ция Greece
гриб fungus, mushroom
грома́дный immense, enormous
громо́здкий cumbersome, bulky
груз load
гру́ппа group, team
группирова́ть, с- group, classify
гру́ша pear(-tree)

Д

да yes; and
дава́ть, дать give, produce, let
давле́ние pressure
давно́ long ago
да́же even
да́лее further; **и так ~** and so forth, etc.
далёкий far, distant, remote
далеко́ far away; **~ не** far from, by no means
дальневосто́чный of the Far East
дальне́йший further, subsequent; **в ~ем** subsequently
да́льний far
да́льше further (away)
да́нный given, particular; **~ые** *pl.* data, information
дать *see* **дава́ть**
два *m., n.,* **две** *f.* two
двадца́тый twentieth
два́дцать twenty
два́жды twice
двена́дцатый twelfth
двена́дцать twelve
две́сти two hundred
дви́гатель *m.* engine
дви́гаться, дви́нуться move, shift (*intr.*)
движе́ние movement, motion
дву-, двух- two-, di-, bi-
двуо́кись dioxide
двуха́томный diatomic
дево́нский Devonian
девяно́сто ninety
девяно́стый ninetieth
девятна́дцатый nineteenth
девя́тый ninth
де́вять nine
девятьсо́т nine hundred
дёготь *m.* tar
де́йствие act, action, operation, effect, influence
действи́тельный real, actual
де́йствовать act, be active, function, operate, work; *pf.* **по-** (**на**+*A.*) affect, influence
дейте́рий deuterium
де́лать, с- do, make, act; **~ся** be done, happen; (+*I.*) become
дели́тель *m.* divisor; **о́бщий наибо́льший ~** greatest common denominator
дели́ть (**на**+*A.*) divide (into)
де́ло matter, affair, thing, work; **~ в том, что** the fact/truth is that
демонстра́ция demonstration
день *m.* day; **в на́ши дни** in our time, in recent years; **до на́ших дней** (down) to the present day
де́ньги *pl.* money
де́рево, *pl.* **~ья,** wood, tree
деся́тый tenth
де́сять ten
дета́ль detail, (machine) part, component
деформи́ровать *ipf. & pf.* deform
деше́вле cheaper
дешёвый cheap
де́ятельность activity, work
Джемс Джинс James Jeans
джо́уль *m.* joule
диабе́т diabetes

диагра́мма diagram, sketch
диамагни́тный diamagnetic
диа́метр diameter
дизентери́я dysentery
ди́на dyne
дина́мика dynamics
дина́мо *indecl.* dynamo
дипло́м diploma, degree
диск disc
диссерта́ция dissertation
диссociа́ция dissociation
дистиллиро́ванный distilled
дифференциа́льный differential
диффра́кция diffraction
длина́ length
дли́нный long
дли́тельный lengthy, prolonged
для+*G.* for
дневно́й day (*adj.*)
дно bottom; **морско́е ~** sea-bed
до+*G.* before, up to, until; **до того́, как** before (*conj.*)
добыва́ть, добы́ть get, extract, mine; **~ся** be obtained, extracted
добы́ча extraction, output
дово́льно quite, fairly
дождь *m.* rain; **~ идёт** it rains/is raining
до́за dose
дока́зывать, доказа́ть prove, demonstrate
докла́д report, lecture, paper; *pl.* proceedings
до́ктор, *pl.* **~а́,** doctor
до́кторский doctor's, doctoral
докуме́нт document
до́лгий long
до́лго (for) a long time
до́лжен, ~жна́, ~о́, *pl.* **~ы́,** must, ought, should
должно́ быть probably
до́ля portion, part, share
дом, *pl.* **~а́,** house
до́ма at home
домо́й home(ward)
доро́га road
дорого́й dear, costly
доста́точный sufficient
достига́ть, дости́гнуть (+*G.*) reach, attain, achieve
достиже́ние achievement
досту́пный accessible, available
дре́вний ancient
дре́вность antiquity
дрейф drift
дробь fraction
дрова́ *pl.* (fire)wood
друг, *pl.* **друзья́,** friend
друг дру́га each other; **друг от дру́га** from each other; **друг с дру́гом** with each other
друго́й other
ду́мать, по- think
дуть, по- blow
дым smoke, fumes
дыха́ние breathing
дюйм inch
дя́дя uncle

Е

евге́ника eugenics
Евро́па Europe
европе́йский European
его́ him, it; his, its
еда́ food, meal
едини́ца unit
еди́ный unified
е́дкий caustic
её her, it; hers, its
еже- each, -ly
ежего́дный yearly, annual
е́здить; е́хать, по- go, drive, travel
ёмкость capacity
е́сли if
есте́ственный natural
есть (there) is/are
есть, съ- eat
е́хать *see* **е́здить**
ещё still, yet

Ж

жа̀роупо́рный heat-resistant
жа́рче hotter
жать press, squeeze
же but, however; **тот же** same; **тако́й же** similar, same; **там же** in the same place
желати́н gelatine
жела́ть, по- wish
железа́ gland
желе́зный iron (*adj.*); **~ая доро́га** railway
желе́зо iron
жёлтый yellow

желу́док stomach
желу́дочек ventricle
же́нщина woman
жестяно́й tin (*adj.*)
жечь, с- burn, consume
жжёный burnt
живо́й living, live
живо́тный animal; **~ мир** animal world/life; **~ое** *as nn.* animal
жи́дкий liquid
жи́дкость liquid
жизнь life
жир fat
жи́тель *m.* inhabitant
жить live
журна́л journal, magazine

З

за+*A.* behind, beyond; during, for; +*I.* behind, at; **что за** what kind of
заболева́ть, заболе́ть fall sick; +*I.* catch (an illness)
забыва́ть, забы́ть forget
заведе́ние institution, establishment
заве́дующий (+*I.*) director, head (of)
заверша́ть, -и́ть complete
зави́сеть (**от**+*G.*) depend (on)
зави́симость dependence; **в ~и от** +*G.* depending on, according to
заво́д factory, works, plant
завоёвывать, завоева́ть win, earn
за́втра tomorrow
за́втрак breakfast
загора́ться, -е́ться catch light/fire
задава́ть, зада́ть assign, set
зада́ча task, problem
заём loan
зажига́ть, заже́чь light, ignite
заинтересова́ться *pf.* (+*I.*) become interested (in)
зака́нчивать, зако́нчить finish, complete
заключа́ть contain; **~ся** consist
зако́н law
закономе́рность conformity to law, regularity
зако́нчить *see* **зака́нчивать**
закрыва́ть, закры́ть close, conceal
залива́ть, зали́ть flood
замерза́ть, замёрзнуть freeze (up)
заме́тить *see* **замеча́ть**
заме́тный noticeable, appreciable
замеча́тельный remarkable, wonderful
замеча́ть, заме́тить notice, observe
занима́ть, заня́ть occupy, take up; **~ся** (+*I.*) be engaged in, study
за́пад west
за́падный western, westerly
запа́с store, supply
запаса́ть, запасти́ store
за́пах odour, smell
запира́ть, запере́ть lock
за́пись recording
запомина́ть, запо́мнить commit to memory, memorize
запреща́ть, запрети́ть (+*D.*) forbid
за́пуск launching
запуска́ть, запусти́ть launch
зара́зный infectious
зара́нее beforehand, in advance
зарегистри́ровать *see* **регистри́ровать**
заря́, *pl.* **зо́ри,** dawn
заря́д charge
заряжа́ть, заряди́ть charge
заслу́га merit, service
засо́хнуть *see* **засыха́ть**
застыва́ние freezing
засыха́ть, засо́хнуть dry up
зате́м then, after that
затме́ние eclipse
затра́та expenditure
затра́чивать, затра́тить spend, consume
заура́новый transuranium
захва́тывать, захвати́ть seize, capture, trap
заходи́ть, зайти́ set, go down (of sun)
защища́ть, защити́ть defend, protect
звать, по- call
звезда́ star
звёздный stellar, star (*adj.*)
звёздочка *dim.* little star, starlet
зда́ние building
здесь here
зелене́ть, по- turn green
зеленова́тый greenish
зелёный green
землетрясе́ние earthquake
земля́ earth, land
земно́й earth's, terrestrial
зени́т zenith

зе́ркало mirror
зе́ркальце *dim.* small mirror
зерно́ grain
зима́ winter; **~о́й** in winter
зи́мний winter (*adj.*)
злока́чественный malignant
знак sign
знако́мить, по- acquaint
знако́мый familiar
знамени́тый famous
зна́ние knowledge
знать know
значе́ние meaning, significance, importance
значи́тельный significant, considerable
зна́чить mean, signify; **(а) зна́чит** and so, hence, therefore
золоти̏сто-жёлтый golden yellow
зо́лото gold
зоологи́ческий zoological
зооло́гия zoology
зри́тельный visual
зуб tooth

И

и and, also, even, (and) so; **и... и** both . . . and
и́бо for, since (*conj.*)
иглоко́жие *pl.* echinodermata
игра́ть, сыгра́ть play
иде́я idea
идти́ go; take place; *see* **ходи́ть**
из+*G.* (out) of, from, made of
избавля́ть, изба́вить save, release
избира́ть, избра́ть elect, select
изве́стие (piece of) news; *pl.* proceedings, transactions
изве́стно it is well known; **как ~** as we know, of course
изве́стный well-known; certain
известня́к limestone
и́звесть lime
изготовле́ние making, manufacture, production
изготовля́ть, изгото́вить make, manufacture
издава́ть, изда́ть publish
изда́ние publication, edition
и́здали from a distance
изда́тельство publishing house/firm
излага́ть, изложи́ть set forth, expound
излуче́ние radiation, emission
излуча́ть, -и́ть radiate, emit
измене́ние change, alteration
изменя́ть, -и́ть change, alter; **~ся** change, vary (*intr.*)
измере́ние measurement, measuring
измеря́ть, изме́рить measure
изнутри́ from/on the inside
изобража́ть, изобрази́ть represent, depict
изобрета́ть, изобрести́ invent
изото́п isotope
изуча́ть, -и́ть study; **~ся** be studied
изуче́ние study
изыска́ние investigation, survey
и́ли or; **и́ли... и́ли** either . . . or
иллю́зия illusion
и́менно namely, precisely
име́ть have, possess; **~ся** be; **име́ется** there is; **име́ются** there are
иммуните́т immunity
и́мпульс impulse
и́мя, *G. sg.* **~ени,** name; **~ени**+*G.* named after; **заво́д ~ени Ки́рова** the Kirov works
ина́че otherwise, differently; **~ говоря́** in other words
индика́тор indicator
И́ндия India
ине́рция inertia
инжене́р engineer
инкуба́тор incubator
иногда́ sometimes
ино́й some, other, different
иностра́нный foreign
инсти́нкт instinct
институ́т institute
инструме́нт instrument
интегра́льный integral
интенси́вный intensive
интере́с interest
интере́сный interesting; **~о знать** it would be interesting to know
интересова́ть interest; **~ся** (+*I.*) be interested (in)
инфекцио́нный infectious
информа́ция information
и̏нфракра́сный infra-red
инфузо́рия infusorian
ионизи́ровать *ipf. & pf.* ionize
иони́т ionite
иони́товый ionite (*adj.*)
и̏онообме́н ion exchange

ионосфе́ра ionosphere
иска́ть (+*G.* & *A.*) seek, look for
иску́сственный artificial, man-made
испаря́ть, -и́ть evaporate
испо́льзование use, utilization
испо́льзовать *ipf.* & *pf.* use, utilize; **~ся** be used
исправля́ть, испра́вить correct, rectify
испуска́ть, испусти́ть emit, give off
испы́тывать, испыта́ть experience, undergo, test
иссле́дование investigation, research
иссле́дователь *m.* research-worker, researcher
иссле́довательский research (*adj.*)
иссле́довать *ipf.* & *pf.* investigate, study, analyse
истери́я hysteria
истори́ческий historical
исто́рия history
исто́чник source, spring
исходи́ть, изойти́ issue, emanate
исчеза́ть, исче́знуть disappear, vanish
исчисле́ние calculus
ита́к thus
Ита́лия Italy
италья́нский Italian
их them; their(s)

Й

йод iodine

К

к, ко+*D.* to, towards, by (a certain time), to someone's house (i.e. to see, visit); **к тому́ же** besides, in addition
кабине́т study, private room
Кавка́з Caucasus
ка́ждый each, every
каза́ться, по- (+*I.*) seem, appear; **ка́жется** it seems, apparently
как how, as, like; **как бы** as if, as it were; **как..., так и** both . . . and
како́й what (kind of); **~-либо** any (at all); **~-нибудь** any, some (or other); **~-то** some (kind of)
ка́лий potassium
кало́рия calorie
ка́льций calcium
ка́менный stone (*adj.*); **~ у́голь** coal
кана́л canal, channel
кандида́т candidate
кани́кулы *pl.* vacation, holidays
ка́пелька *dim.* droplet
ка́пля drop
каранда́ш pencil
карби́д carbide
карма́н pocket
карто́нный cardboard (*adj.*)
каса́ться, косну́ться (+*G.*) touch, concern
Ка́спий Caspian
каспи́йский Caspian (*adj.*)
катализа́тор catalyst
катало́г catalogue
ка́тет cathetus (side of a right triangle)
като́д cathode
кату́шка coil
каучу́к rubber, caoutchouc
ка́федра department, chair (at university)
кача́ться, качну́ться swing (*intr.*)
ка́чество quality; **в ~е**+*G.* in the capacity of, as, by way of
квадра́т square; **в ~е** squared
квадра́тный square (*adj.*)
квант quantum
ква́нтовый quantum (*adj.*)
кварти́ра flat, lodgings
кера́мика ceramics
килова́тт kilowatt; **~-ча́с** kilowatt-hour
килогра́мм kilogram; **~-си́ла** kilogram-force
килогра̀ммоме́тр kilogram-metre (7¼ ft.-lb.)
килокало́рия kilocalorie, large calorie
киломе́тр kilometre
кино́ *indecl.* cinema
кипе́ние boiling
кислоро́д oxygen
кислота́ acid
кита́ец Chinese
Кита́й China
кита́йский Chinese (*adj.*)
кла́виша key (of typewriter, etc.
класс class
классифика́ция classification
класси́ческий classical
класть, положи́ть put, place, set

клей glue
клéтка cell
клúмат climate
кнúга book
ковáть forge
когдá when
кóжа skin
кóлба flask, retort
кóлбочка small flask, bulb
колебáние fluctuation, variation
колéчко annulet, link (*dim. of* **кольцó**)
колúчество quantity, amount
коллектúвный collective
коллóид colloid
колóнка column
колоссáльный colossal, huge
колхóз kolkhoz, collective farm (from **коллектúвное хозя́йство**)
кольцó ring, coil, collar
комáнда command, instruction
комéта comet
комитéт committee
кóмната room
компáктный compact
кóмплексный complex
конгрéсс congress
конденсáтор condenser
конéц end; **в концé концóв** eventually, in the long run
конéчно of course
конструúровать, с- construct, design
констру́кторский design (*adj.*)
контрóль *m.* control
кóнтур contour, circuit
конферéнция conference
концентрáция concentration
концéпция conception
концéрт concert
кончáть, кóнчить finish, end
копéйка copeck
корá crust; **~ головнóго мóзга** cerebral cortex
корáбль *m.* ship, craft
кóрень *m.* root
корúчневый brown
корóбка box
королéвский royal
корóткий short
корóче shorter
космúческий cosmic; **~ое прострáнство** outer space
космолóгия cosmology
кóсмос cosmos, (outer) space
котёл boiler, pile
котóрый who, which
коэффициéнт coefficient, factor; **~ полéзного дéйствия** efficiency
край edge, side
крáйний extreme
кран crane; tap
краснéть, по- turn red
красновáтый reddish
крáсный red
крáткий short
крáтное multiple
крахмáл starch
Кремль *m.* Kremlin
крéпкий strong
крестья́нин, *pl.* **~я́не,** peasant
кривóй curved; **~áя** curve
криптóн krypton
кристáлл crystal
кристаллизáция crystallization
кристáллик *dim.* small crystal, crystal particle
кристаллúческий crystalline
кристàллогрáфия crystallography
кровообращéние circulation of the blood; **большóй (мáлый) круг ~ия** systemic (pulmonary) circulation
кровь blood
крóме apart from, except, besides; **~ тогó** also, in addition, moreover
крóшечный tiny, diminutive
круг circle; **по ~у** in a circle
кружóчек *dim.* small ring/disc
кру́пный large, important, eminent
кры́лышко (*dim.* of **крылó**) small wing
кто who
куб cube; **в ~е** cubed
кубúческий cubic
кубомéтр cubic metre
кудá where (to)
курúть smoke
курс course, course book, year (of study)
кусóк bit, piece, lump

Л

лаборáнт laboratory assistant
лабораторúя laboratory
лаборатóрный laboratory (*adj.*)
лáкмус litmus

лáкмусовый litmus (*adj.*)
лáмпа lamp, valve, tube
лáмпочка *dim.* lamp, bulb
лантáн lanthanum
лёгкий light, easy; **~ое** lung
лёгкость lightness
лёд ice
ледокóл ice-breaker
ледянóй ice (*adj.*)
лежáть (2) lie
лéктор lecturer
лéкция lecture
лéнта tape
лесúстый wooded, tree-covered
летáть; летéть, по- fly
лéто summer; year (*in G. pl.*); **~ом** in summer
лечéбный medicinal
ли whether, if (*interrogative pcle. & conj.*)
лигнúт lignite
линéйка ruler
лúния line
Линнéй Linnaeus
лист sheet; *pl.* **~ья** leaf
листóк *dim.* small/thin sheet
листóчек *dim.* thin leaf
литератýра literature
лúтий lithium
литр litre
лить pour
лишь only
ловúть, поймáть catch
логарифмúческий logarithmic; **~ая линéйка** slide-rule
лóгика logic
логúческий logical
локомотúв locomotive, railway engine
лошадúный horse (*adj.*)
лунá moon
лýнный moon's, lunar
луч ray
лýчше better
лýчший better, best
льдúна ice floe
любúть like, love
любóй any
лю́ди *pl.* people, men

М

магнетúзм magnetism
мáгний magnesium
магнúт magnet
магнúтик small magnet, magnetic particle
магнúтный magnetic
май May
мáксвелл maxwell
мáленький small
малúна raspberry(-cane), raspberries
мáло little, few, not much
мáлый small, lesser
малярúя malaria
мáрганец manganese
Марúя Mary, Marie
мáсса mass
массáж massage
мастерскáя workshop
математика mathematics
математúческий mathematical
материáл material
матéрия matter
мать, *G. sg.* **~ери,** mother
машúна machine; *pl.* machinery
машúнка machine; **пúшущая ~** typewriter
машúнный mechanical, machine (*adj.*)
машѝностроéние machine construction, mechanical engineering
мáятник pendulum
мегавáтт megawatt
мегагéрц megacycle per second
мéдик medical man, medical student
мѐдико-хирургúческий medical and surgical
медицúна medicine
медицúнский medical
мéдленный slow
мéдный copper (*adj.*)
медь copper
меж-, между- inter-
мéжду $+I$. between, among; **~ собóй** with each other
междунарóдный international
мѐжпланéтный interplanetary
мельчáйший smallest, very small, minute
мéнее less
мéньше less, smaller, fewer
мéньший smaller, lesser
менять change; **~ся** change (*intr.*)
мéра measure
мёртвый dead
мéсто place, spot, space

месторожде́ние deposit
мета́лл metal
металли́ческий metallic
металло́ид metalloid
металлу́ргия metallurgy
мета́н methane, marsh-gas
метео́р meteor
метеори́т meteorite
ме́тка mark
ме́тод method
метр metre
метри́ческий metric
механи́зм mechanism, device
меха́ник mechanic, technician
меха́ника mechanics
механи́ческий mechanical
микро́б microbe
ми̇кробиоло́гия microbiology
микро́бный microbe (*adj.*)
микро́метр micrometer
микро́н micron
микроско́п microscope
микрофара́да microfarad
миллиа́рд milliard, (American) billion
миллигра́мм milligram
миллиме́тр millimetre
миллиметро́вка graph paper
миллио́н million
миллио́нный millionth
ми́ля mile
минда́ль *m.* almond-tree, almonds
минера́л mineral
миниатю́рный miniature
ми́нус minus
мину́та minute
мир world; peace
мириа́ды *pl.* myriad
ми́рный peaceful
мирово́й world(-wide), universal
млекопита́ющее mammal
мле́чный milky
мне́ние opinion, view
мно́гие *pl.* many
мно́го much, many, a lot
много- multi-, poly-
многоступе́нчатый multi-stage
многочи́сленный numerous
мно́жество large number, (numerical) set
мо́жет быть perhaps, possibly
мо́жно it is possible, one may
мозг brain; **головно́й ~** brain, cerebrum
мой, моя́, моё, *pl.* **мои́,** my, mine
моле́кула molecule
молекуля́рный molecular
молибде́н molybdenum
моллю́ск mollusc
молодёжь youth, young people
молодо́й young
мо́лодость youth
мо́ре sea
моро́з frost
морско́й sea (*adj.*)
Москва́ Moscow
моско́вский Moscow (*adj.*)
мост bridge
мох moss
мочь, с- be able
мо́щность power, capacity, output
мо́щный powerful, high-capacity
мощь power
му́жество courage
мужи́к muzhik, peasant
мужчи́на man
музе́й museum
мураве́й ant
мы we
мы́ло soap
мысль thought, idea
мыть wash
мя́гкий soft

Н

на$+A$. on (to), to, by (expressing a difference); $+P$. on, in, at
наблюда́тель *m.* observer
наблюда́ть observe
наблюде́ние observation
набо́р collection, assembly, set
нагре́в heating
нагрева́ние heating
нагрева́ть, нагре́ть heat (up)
над$+I$. over, above, on
на́до it is necessary, one must
наза́д back; **(тому́) ~** ago
назва́ние name
назва́ть *see* **называ́ть**
назнача́ть, назна́чить appoint
называ́ть, назва́ть ($+I$.) call, name; **~ся** be called; **так называ́емый** so-called
наибо́лее most
наибо́льший greatest
наиме́ньший least, smallest

найти́ *see* **находи́ть**
накопля́ть, накопи́ть accumulate
накрыва́ть, накры́ть cover
налива́ть, нали́ть pour in, fill
намно́го (by) a great deal, greatly
наноси́ть, нанести́ inflict; draw, mark
наобор́от the other way round, vice versa
написа́ть *see* **писа́ть**
наполня́ть, напо́лнить fill; **~ся** be filled
направле́ние direction; **по ~ию к** +*D*. towards, in the direction of
направля́ть, напра́вить direct, control
наприме́р for example
напро́тив on the contrary
напряже́ние tension
населе́ние population
насле́довать, у- inherit
насле́дство inheritance, heredity
насо́сный pump (*adj.*); **~ая ста́нция** pumping station
настоя́щий present
наступа́ющий coming
насыща́ться, насы́титься be saturated, full
натр soda (sodium oxide); **е́дкий ~** caustic soda
на́трий sodium
нау́ка science
нау́чный scientific
находи́ть, найти́ find; **~ся** be found, situated
нача́ло beginning, principle
нача́льник leader, head
начина́ть, нача́ть begin, start; **~ся** begin (*intr.*); **начина́я с**+*G*. beginning with, from . . . (upwards)
наш, ~а, ~е, *pl.* **~и,** our, ours
нашива́ть, наши́ть sew on
не not
не- non-, un-, in-, a-
небе́сный celestial, heavenly
не́бо sky; **на ~е** in the sky
небольшо́й small
неве́жда *m.* ignoramus
неви́димый invisible
невозмо́жность impossibility
невозмо́жный impossible
невооружённый unarmed; **~ым гла́зом** with the naked eye
невро́з neurosis
неда́вно recently
недалеко́ от+*G*. not far from, near to
неде́ля week
недоста́ток deficiency, flaw, fault
незави́симый (**от**+*G*.) independent (of)
незадо́лго до+*G*. shortly before
незамени́мый irreplaceable, indispensable
незначи́тельный insignificant, negligible
неизве́стный unknown; **~ое** unknown quantity
неиспо́льзованный unused, untapped
неисчерпа́емый inexhaustible
нейтра́лный neutral
нейтри́но *indecl.* neutrino
нейтро́н neutron
нейтро́нный neutron (*adj.*)
не́который some, certain
нельзя́ it is impossible, one cannot
неме́дленно immediately, at once
немета́лл non-metal
не́мец German
неме́цкий German (*adj.*)
немно́го a little, a few
необходи́мый necessary, essential
неодина́ковый unequal, different
неподви́жный motionless, stationary, still
непосре́дственный immediate, direct
непра́вильный incorrect, wrong
непреры́вный continuous
непрозра́чный opaque
нера́венство inequality
нерв nerve
не́рвный nervous
нере́дкий not rare, quite common
не́сколько several, some, a few
несмотря́ на+*A*. despite
несоверше́нный imperfect
нести́ *see* **носи́ть**
нет no; **~**+*G*. there is/are no
неусто́йчивый unstable
нефтено́сный oil-bearing
нефть oil, petroleum
ни not a (single); **ни... ни** neither ... nor; **как бы... ни** however . . . may/might
ни́же lower, below
ни́зкий low

ни́зменность lowland, plain
никако́й no (kind of), not any
ни́келистый nickelous
ни́кель *m.* nickel
никогда́ never
никто́ no one
нитра́т nitrate
нить thread, filament
ничто́ nothing
но but
но́белевский Nobel (*adj.*)
но́вый new
нога́ leg, foot
но́жницы *pl.* scissors
но́мер, *pl.* **~а́,** number
норма́льный normal
носи́ть; нести́, по- carry, bear, bring; **~ с собо́й** be a carrier, transmit; **~ся** be borne, drift
ночно́й night (*adj.*)
ночь night; **~ью** at night
ну́жно it is necessary, one must
ну́жный necessary
нуль *m.* nought, zero

О

о, об, обо+*A.* against; +*P.* about, concerning
о́ба *m.*, *n.*, **о́бе** *f.* both
обега́ть, обежа́ть run round, circle
обесцве́чивание decoloration, decolorizing
обзо́р survey, review
оби́лие abundance, plentiful supply
обита́емый inhabited, habitable
обита́ть inhabit, dwell
облада́ть (+*I.*) possess, have
о́блако cloud
о́бласть region, sphere, field
о́блачко *dim.* cloudlet
обледене́лый ice-covered
обме́н exchange, interchange; **~ веще́ств** metabolism
обнару́жение discovery
обнару́живать, обнару́жить discover, detect, spot; **~ся** be found, come to light
обобще́ние generalization
оболо́чка shell, casing, cover
оборо́т revolution, turn
о́браз image, form, manner, mode; **гла́вным ~ом** chiefly, mainly; **сле́дующим ~ом** as follows; **таки́м ~ом** in this way, thus, therefore
образова́ние formation, education
образова́ть *ipf. & pf.* form; **~ся** be formed
обраща́ть, обрати́ть turn; **~ внима́ние на**+*A.* notice, pay/draw attention to
обраща́ться turn, revolve
обсервато́рия observatory
обстоя́ть (2) stand, be
обусло́вливать, обусло́вить condition, cause
обши́рный extensive, vast
о́бщество society
о́бщий general, common
объём volume
объясня́ть, -и́ть explain; **~ся**+*I.* be explained by, be due to
обыкнове́нный ordinary
обы́чный ordinary
овладева́ть, овладе́ть (+*I.*) gain control of, master
ого́нь *m.* fire, light
огро́мный huge, enormous, tremendous
одева́ться, оде́ться get dressed
оде́жда clothes, garments
оди́н, одна́, ~о́, *pl.* **~и́,** one, only, same; *pl.* some
одина́ковый identical, same
оди́ннадцать eleven
одна́жды once
одна́ко however
о́зеро lake
озо́н ozone
ока́зывать, оказа́ть render, exert (influence); **~ся** prove, turn out (to be); **ока́зывается, что** it appears that
ока́нчивать, око́нчить finish, graduate from
океа́н ocean
океано́граф oceanographer
океа́нский oceanic
о́кисел oxide (generic term)
окисли́тельный oxidizing
окисля́ться, -и́ться oxidize, be oxidized
о́кись (higher) oxide; **~ свинца́** lead (mon)oxide
окно́ window
о́коло+*G.* around, about, near

оконча́ние completion, finishing
око́нчить *see* **ока́нчивать**
окра́ска colouring
окружа́ть, -и́ть surround
он he, it; **она́** she, it; **оно́** it; **они́** they
опа́сный dangerous
описа́ние description
опи́сывать, описа́ть describe
определённый definite, certain, specific
определя́ть, -и́ть define, determine
опроверга́ть, опрове́ргнуть refute, disprove
опроки́нутый upturned, inverted
о́птика optics
опти́ческий optical, visual
опублико́вывать, опубликова́ть publish
опуска́ть, опусти́ть lower; **~ся** descend, sink, drop
о́пухоль tumour
о́пыт experiment, experience; **на ~е** experimentally
о́пытный experienced
ора́нжевый orange(-coloured)
орби́та orbit
о́рган organ
органи́зм organism
организова́ть *ipf. & pf.* organize, set up
органи́ческий organic
оригина́льный original
ориенти́ровать *ipf. & pf.* orientate, direct
оса́док deposit, sediment; *pl.* precipitation
оса́дочный sedimentary
осажда́ть, осади́ть deposit, precipitate
осва́ивать, осво́ить assimilate, master
освеща́ть, освети́ть light up, illuminate, irradiate; **~ся** be illuminated, lit
освобожда́ть, освободи́ть liberate, release
освое́ние mastering, harnessing
осво́ить *see* **осва́ивать**
ослепи́тельный blinding, dazzling
осма́тривать, осмотре́ть look round, go round, tour
осно́ва basis; **лежа́ть в ~е** underlie
основа́ние basis, base
основа́ть *see* **осно́вывать**
основно́й basic, fundamental, main
основополо́жник founder
осно́вывать, основа́ть found, base; **~ся** be founded, based
осо́бенный special, particular; **~о** especially
осо́бый special
острава́ться, оста́ться (+*I.*) remain, be left
оставля́ть, оста́вить leave; **~ по́сле себя́** leave to posterity
остана́вливаться, останови́ться stop, stay
осуществля́ть, осуществи́ть bring about, realize
осцилло́граф oscillograph
ось axis
от+*G.* from, as a result of
отбо́р selection
отбра́сывать, отбро́сить throw away, discard
отвеча́ть, отве́тить answer
отдава́ть, отда́ть give back, return
отда́ча output, efficiency
отделе́ние department
отде́льный separate, individual
оте́ц father
отка́зываться, отказа́ться от+*G.* renounce, reject, abandon
отклоня́ться, -и́ться deviate
открыва́ть, откры́ть open, discover
откры́тие discovery
откры́тый open
отку́да from where, whence
отлича́ться, -и́ться differ
отложе́ние deposit
отме́ривать, отме́рить measure off
отмеча́ть, отме́тить note
отмыва́ть, отмы́ть wash off/away
относи́тельность relativity
относи́ться, отнести́сь к+*D.* relate to, concern, belong to, date from
отпеча́ток imprint, stamp, mark
отража́ть, отрази́ть reflect; **~ся на** +*P.* affect, influence
отраже́ние reflection
о́трасль branch
отреза́ть, отре́зать cut off
отре́зок segment, section, piece
отрица́тельный negative
отсу́тствие absence
отсю́да from here

отчётливый distinct
оты́скивать, отыска́ть find
охва́тывать, охвати́ть embrace, cover, range over
оце́нивать, оцени́ть evaluate, appreciate
очеви́дно apparently, evidently
о́чень very
о́чередь turn
очища́ть, очи́стить clean, purify
ошиба́ться, -и́ться make a mistake, be wrong
оши́бка mistake, error

П

па́дать, (у)па́сть fall
паде́ние fall
палеозо́йский Palaeozoic
палеонтоло́гия palaeontology
па́лка stick
па́лочка bacillus
пар steam, vapour
па́ра pair
пара́граф paragraph
паралле́льный parallel
парамагни́тный paramagnetic
Пари́ж Paris
парово́й steam (*adj.*)
пасси́вный passive
Пасте́р Pasteur
патоге́нный pathogenic
патологи́ческий pathological
па́хотный arable; **~ слой по́чвы** top-soil
педагоги́ческий pedagogical; **~ институ́т** teacher training institute
пе́на foam, froth
пеницилли́н penicillin
первобы́тный primeval, primitive
пе́рвый first, former
перевести́ *see* **переводи́ть**
перево́д translation
переводи́ть, перевести́ translate
переворо́т revolution, upheaval
перегно́й humus
передава́ть, переда́ть transmit, communicate; **~ся** be transmitted, passed on
передвига́ться, передви́нуться shift, move (across)
переде́лывать, переде́лать alter, re-shape
переезжа́ть, перее́хать move, emigrate
перейти́ *see* **переходи́ть**
перенести́ *see* **переноси́ть**
перено́с transfer, shift
переноси́ть, перенести́ carry across, transfer
перепо́нка membrane
перерабо́тка treatment, processing
пересека́ться, пересе́чься intersect, cross
перестава́ть, переста́ть cease, stop
перестро́йка reconstruction, reorganization
пересыха́ть, пересо́хнуть dry up
перехо́д transition
переходи́ть, перейти́ go over, change over
пери́од period
периоди́ческий periodic
пе́рмский Permian
пе́рсик peach(-tree)
перспекти́ва perspective
перспекти́вный promising
песо́к sand
пе́стик pistil
Петербу́рг Petersburg (now Leningrad)
печа́тать, на- print, type
пикно́метр pycnometer
Пирене́и *pl.* Pyrenees
писа́ть, на- write
письмо́ letter
пита́ние feeding, supply
пита́тельный nourishing, nutritious
пита́ть feed, supply
пить, вы́- drink
пи́ща food
пищеваре́ние digestion
пла́вать; плыть, по- swim, float sail
пла́вить melt, smelt
плавле́ние melting
пла́мя, *G. sg.* **~ени,** flame
план plan
плане́та planet
пласт layer, seam
пласти́нка plate
пласти́ческий plastic; **~ая ма́сса** plastic (*nn.*)
пластма́сса plastic
плёнка film, layer
Плея́ды *pl.* Pleiades

плита́ slab, plate; **га́зовая ~** gas-stove
плод fruit
плодоро́дие fertility
плодоро́дный fertile
пло́скость plane
пло́тность density
пло́тный dense, thick
пло́щадь area
Плуто́н Pluto
плуто́ний plutonium
плыть *see* **пла́вать**
плюс plus
по+*A*. up to (and including); +*P*. after; +*D*. along, over; on, in (a subject); by, according to; each
по-англи́йски (in) English
побежда́ть, победи́ть conquer
побере́жье coast, seaboard
пове́рхность surface
по-ви́димому apparently, evidently
повинова́ться *ipf.* & *pf.* (+*D*.) obey, submit
поврежда́ть, повреди́ть damage, injure
повыше́ние raising, increase
пога́снуть *see* **га́снуть**
погиба́ть, поги́бнуть perish
поглоща́ть, поглоти́ть absorb
поглоще́ние absorption
пого́да weather
под+*A*. & *I*. under
подбира́ть, подобра́ть gather, select
подве́шивать, подве́сить hang up, suspend
подво́дный underwater, submarine
подгота́вливать, подгото́вить (к+*D*.) prepare, train (for)
поджига́ться, подже́чься be ignited, set on fire
подзе́мный underground, subterranean
поднима́ть, подня́ть raise, lift, increase; **~ся** get up, rise, ascend
подо́бный similar; **и тому́ ~ое** and the like, etc.
подойти́ *see* **подходи́ть**
подро́бно in detail
подставля́ть, подста́вить place under
подтвержда́ть, подтверди́ть confirm
подхва́тываться, подхвати́ться be caught up, trapped
подходи́ть, подойти́ (к+*D*.) approach, go up (to)
подходя́щий suitable, right
подчиня́ть, -и́ть subordinate, subject
подъёмный lifting; **~ кран** crane
по́езд, *pl.* **~а́,** train
пое́хать *see* **е́здить**
пожа́р fire, conflagration
пожела́ть *see* **жела́ть**
позволя́ть, позво́лить (+*D*.) allow, enable
позвоно́чные *pl.* vertebrates
по́здно late
познава́ть, позна́ть know, get to know
познако́мить *see* **знако́мить**
пойма́ть *see* **лови́ть**
пойти́ *see* **ходи́ть**
показа́ть *see* **пока́зывать**
показа́ться *see* **каза́ться**
пока́зывать, показа́ть show
покида́ть, поки́нуть leave
покрасне́ть *see* **красне́ть**
покрыва́ть, покры́ть cover; **~ся** be covered
пол floor; sex
по́ле field
поле́зный useful
полёт flight
полиме́р polymer
поли́тика politics
по́лностью completely, fully
по́лный full, complete
полови́на half
полово́й sexual
положе́ние position
положи́тельный positive
положи́ть *see* **класть**
поло́ний polonium
полтора́ *m.*, *n.*, **~ы́** *f.*, one and a half
полтора́ста a hundred and fifty
получа́ть, -и́ть receive, obtain, get; **~ся** be obtained
получе́ние obtaining
по́льзоваться, вос~ (+*I*.) use, make use of
по́люс pole
поляризо́ванный polarized
помеща́ть, помести́ть place, locate
по́мнить remember
помога́ть, помо́чь (+*D*.) help
по́мощь help, aid; **при ~и**+*G*. with the aid of, by means of

понаблюда́ть *pf.* observe (for a time)
по-неме́цки (in) German
понижа́ть, пони́зить lower, reduce
понима́ть, поня́ть understand
поня́тие concept, idea
поня́ть *see* **понима́ть**
попада́ть, попа́сть get, strike, impinge
популя́рный popular
пора́ time; **до сих пор** so far, up to now
порази́тельный striking, astonishing
по-ра́зному differently
поро́да rock
порошо́к powder
по-ру́сски (in) Russian
по́ршень *m.* piston
поря́док order
посвяща́ть, посвяти́ть devote, dedicate
посеща́ть, посети́ть visit
поско́льку inasmuch as, since
по́сле after; **~ того́ как** after (*conj.*)
после́дний last, latter, latest, recent; **в ~ее вре́мя** recently
после́дователь *m.* follower
после́довательность succession, consistency
после́довательный successive, consecutive; **~о** in succession, in turn
послужи́ть *see* **служи́ть**
посре́дством+*G.* by means of
поста́вить *see* **ста́вить**
посте́ль bed
постепе́нный gradual
посторо́нний extraneous, foreign
постоя́нный permanent, constant
построе́ние construction
постро́ить *see* **стро́ить**
поступа́ть, -и́ть enter
посыла́ть, посла́ть send
потенциа́л potential
потеря́ть *see* **теря́ть**
пото́к flow, flux
потоло́к ceiling
пото́м then, next, after that
потому́ что because
потра́тить *see* **тра́тить**
потреби́тель *m.* consumer, user
потребле́ние consumption, use
потуши́ть *see* **туши́ть**
похо́жий на+*A.* similar to, like
по́чва soil
по́чвенный soil (*adj.*); **~ая вода́** ground water
почему́ why, which is why
почётный honorary
почи́стить *see* **чи́стить**
почти́ almost
по́этому therefore, hence
появля́ться, появи́ться appear
по́яс belt, zone
пра́вильный correct, right
пра́ктика practice; **на ~е** in practice
практи́ческий practical
превосходи́ть, превзойти́ surpass, excel
превосхо́дный excellent, perfect
превраща́ться, преврати́ться turn, be converted
превраще́ние conversion, transformation
превыша́ть, превы́сить exceed, top
предме́т object, subject, thing
пре́док ancestor
предполага́ть, предположи́ть suppose, assume
предположе́ние supposition, assumption
предсказа́ние prediction
предска́зывать, предсказа́ть predict
представле́ние idea, concept
представля́ть, предста́вить present, offer; **~ собо́й** represent, be (in the shape of)
пре́жде before, previously; **~ всего́** first of all, first and foremost; **~ чем** before (*conj.*)
пре́жний former, previous
прекра́сный fine, excellent
преломле́ние refraction
пре́мия prize
пренебрега́ть, пренебре́чь (+*I.*) ignore, disregard
преподава́тель *m.* teacher
преподава́ть teach
при+*P.* during, at, near, in, with; **при э́том** in doing so, in the process
прибавля́ть, приба́вить add
Прибайка́лье area round Lake Baikal
приблизи́тельный approximate, rough
прибо́р instrument, device; *pl.* equipment
привести́ *see* **приводи́ть**

привлека́ть, привле́чь attract, draw
приводи́ть, привести́ bring, lead, reduce; **~ся** be cited, adduced
привыка́ть, привы́кнуть к+*D.* get used to
приго́дный suitable
пригото́вить *see* **гото́вить**
прижима́ть, прижа́ть press, clamp, screw
при́зма prism
при́змочка *dim.* small prism
признава́ть, призна́ть recognize, admit
при́знак sign, characteristic
призна́ние recognition
призна́ть *see* **признава́ть**
прийти́ *see* **приходи́ть**
прикладно́й applied
прилега́ющий adjacent, close
примене́ние application, use
применя́ть, -и́ть apply, use, employ; **~ся** be applied, used
приме́р example; **для ~а** as an example
приме́рный approximate
при́месь admixture, trace
принадлежа́ть (2) belong
принадле́жность belonging, fitting, equipment
принести́ *see* **приноси́ть**
принима́ть, приня́ть accept, receive, take; **~ за**+*A.* take for, take to be
приноси́ть, принести́ bring
приня́ть *see* **принима́ть**
приобрета́ть, приобрести́ acquire
приро́да nature
приро́дный natural
присва́ивать, присво́ить (+*D.*) award, confer on
приспособля́ться, приспосо́биться adapt oneself/itself
приступа́ть, -и́ть к+*D.* set about, start
присужда́ть, присуди́ть award
прису́тствие presence
прису́тствовать be present
притя́гиваться, притяну́ться be attracted
притяже́ние attraction, pull
приходи́ть, прийти́ come, arrive; **~ся, ~сь** fit, be fitting; **мне прихо́дится** I have to; **ему́ пришло́сь** he had to
причём in addition to which, and, at the same time (see p. 65, n. 4)
причи́на cause, reason; **по э́той ~е** for this reason
проанализи́ровать *see* **анализи́ровать**
проби́рка test-tube
пробле́ма problem
проводи́ть, провести́ conduct, carry out
проводни́к conductor
про́волока wire
про́волочка *dim.* fine/short wire
програ́мма programme, curriculum
продлева́ть, продли́ть prolong, lengthen, extend
продолжа́ть, продо́лжить continue; **~ся** be continued, last
продолжи́тельность duration, length
проду́кт product
проезжа́ть, прое́хать travel through, pass
прозра́чный transparent, clear
производи́тельность productivity
производи́тельный productive
производи́ть, произвести́ produce, cause, make, perform; **~ся** be produced, made, performed, take place
произво́дственный productive, industrial
произво́дство production, manufacture
происходи́ть, произойти́ proceed, happen, occur
происхожде́ние origin, cause
проли́в strait
промежу́точный intermediate
промока́ть, промо́кнуть get wet, be soaked
промыва́ться, промы́ться be thoroughly washed, rinsed
промы́шленность industry
промы́шленный industrial
проника́ть, прони́кнуть penetrate, pierce, bore
пропорциона́льность proportionality
пропорциона́льный proportional
пропуска́ние passing
пропуска́ть, пропусти́ть pass (through), let pass
просто́й simple
простра́нственный spatial, dimensional

простра́нство space
противоре́чить (+*D.*) contradict, be at variance with
прото́н proton
протопла́зма protoplasm
профе́ссор, *pl.* **~á,** professor
профила́ктика prophylaxis, prevention
про́филь *m.* profile, side-view, section
профильтро́вывать, профильтрова́ть filter
прохла́дный cool
проходи́ть, пройти́ pass, go through
проце́нт per cent., percentage
проце́сс process
проче́сть *see* **чита́ть**
про́чий other; **и ~ее** and so on; **ме́жду ~им** by the way, inter alia
прочита́ть *see* **чита́ть**
про́чность durability, solidity, strength
про́шлый past, last
проща́ться, прости́ться (**с**+*I.*) say good-bye (to)
про́ще simpler
прямо́й straight, direct
пря́тать, с- hide, conceal
психоло́гия psychology
пти́ца bird
Пуанкаре́ Poincaré
пу́блика public
публи́чный public
пуд pood (36 lb.)
пульс pulse
пульси́ровать pulsate, throb
пусто́й empty; **~ое ме́сто** gap
путём+*G.* by means of
путь *m.* way, journey, route
пылесо́с vacuum-cleaner
пыль dust
пыта́ться, по- try, attempt
пятидеся́тый fiftieth
пятна́дцатый fifteenth
пятна́дцать fifteen
пятно́ spot, patch
пя́тнышко speck
пя́тый fifth
пять five
пятьдеся́т fifty
пятьсо́т five hundred

Р

рабо́та work
рабо́тать work
равни́на plain
равнове́сие equilibrium, balance
ра́вный equal
равня́ться (+*D.*) equal
радиа́ция radiation
ра́дий radium
ра́дио *indecl.* radio
ра̀диоакти́вный radioactive
ра̀диоволна́ radio wave
ра̀диопереда́тчик radio transmitter
ра̀диоприёмник radio set, wireless
ра̀диоэлектро́ника radio electronics
ра́диус radius
раз time; **в три ~а бо́льше** three times as much; **(оди́н) ~** once
разбива́ть, разби́ть smash, break; **~ на**+*A.* divide into
разве́дка survey, prospect(ing)
развива́ть, разви́ть develop
разви́тие development
разга́дывать, разгада́ть unravel, solve
разде́л division, branch
разделя́ть, -и́ть (**на**+*A.*) divide (into); **~ся** be divided
раздраже́ние irritation, stimulation
разлага́ть, разложи́ть (**на**+*A.*) decompose, resolve, break down (into)
разли́чный different, diverse
разложе́ние decomposition, resolution
разложи́ть *see* **разлага́ть**
разме́р size, dimension
размноже́ние reproduction; **о́рганы ~ия** reproductive organs
ра́зница difference
разнообра́зный various, varied
разноси́ть, разнести́ spread, distribute
разносторо́нний many-sided, versatile
ра́зность difference
ра́зный different, various
разогрева́ть, разогре́ть heat
разраба́тывать, разрабо́тать work out, elaborate, devise
разрежённый rarefied
разреше́ние solution
разря́дный discharge (*adj.*)

райо́н region, area
рак cancer
раке́та rocket; **~-носи́тель** carrier rocket, launching rocket
ра́ньше earlier, before
раскрыва́ть, раскры́ть discover, reveal
раскры́тие discovery
распада́ться, распа́сться disintegrate
распространя́ться, -и́ться spread, be disseminated
рассе́яние diffusion, dispersion
расска́зывать, рассказа́ть recount, tell
рассма́тривать, рассмотре́ть review, examine, detect, discern
расстоя́ние distance
раство́р (chemical) solution
растворя́ть, -и́ть dissolve; **~ся** be dissolved, be soluble
растека́ться, расте́чься spread, run
расте́ние plant
расти́ grow, increase
расти́тельность vegetation
расти́тельный vegetable, plant (*adj.*); **~ мир** plant life
растя́гивать, растяну́ть stretch, expand
расчёт calculation
расширя́ть, расши́рить widen, expand
расщепле́ние splitting, fission
реаги́ровать react
реакти́вный reaction (*adj.*) **~ самолёт** jet aircraft
реа́ктор reactor, pile
реа́кция reaction
реализова́ть *ipf.* & *pf.* realize, fulfil, accomplish
револю́ция revolution
регенера́ция regeneration
регистри́ровать, за- register, record; **~ся** be recorded
регули́ровать regulate, control, adjust
реда́ктор editor
ре́дкий rare
ре́же rarer, less often
ре́зать cut
Ре́зерфорд Rutherford
ре́зкий sharp, pungent
резона́нс resonance
результа́т result; *pl.* findings; **в ~е** as a result
река́ river
ремо́нт repair
Рентге́н Roentgen
рентге́новские лучи́ *pl.* X-rays
респу́блика republic
ресу́рс resource
рефле́кс reflex
реша́ть, -и́ть decide, solve
реше́ние solution
Рим Rome
рису́нок drawing, diagram, figure
ро́вный even, flat, steady
ро́дина native land
роди́ться *ipf.* & *pf.* be born
рожде́ние birth; **ме́сто ~ия** birthplace
ро́зовый pink
роль role, part, function
роса́ dew
росси́йский Russian
Росси́я Russia
ртуть mercury, quicksilver
рубль *m.* rouble
руда́ ore
рука́ arm, hand
руководи́ть (+*I.*) guide, direct
руково́дство guidance, leadership; **под ~ом**+*G.* led by
ру́сский Russian
руче́й stream
ры́ба fish
рыть dig, excavate
ряд row, series; **(це́лый) ~**+*G.* a number of
ря́дом с+*I.* next to, beside

С

с, со+*G.* off, from; +*I.* with
сабота́ж sabotage
сади́ться, сесть sit down; **~ на**+*A.* get on (a vehicle)
садово́д horticulturist
сам, ~а́, ~о́, *pl.* **~и,** (one)self, myself, himself; **сам по себе́** by himself/itself
само- self-
самоде́льный home-made
самоинду́кция self-induction
самолёт aeroplane, aircraft

самостоя́тельный independent, separate
са́мый actual, very; +*adj.* most; **(э́)тот ~** the very same
санато́рий sanatorium
сантигра́мм centigram
сантили́тр centilitre
сантиме́тр centimetre
са́хар sugar
сбо́рник collection, symposium
све́жий fresh
сверх- super-
свѐрхтеку́честь superfluidity
свет light; world; **на ~е** in the world
свети́ться shine
све́тлый light
светово́й light (*adj.*)
свѐтопропуска́емость penetrability to light, luminous transmittance
свече́ние luminescence, glow
свиде́тель *m.* witness
свиде́тельствовать о+*P.* testify to indicate
свине́ц lead
свобо́дный free
свой one's own, its, my, their, &c.
сво́йство property, feature, attribute
свы́ше+*G.* over, more than
свя́зывать, связа́ть connect, link
связь connection, link, bond
сгора́ние combustion; **дви́гатель вну́треннего ~ия** internal combustion engine
сгора́ть, -е́ть burn out
сде́лать *see* **де́лать**
себя́ oneself, itself, myself, &c.
сего́дня today
седьмо́й seventh
сейча́с now
секу́нда second
се́льский rural
семидеся́тый seventieth
семь seven
се́мьдесят seventy
семьсо́т seven hundred
семья́ family
се́ра sulphur
се́рдце heart
серебро́ silver
середи́на middle
сери́йный serial
се́рия series
серни́стый sulphurous; **~ газ** sulphur dioxide
се́рный sulphuric
се́рый grey
серьёзный serious, grave
сестра́ sister
сесть *see* **сади́ться**
се́тка net, grid
сеть net, network
сжать *see* **сжима́ть**
сжига́ть, сжечь burn
сжима́ть, сжать compress
Сиби́рь Siberia
сигна́л signal
сиде́ть sit
си́ла strength, force, power
си́льный strong, powerful, hard (of frost); **~о** greatly
симпто́м symptom
симфо́ния symphony
си̂не-фиоле́товый blue-violet
си́ний (dark) blue
си́нтез synthesis
синтези́ровать *ipf. & pf.* synthesize
синтети́ческий synthetic
сиро́п syrup
систе́ма system
сия́ть shine, beam
сказа́ть *see* **говори́ть**
ска́ндий scandium
сквозь+*A.* through
скла́дываться, сложи́ться be formed, take shape
склеро́з sclerosis
скля́нка phial, bottle
ско́лько how much/many
сконструи́ровать *see* **конструи́ровать**
скопле́ние accumulation, mass; **звёздное ~** star-cluster
ско́ро quickly, soon
ско́рость speed, velocity
скре́щивать, скрести́ть cross
скро́мность modesty, humility
сла́бый weak, faint
слага́ть, сложи́ть compose, make up
следи́ть за+*I.* watch, keep an eye on
сле́довать follow; *impers.* be fitting; **сле́дует заме́тить** it should be noted
сле́дующий following, next
сли́ва plum(-tree), plums
сли́шком too (much)

слия́ние fusion, amalgamation
сло́во word; **~ом** in a word, in short
сложе́ние addition
сложи́ть *see* **слага́ть**
сложи́ться *see* **скла́дываться**
сло́жный complex, complicated, compound
слой layer, stratum
служи́ть, по- serve; +*I.* serve as, act as, be
слу́чай case, chance, accident
случа́йный accidental
случа́ться, -и́ться happen
слу́шать, по- listen (to)
слы́шать, у- hear
слюда́ mica
слюна́ saliva
слю́нный salivary
смерть death
смесь mixture
сме́шивать, смеша́ть mix
смола́ resin, pitch
сморо́дина currant(-bush), currants
смотре́ть, по- watch, look; **~ на**+*A.* look at
смягча́ть, -и́ть soften, temper, moderate
сна́йпер sniper
снег snow
сни́мок photograph
сно́ва again, once more
соба́ка dog
собира́ть, собра́ть collect, gather
соверша́ть, -и́ть make, accomplish, perform
соверше́нный complete, perfect, absolute
соверше́нствоваться, у- be improved, perfected
сове́т advice
сове́товать, по- (+*D.*) advise.
сове́тский Soviet
совреме́нный contemporary, modern
совсе́м quite, altogether, completely; **~ не** not at all
согла́сно+*D.* according to, in accordance with
содержа́ние content(s)
содержа́ть (2) contain; **~ся** be contained
соедине́ние combination, compound
соединённый united
соединя́ть, -и́ть combine, unite join, connect; **~ся** be linked, unite, combine (*intr.*)
созве́здие constellation
создава́ть, созда́ть create, found, build, make, coin
созда́ние creation, making
солёный salty
со́лнечный sun's, solar
со́лнце sun; **при я́рком ~** in bright sunlight
соль salt
сомне́ние doubt
сон sleep, dream
соотве́тственно correspondingly, accordingly
соотве́тствовать (+*D.*) correspond to, agree with, match
соотве́тствующий corresponding, suitable; **~им о́бразом** accordingly
сопоставля́ть, сопоста́вить collate, compare
сопровожда́ться be accompanied
сопротивле́ние resistance
сопротивля́емость capacity to resist, resistance
со́рок forty
сорт, *pl.* **~á,** sort, variety
соста́в composition, compound; **входи́ть в ~**+*G.* form/be part of, go to make up
составля́ть, соста́вить compose, constitute, amount to, draw up
составно́й component, constituent
состоя́ние state, condition
состоя́ть (2) consist
состоя́ться *pf.* take place, be held
сосу́д vessel
сосу́дик *dim.* small vessel
со́тня (unit of a) hundred
сотру́дник collaborator; **нау́чный ~** scientific worker, scientist
со́тый hundredth
сохране́ние conservation, preservation
сохраня́ться, -и́ться be preserved, survive
социали́зм socialism
социалисти́ческий socialist (*adj.*)
сочета́ние combination; **в ~ии с**+*I.* coupled with
сочине́ние composition, work
сою́з union
спа́льня bedroom

спать (2) sleep
спектр spectrum
спектра́льный spectrum (*adj.*)
спектро́граф spectrograph
спектроско́п spectroscope
специали́ст specialist
специа́льный special
спирт spirit, alcohol
спи́чка match
сплав alloy
споко́йный calm, gentle
спорт sport
спо́соб method, means, way
спосо́бность ability, capacity
спосо́бный able, capable
спосо́бствовать (+*D.*) assist, promote
спра́вочный reference (*adj.*)
спря́тать *see* **пря́тать**
спустя́ later
спу́тник satellite, sputnik
сравне́ние comparison; **по ~ию с**+*I.* compared with
сра́внивать, сравни́ть compare
сравни́тельный comparative
сра́зу at once, straight away
среда́ medium, milieu, environment
среди́+*G.* among
сре́дний middle, central, average; **в ~ем** on average; **~ее образова́ние** secondary education; **~их разме́ров** medium-sized
ста́вить, по- place, put down
стака́н glass, tumbler
ста́лкиваться, столкну́ться collide
сталь steel
стально́й steel (*adj.*)
станови́ться, стать (+*I.*) become, get
стано́к lathe, machine-tool
ста́нция station
стара́ться, по- try, seek
старе́йшина *m.* doyen
ста́рый old
стать begin (in past tense); *see also* **станови́ться**
статья́ article
стекло́ glass
стекля́нный glass (*adj.*)
сте́нка wall, side (of vessel)
сте́пень degree, extent; **учёная ~** (university) degree
стереоме́трия stereometry, solid geometry
стере́ть *see* **стира́ть**
стира́льный washing (*adj.*)
стира́ть, стере́ть wipe, rub off, wash
сто hundred
сто́ить cost; **сто́ит то́лько** one has only to
сто́йкость stability
стол table; **за ~о́м** at table
столб column, pile
столо́вая dining-room
сто́лько so much/many; **~ же** the same amount
сторона́ side; **с друго́й ~ы́** on the other hand
стоя́ть (2) stand, be situated
страна́ country
страни́ца page
страсть passion
стреми́ться strive, seek, endeavour
стро́гий strict
строе́ние structure
стро́ить, по- build
строй order, structure, system
стро́нций strontium
стру́йка fine jet, wisp
структу́ра structure
струя́ jet, spurt, stream
студе́нт student
студе́нтка woman student
ступе́нь stage, step
сты́нуть go cold, cool down
суббо́та Saturday
субтропи́ческий subtropical
су́дно, *pl.* **суда́**, vessel, craft
су́мерки *pl.* dusk, twilight
су́мма sum, amount
су́тки *pl.* day (24 hours)
су́ша (dry) land
су́ше drier
суще́ственный essential, important
существо́ being, creature
существова́ние existence
существова́ть exist, be
су́щность essence
сфе́ра sphere
сформули́ровать *see* **формули́ровать**
схе́ма scheme, diagram, circuit
счесть *see* **счита́ть**
счёт calculation, score; **за ~**+*G.* at the expense of, by means of
счётный calculating
счётчик counter, meter

счита́ть, счесть count, compute, consider
счита́ться (+*I.*) be considered, regarded
съесть *see* **есть**
сыгра́ть *see* **игра́ть**
сюда́ here, hither

Т

табли́ца table (in a book)
та́йна secret
так so, thus; **~ как** since, as (*conj.*)
та́кже also
тако́й such; **что ~о́е...?** what is . . . ?
там there
таре́лка plate
тари́ф tariff
твёрдый hard, solid, firm
тво́рчество (creative) work
те *see* **тот**
теа́тр theatre
текст text
тексти́льный textile
тексти́льщик textile worker
телевизио́нный television (*adj.*)
телеви́зор television set
телегра́фный telegraph(ic)
телеско́п telescope
телефо́н telephone
Теле́ц Taurus
теллу́р tellurium
те́ло body; **твёрдое ~** solid (body)
те́льце small body, corpuscle
тем thereby; **чем..., тем** the . . ., the
те́ма theme, subject
темнота́ darkness; **в ~е́** in the dark
тёмный dark
температу́ра temperature
тень shadow
теоре́ма theorem
теорети́ческий theoretical
тео́рия theory
тепе́рь now
тепло́ heat
теплообме́н heat exchange
тѐплопрово́дность thermal conductivity
теплота́ heat
тёплый warm
тере́ть rub
те́рмин term
тѐрмодина́мика thermodynamics
термо́метр thermometer
террито́рия territory, area
теря́ть, по- lose
те́хника technique, technology, engineering
те́хникум technical school
техни́ческий technical
техно́лог technologist
тече́ние flow, course, current; **в ~** +*G.* in, during (the course of)
течь flow
ти́гель *m.* crucible
тип type
типи́чный typical
тита́н titanium
тиф typhus
ткань fabric, cloth, tissue
то that, then; **то есть** that is, i.e.; **то, что** the fact that; **и то** even then; **е́сли..., то** if . . . (then)
това́рищ comrade, friend
тогда́ then, at that time; **~ как** while, whereas
то́же also
ток current
толщина́ thickness
то́лько only; **~ что** just
том, *pl.* **~а́,** volume
то́нкий thin, fine, delicate
то́нна tonne, metric ton (1,000 kg.)
то́ньше thinner, finer
то́пливный fuel (*adj.*)
то́пливо fuel
торф peat
тот, та, то, *pl.* **те,** that; **~ же** same
то́тчас immediately, at once
то́чка point
то́чность accuracy; **с ~ью до**+*G.* to within
то́чный exact, precise, accurate; **~ые прибо́ры** precision instruments
траекто́рия trajectory
тра́ктор tractor
трамва́й tram, street-car
тра́нспорт transport
тра́тить, по- spend
тре́бовать, по- (+*G.* & *A.*) require, demand; **~ся** be required
тре́тий, -ья, -ье, *pl.* **-ьи,** third
треть (one) third
треуго́льник triangle
трёхсо́тый three-hundredth
три three

тригонометрия trigonometry
тридцать thirty
тринадцать thirteen
триста three hundred
тритий tritium
тропический tropical
трубка tube
труд labour, work
трудный difficult
туберкулёз tuberculosis
туда there, thither
туман mist, fog
туманность nebula
тундра tundra (treeless arctic plains)
турбина turbine
тут here
тушить, по- extinguish, put out
тщательный careful, thorough
ты thou, you
тысяча thousand
тычинка stamen
тяготение gravitation
тяжёлый heavy

У

у+*G.* near, by, at, with; **у него** he has; **у них** with them
уважать respect
увеличивать, увеличить increase; **~ся** increase (*intr.*)
уверенный certain, sure
увидеть *see* **видеть**
увлекать, увлечь carry away, captivate; **~ся** be carried away, fascinated
угасать, угаснуть go out, become extinct
углевод carbohydrate
углекислота carbonic acid, carbon dioxide
углекислый газ carbonic acid gas, carbon dioxide
углерод carbon
углубляться, углубиться get deeper, go deep
уговаривать, уговорить persuade
угол corner, angle
уголь *m.* coal
угольник set-square
угольный coal (*adj.*)
удаваться, удаться succeed; *impers.* **(нам) удалось** we succeeded, managed
удар stroke, beat
удельный specific
удивительный striking, wonderful
удобство convenience
уезжать, уехать go away, leave
уже already
уже narrower
узкий narrow
узнавать, узнать recognize, find out, learn
уйти *see* **уходить**
указывать, указать indicate, point out, show, explain
улица street
ультрафиолетовый ultra-violet
умереть *see* **умирать**
уметь be able, know how
умирать, умереть die
умножение multiplication
умный clever, intelligent
умственный mental, intellectual
умываться, умыться wash (one's hands and face)
унаследовать *see* **наследовать**
унести *see* **уносить**
универсальный universal
университет university
уносить, унести carry away
упасть *see* **падать**
употребление use
управлять (+*I.*) control, operate
уравнение equation
Урал Urals
Уран Uranus
уран uranium
уровень *m.* level
урок lesson
усваивать, усвоить assimilate, take in, master
усилие effort
уследить за+*I.* follow, keep up with
условие condition
условный conditioned
услышать *see* **слышать**
успех success; *pl.* progress
устанавливать, установить establish, determine; **~ся** be established
установка installation, plant
устраивать, устроить arrange, set up
устранять, -ить eliminate

устремля́ться, устреми́ться rush
устро́ить *see* **устра́ивать**
устро́йство mechanism, apparatus, device; **запомина́ющее ~** memory (of a machine)
уступа́ть, -и́ть yield, be inferior
утоми́тельный tiring, exhausting
у́тро morning; **~ом** in the morning; **сего́дня ~ом** this morning
ухо́д care, maintenance
уходи́ть, уйти́ go away, leave
уча́ствовать participate, be involved
уча́стие participation; **принима́ть ~** take part
уча́стник participant, member
уче́бник text-book
уче́бный educational, academic
уче́ние teaching, doctrine
учени́к pupil
учёный learned; *as nn.* scientist, scholar
учи́тель *m., pl.* **~я́,** teacher
учи́тывать, уче́сть take stock of, keep account of
учи́ться (+*D.*) study, learn
учрежде́ние institution

Ф

фа́брика factory, mill
фа́за phase, stage
факт fact
факульте́т faculty
февра́ль *m.* February
федерати́вный federative
ферме́нт ferment
фигу́ра figure
фи́зик physicist; **~-теоре́тик** theoretical physicist
фи́зика physics
фѝзико-математи́ческий physics and mathematics (*adj.*)
фѝзико-хими́ческий physico-chemical
физио́лог physiologist
физиологи́ческий physiological
физиоло́гия physiology
физи́ческий physical; **~ая лабора́тория** physics laboratory
фильтр filter; **бума́жный ~** piece of filter paper
фильтра́т filtrate
фильтрова́льный filter (*adj.*)
фильтрова́ние filtering, filtration
фильтрова́ть filter
флеби́т phlebitis
флуоресце́нция fluorescence
флуоресци́рующий fluorescent
фо́рма form, shape
формирова́ние formation
фо́рмула formula
формули́ровать, с- formulate
фо́сфор phosphorus
фо́сфорный phosphoric
фѝтоэффе́кт photoelectric effect
Фра́нция France
францу́зский French
фрукт fruit
фундамента́льный fundamental
фу́нкция function
Фурье́ Fourier
футбо́л football
футля́р case, box

Х

хара́ктер character, nature
характеризова́ться be characterized
хвата́ть, -и́ть (+*G.*) suffice, be enough
хи́мик chemist
хими́ческий chemical; **~ая лабора́тория** chemistry laboratory
хи́мия chemistry
хирурги́ческий surgical
хлеб bread
хлор chlorine
хло́ристый chlorous; **~ водоро́д** hydrogen chloride
хлорофи́лл chlorophyll
хлорофо́рм chloroform
ходи́ть; идти́, пойти́ go, walk
хозя́йство economy; **се́льское ~** agriculture
холе́ра cholera
хо́лод, *pl.* **~а́,** cold; *pl.* cold weather
холоди́льник refrigerator, ice-box
холо́дный cold
хоро́ший good, fine
хорошо́ well
хоте́ть, за- want, wish; **я хоте́л бы** I should like
хотя́ although
храни́ть store, preserve; **~ся** be stored
хромосо́ма chromosome

хру́пкий brittle, fragile
худо́жник artist
ху́же worse

Ц

цвет, *pl.* **~á**, colour
цветно́й coloured; **~о́е стекло́** stained glass; **~ы́е мета́ллы** non-ferrous metals
це́лый whole, entire, complete; **~ое** whole number, integer; **в ~ом** as a whole
цель purpose, aim
Це́льсий Celsius; **по ~ию** centigrade
цеме́нт cement
це́нный valuable, precious
це́нтнер metric centner, quintal (100 kg.)
центр centre
циани́д cyanide
циклотро́н cyclotron
цилиндри́ческий cylindrical
цинга́ scurvy
цинк zinc
ци́нковый zinc (*adj.*)
ци́ркуль *m.* (pair of) compasses
ци́фра cipher, figure
ицфрово́й digital
цыплёнок, *pl.* **~ля́та**, chicken

Ч

чай tea
час hour, o'clock
части́ца particle
части́чка *dim.* minute particle
ча́стность particularity; **в ~и** in particular
ча́сто often
часть part; **бо́льшей ~ью** for the greater/most part
часы́ *pl.* watch, clock
ча́ще more often; **~ всего́** most often
чей, **чья**, **чьё**, *pl.* **чьи**, whose
челове́к man, person
человѐкообра́зный anthropoid
челове́ческий man's, human
чем than; **чем...**, **тем** the . . ., the
чемпио́н champion
червь *m.* worm
че́рез+*A.* across, over, through, after (a certain time); **~ неде́лю** in a week, a week later
чернозём chernozem, black earth
чернозёмный black earth (*adj.*)
чёрный black
чертёж drawing, sketch
черти́ть, **на-** draw
четвёртый fourth
че́тверть quarter
четы́ре four
четы́реста four hundred
четы́рнадцать fourteen
число́ number; **в том ~е́ (и)** including
числово́й numerical
чи́стить, **по-** clean, brush
чи́стый clean, pure
чита́тель *m.* reader
чита́ть, **про-** & **проче́сть** read; **~ ле́кцию** give a lecture
чи́ще cleaner, purer
член member
чрезвыча́йный extraordinary
чрезме́рный excessive, extreme
что what, which; that (*conj.*); **~ за** what (kind of)
что́бы in order to/that; **для того́**, **~** in order to

Ш

шаг footstep
шар ball, sphere; **земно́й ~** globe, earth
ша́рик *dim.* little ball, globule
ша́хматы *pl.* chess; **игра́ть в ~** play chess
шве́дский Swedish
шёлковый silk (*adj.*)
шестна́дцатый sixteenth
шестна́дцать sixteen
шесто́й sixth
шесть six
шестьдеся́т sixty
шестьсо́т six hundred
широ́кий broad, wide, widespread
широта́ latitude
ширпотре́б consumer goods
шить, **с-** sew
шко́ла school
шко́льный school (*adj.*)
шлюз sluice, lock
шов seam

шофёр driver
штат state (a territorial division)
штати́в stand, support, rack (for instruments)

Щ

щёлочь alkali

Э

эбони́т ebonite
эвкали́пт eucalyptus
Эвкли́д Euclid
эвкли́дов Euclidian
эволю́ция evolution
Э́йлер Euler
эква́тор equator
эквивале́нт equivalent
экзога́мия exogamy
экономи́ческий economic
экономи́чный economical
экра́н screen
экспеди́ция expedition
экспериме́нт experiment
эксперимента́льный experimental
эксперимента́тор experimenter
эксперименти́ровать experiment
эласти́чность elasticity
электри́ческий electric(al)
электри́чество electricity
электро́д electrode
элѐктродви́жущий electromotive
электро́лиз electrolysis
электро́н electron
электро́нный electron(ic)
элѐктропрово́дность electrical conductivity
электроста́нция power station
электроэне́ргия electric power
элеме́нт element, cell
элемента́рный elementary
э́ллипс ellipse
энерге́тика power, power industry
эне́ргия energy, power
энзи́м enzyme
энтомо́лог entomologist
энциклопе́дия encyclopaedia
эпо́ха epoch, age
э́ра era, period; **на́шей ~ы** A.D.; **до на́шей ~ы** B.C.
эрг erg
эта́п stage
э́тот, э́та, э́то, *pl.* **э́ти,** this, that; **~ же** (that) same; **э́то** this is, these are
эфи́р ether
эффекти́вный effective

Ю

юг south
ю́жный south, southern
ю́мор humour
Юпи́тер Jupiter
ю́рский Jurassic

Я

я I
я́блоко, *pl.* **~и,** apple
я́блоня apple-tree
явле́ние phenomenon, symptom
явля́ться, яви́ться (+*I.*) appear, be
яд poison
я́дерный nuclear
ядови́тый poisonous, toxic
ядро́ nucleus, core
язы́к tongue, language
яи́чный egg (*adj.*)
янва́рь *m.* January
я́ркий bright

INDEX

Figures refer to sections unless preceded by p. (page)